RENCONTRES
557
Série *Histoire religieuse*
5

L'Évêque contesté

Actes des journées d'étude « L'évêque contesté. Étude des résistances à l'autorité épiscopale et à son image des Pays-Bas méridionaux à l'Italie du Nord du Xe au XVIIe siècle. Jalons pour une enquête » organisées les 26 et 27 novembre 2015 à l'université du Luxembourg, publiés avec le soutien du Fonds national de la recherche Luxembourg (FNR) (INTER/ANR/13/9472754/LODOCAT) dans le cadre du projet ANR-FNR « Chrétientés lotharingiennes-Dorsale catholique, IXe-XVIIIe siècles » et de l'Institut d'histoire (IHIST) de l'université du Luxembourg.

L'Évêque contesté

Les résistances à l'autorité épiscopale des Pays-Bas à l'Italie du Nord

Sous la direction d'Hérold Pettiau et Anne Wagner

PARIS
CLASSIQUES GARNIER
2023

Hérold Pettiau est maître assistant à l'université du Luxembourg. Ses centres d'intérêt couvrent la Lotharingie médiévale et le comté de Luxembourg aux XIIIe-XIVe siècles. Il travaille actuellement sur l'histoire de l'abbaye d'Echternach et vient de publier, avec Timothy Salemme, l'édition d'un volume de chartes de Jean de Luxembourg, roi de Bohême (1310-1346).

Anne Wagner est maître de conférences à l'université de Franche-Comté (Besançon). Ses centres d'intérêt couvrent la Lotharingie médiévale, l'hagiographie et l'histoire monastique. Elle travaille actuellement sur l'histoire des abbayes de femmes en Lorraine et a notamment publié, avec Nicole Brocard, *Les Royaumes de Bourgogne jusqu'en 1032 à travers la culture et la religion* (Turnhout, 2018).

ISBN 978-2-406-13356-8 (livre broché)
ISBN 978-2-406-13357-5 (livre relié)
ISSN 2103-5636

INTRODUCTION

Ce volume constitue les actes des premières journées d'études organisées les 26 et 27 octobre 2015 à l'Université du Luxembourg dans le cadre de l'axe 2 du projet LODOCAT, consacré à l'étude des modèles pastoraux, du Xᵉ au XVIIᵉ siècle et il reprend pour l'essentiel les contributions présentées alors. Une approche chronologique a été adoptée qui est reproduite dans l'organisation du présent volume, articulé en quatre parties thématiques prenant pour point de départ la Réforme grégorienne du XIᵉ siècle, et menant à la Réforme protestante et la Réforme catholique des XVIᵉ et XVIIᵉ siècles. Entre ces deux termes, deux thématiques ont été privilégiées ; d'une part la représentation de l'autorité épiscopale, qu'elle soit symbolique ou effective (bien que contestée), dans le cadre local de la cité ; de l'autre, la compétition de modèles dans le contexte général du « schisme d'Occident ». L'approche garde un caractère forcément exploratoire, étant donnée l'ampleur de la thématique et de l'espace envisagé. Ces Journées ont initié une série de plusieurs autres rencontres traitant d'aspects des modèles pastoraux. Les actes, objets de cette présente publication, sont à concevoir en relation avec ceux de ces rencontres.

Les notions d'*auctoritas* et de *potestas* sont nettement dissociées en 494 par le pape Gélase dans sa lettre à l'empereur Anastase, dans laquelle il stipulait que « le monde est principalement gouverné par deux choses : l'autorité sacrée des évêques et le pouvoir royal ». Mais cette conception n'a ensuite rencontré que peu d'audience avant la réforme grégorienne[1] et l'épiscopat placé entre l'Église et le siècle est pris entre de nouvelles manières de représenter ce que doit être un évêque du Xᵉ au XVIIᵉ siècles ; donc tant la définition de l'autorité de l'évêque que les possibilités de

1 Sur la distinction gélasienne des deux pouvoir, voir aussi les remarques de Toubert, Pierre « La doctrine gélasienne des deux pouvoirs : une révision » dans Id., *L'Europe dans sa première croissance. De Charlemagne à l'an mil*, Paris, Fayard, 2004, p. 385-417.

le contester évoluèrent en parallèle. Cette critique peut porter sur de nombreux aspects de la formation identitaire (à trois niveaux : quant à la personne de l'évêque, quant à la fonction épiscopale, et concernant l'espace du diocèse ou de la principauté), sur l'image de l'évêque comme pasteur, chef de son diocèse, organisateur de la vie religieuse, promoteur de la réforme, officier de l'empereur, du roi ou prince territorial, actif contre l'hérésie ou la Réforme protestante. À chacun de ces différents niveaux, ces contestations peuvent aller jusqu'à la violence, voire au meurtre, perpétré sur la personne même de l'évêque ou sur celle de ses hommes[2].

En effet, dès l'Antiquité coexistent plusieurs conceptions de la charge épiscopale, qui n'ont pas toutes la même force selon les époques[3]. La critique d'un évêque particulier ou de l'épiscopat en général s'appuie sur des contre-modèles ou des images concurrentes qui garantissaient une certaine légitimité à la contestation. Il importe donc de définir, suivant les époques, quelle image de l'évêque était dominante. L'évêque, successeur des Apôtres, est à la tête de la communauté des croyants et d'un temporel important. Au haut Moyen Âge, l'évêque pasteur, défenseur du dogme, lutte contre l'hérésie et le paganisme ; maître de sa ville, il en devient le patron car les saints sont une source de légitimité et l'évêque présenté comme modèle peut recentrer sa communauté après sa mort. Dans son introduction aux Journées d'étude de Luxembourg, Stephen Patzold a rappelé l'exemple de la *Vie* de l'ermite Goar, rédigée au monastère de Prüm, qui critique l'évêque Rusticus de Trèves décrit comme imbu de son autorité mais également perdu de mœurs. Ce qui amène au problème de la concurrence notamment pour la sainteté et sa définition[4]. Ainsi Grégoire le Grand invente la simonie dans un

2 Quelques références récentes parmi une bibliographie immense : Palazzo, Éric, *L'évêque et son image. L 'illustration du pontifical au Moyen Âge*, Turnhout, Brepols, 1999 ; Mazel, Florian, *L'évêque et le territoire. L'invention médiévale de l'espace (v^e^-xiiie siècle)*, Paris, Seuil, 2016 ; Id. *L'espace du diocèse : Genèse d'un territoire dans l'Occident médiéval (v^e^-xiiie siècle)*, Mazel, Florian (dir), Rennes, Presses Universitaires de Rennes, 2008 ; Lemesle, Bruno, *Le gouvernement des évêques. La charge pastorale au milieu du Moyen Âge*, Rennes, Presses Universitaires de Rennes, 2015, p. 47-185.

3 Helvétius, Anne-Marie et Matz, Jean-Michel, *Église et société au Moyen Âge*, Paris, Hachette Supérieur, 2008.

4 Ott, John S. et et Vedris, Trpimir (éd.), *Saintly Bishops and Bishops' Saints*, Zagreb, Hagiotheca Humaniora, 2012 (Bibliotheca Hagiotheca, Series Colloquia, 2).

contexte de crise[5], ainsi au VIIe siècle, des évêques sont assassinés, comme Léger d'Autun[6].

Il ne faut donc pas avoir une image monolithique de l'évêque car des conceptions dominantes et minoritaires coexistent, même parfois chez un même auteur ; ainsi, au IXe siècle, certains textes d'Hincmar de Reims se contredisent. Cependant, la seconde moitié du IXe siècle est un moment de production de textes canoniques notamment les décrétales pseudo-isidoriennes et, comme l'a montré Steffen Patzold, une systématisation s'installe vers 820-830 : le synode de Paris explicite ce qu'un évêque était censé être et faire, la façon dont il s'insère dans le royaume[7]. Or à cette époque, si l'on écrivit nombre de vies d'évêques, aucune ne concernait un contemporain : faut-il imaginer que plus l'image proposée par textes est élogieuse, moins cela correspond à la vérité ? Balayons les siècles, en tentant de les caractériser.

À la fin du Xe siècle, les souverains saxons établissent l'Église d'Empire[8] dans laquelle les prélats exercent un magistère moral, définissent un modèle social, peuvent peser directement dans la vie publique comme Brunon de Cologne qui cumule les fonctions jusqu'à assurer l'ordre

5 Rosé, Isabelle, « Simon le magicien hérésiarque ? L'invention de la *simoniaca heresis* par Grégoire le Grand », *Aux marges de l'hérésie. Inventions, formes et usages polémiques de l'accusation d'hérésie au Moyen Âge*, sous la direction de Franck Mercier et Isabelle Rosé, Rennes, Presses Universitaires de Rennes, 2018, p. 201-238.

6 Fouracre, Paul J., « Why were so many bishops killed in Merovingian Francia ? », In : Id, *Frankish history : studies in the construction of power*, Ashgate, 2012, Part V, p. 13-35. Le dossier hagiographique concernant Léger a été récemment édité sous la direction de Dumézil, Bruno, *Le dossier Saint Léger*, Paris, les Belles Lettres, 2017 (La Roue à livres, 77).

7 Patzold, Steffen, *Episcopus. Wissen über Bischöfe im Frankenreich des späten 8. bis frühen 10. Jahrhunderts*, Ostfildern, Thorbecke, 2008.

8 Reuter, Timothy, « The imperial church system' of the Ottonians and Salian Rulers : a reconsideration », *Journal of ecclesiastic History*, vol. 33, 1982, p. 347-374 ; Id., *Medieval Polities and Modern Mentalities*, éd. Janet Nelson, Cambridge, 2006, p. 325-354 ; sur le modèle d'Église impériale, voir Parisse, Michel, « L'Église en Empire (v. 900-1054) », in *Histoire du Christianisme*, t. 4, *Évêques, moines et empereurs (610-1054)*, éd. Gilbert Dagron, Pierre Riché et André Vauchez, Paris, 1993, p. 793-815 ; Schieffer, Rudolf, « Der ottonische Reichsepiskopat zwischen Königtum und Adel », *Frühmittelalterliche Studien*, vol. 23, 1989, p. 291-301 (Très riche bibliographie jusqu'au Xe siècle). Sur le cas liégeois, Kupper, Jean-Louis, *Liège et l'Église impériale. XIe-XIIe siècles*, Paris, 1981 ; Réflexions récentes dans *Évêque et prince. Notger et la Basse-Lotharingie aux alentours de l'an mil*, éd. Jean-Louis Kupper et Alexis Wilkin, Liège, Presses Universitaires de Liège, 2013 (Série *Histoire* 2) ; particulièrement les contributions de R. Le Jan, Ch. Mériaux, R. Grosse, Y. Sassier, M. Margue et A. Dierkens réunies dans la deuxième partie « Notger de Liège et l'Église impériale : contexte politique », aux p. 159-294.

dans le royaume en l'absence d'Otton[9]. C'est aussi le cas en Francie occidentale où Adalbéron de Reims joua un rôle déterminant dans le changement de dynastie de 987. Des évêques peuvent s'inscrire dans le mouvement de réforme monastique ainsi Bruno de Langres (980-1016), qui soutint Guillaume de Volpiano et joua un important rôle politique en Bourgogne[10]. Dans certains cas, les reliques jouent un rôle très important dans la manifestation d'un pouvoir sacré, comme on le voit pour Thierry Ier de Metz (965-984) qui comble notamment sa fondation de Saint-Vincent[11]. Les critiques de l'évêque indignes sont figurées dans les représentations du clerc dévoré par des dragons des chapiteaux romans récemment analysés par R. Guesuraga[12].

Au XIe siècle, on est frappé par l'indépendance de l'évêque. L'Église impériale constitue une élite consciente d'elle-même et capable de résistance[13]. Les évêques doivent le service, impliquant l'hébergement temporaire du souverain et de la cour, des services diplomatique et administratif, et des troupes. *Gesta*, chroniques et *vitae* décrivent des saints évêques nobles, cultivés, compétents, charitables, réformateurs, reconstructeurs d'églises, soucieux de paix et de leurs devoirs pastoraux,

9 Lotter, Friedrich, *Die Vita Brunonis des Ruotger. Ihre historiographische und ideengeschichtliche Stellung*, Bonn, 1958, p. 105 ; Mayr-Harting, Henry, *Church and Cosmos in early Ottonian Germany : the view from Cologne*, Oxford – New York – Auckland, Oxford University Press, 2007, p. 28-29.

10 Chauney, Martine, « Deux évêques bourguignons de l'an mil : Brunon de Langres et Hugues Ier d'Auxerre », *Cahiers de civilisation médiévale*, vol. 21, 1978, p. 385-382, Schneider, Jean, « Notes sur les actes de Brun de Roucy, évêque de Langres (980-1016) », *Langres et ses évêques VIIIe-XIe siècles*, Langres, 1986, p. 167-188 ; Marino Malone, Carolyn, *Saint-Bénigne de Dijon en l'an mil, totius Galliae basilicis mirabilior ». Interprétation politique théologique et liturgique*, Turnhout, Brepols, 2009.

11 Wagner, Anne, « Collection de reliques et pouvoir épiscopal au Xe siècle. L'exemple de l'évêque Thierry Ier de Metz », *Revue d'histoire de l'Église de France*, 1997, p. 317-341. Voir également Goullet, Monique « Les dossiers hagiographiques du diocèse de Toul » (Sources Hagiographiques de la Gaule, VI), *L'hagiographie du haut moyen âge en Gaule du Nord : manuscrits, textes et centres de production*, dir, Martin Heinzelmann, Stuttgart, 2001 (Beihefte der Francia 52), p. 11-89 et Iogna-Prat, Dominique, « Entre anges et hommes : les moines "doctrinaires" de l'an Mil », *La France de l'an Mil*, Paris, 1990, p. 245-263 ; Mostert, Marco, *The political theology of Abbo of Fleury. A study of the ideas about society and law of the tenth-century monastic reform movement*, Nijmegen, 1987.

12 Guesuraga, Raphaël, *Le thème de la dévoration dans la sculpture romane de France et d'Espagne : Étude iconographique, enjeux politiques, aspects eschatologiques*, thèse, Paris, 2001.

13 Hehl, Ernst-Dieter, « Der widerspenstige Bischof. Bischöfliche Zustimmung und bischöflicher Protest in der ottonischen Reichskirche », *Herrschaftsrepräsentation im ottonischen Sachsen*, éd. Gerd Althoff & Ernst Schubert, Sigmaringen, 1998, p. 295-344.

restaurateurs de l'ordre ; mais cela reflète sans doute davantage un idéal que la réalité[14]. Celle-ci révèle l'importance des réseaux familiaux aristocratiques, comme les Adalbéron, membres de la puissante maison d'Ardennes[15]. Rodolphe III de Bourgogne nomme son bâtard Burchard II († 1033), archevêque de Lyon[16]. Plusieurs cas de népotisme d'évêques germaniques sont connus. Citons celui d'Anno de Cologne qui impose ses neveux à Hildesheim, Magdeburg et tente en vain de le faire à Trèves[17]. Néanmoins, l'empereur a une influence décisive sur les candidats à choisir, Henri III investit de l'anneau et de la crosse, les évêques sont ses vassaux et assument de ce fait un rôle politique et militaire. En 1046, les évêques de Liège, Metz et Utrecht luttent contre Godefroid le Barbu. L'évêque est un prince territorial, s'entourant d'une cour et à la tête de seigneuries ; on note d'ailleurs la constitution de fiefs épiscopaux au XIe siècle. Le cas de Gérard de Cambrai montre les résistances locales auxquelles le prélat doit faire face[18]. La constitution d'une seigneurie mène à une rivalité avec des châtelains qualifiés de brigands[19] (voir le cas de Wazon de Liège par exemple). On peut alors se demander s'il y a une conscience dans une élite cléricale lotharingienne et quelle est la place des évêques lotharingiens dans des contextes de révoltes ?

Malgré cette autorité revendiquée l'organisation est souvent défaillante et on peut alors se demander s'il y a une crise de l'épiscopat. Des évêques préparent et appuient la réforme, comme Wazon de Liège et

14 Corbet, Patrick, « Les modèles hagiographiques de l'an mil », in : *Hommes et sociétés dans l'Europe de l'An Mil*, éd. Pierre Bonnassie et Pierre Toubert, Toulouse, Presses universitaires du Mirail, 2004, p. 379-387 ; Kaiser, Reinhold, « Évêques expulsés, évêques assassinés aux XIe et XIIe siècles », *Le Temps des Saliens en Lotharingie (1024-1125)*, éd. Marie-Caroline Florani et André Joris, Malmedy, Malmedy, Art et Histoire, 1993, p. 6385.

15 *La maison d'Ardenne X^e^-XIe siècles. Actes des Journées Lotharingiennes, 24-26 oct. 1980, Centre Universitaire*, Luxembourg, 1981 (Publications de la Section historique de l'Institut grand-ducal de Luxembourg, vol. 95).

16 Demotz, François, *La Bourgogne, dernier des royaumes carolingiens 855-1056 : roi, pouvoirs et élites autour du Léman*, Lausanne, SHSR, 2008.

17 Jenal, Georg, *Erzbischof Anno II. von Köln (1056-1075) und sein politisches Wirken. Ein Beitrag zur Geschichte der Reichs- und Territorialpolitik im 11. Jahrhundert*. Stuttgart, Hiersemann, 1974–1975.

18 Sur le cas cambrésien, voir les contributions réunies dans le dossier *Les représentations de l'autorité épiscopale au XIe siècle : Gérard de Cambrai et les Gesta episcoporum Cameracensium*, dans *Revue du Nord* 2015/2 (n° 410) ; voir également, Jégou, Laurent, « L'évêque entre autorité sacrée et exercice du pouvoir. L'exemple de Gérard de Cambrai (1012-1051) », *Cahiers de Civilisation Médiévale*, n° 185, 2004, p. 37-55.

19 Kupper, Jean-Louis, *Liège et l'Église impériale aux XIe-XIIe siècles*, p. 290-307.

Brunon de Toul (le futur Léon IX)[20]. Plusieurs évêques sont des légats –Hugues de Die (archevêque de Lyon en 1082) – qui imposent la réforme sans ménagement : les récalcitrants sont déposés, à la suite de synodes que le pape préside parfois en personne, comme à Reims en 1049. Des changements ont lieu à Rouen, Langres[21], Amiens et surtout Reims, avec la déposition de Manassès en 1080, étudiée ici par John S. Ott.

La querelle des investitures entraîne une redéfinition des rapports entre les pouvoirs. Par le Concordat de Worms, l'empereur renonce à l'investiture par la crosse et l'anneau, accepte la libre élection des évêques par le chapitre de la cathédrale. Il donne l'investiture temporelle sous la forme d'un sceptre pour les biens fonciers et les fonctions régaliennes de l'évêque qui doit s'acquitter des tâches que lui imposent les terres concédées par l'empereur[22]. Nicolas Ruffini-Ronzani montre que dans le diocèse d'Arras-Cambrai, le moment grégorien correspond à une crise, les débats autour de l'autonomie du diocèse d'Arras débouchant sur une guerre civile. Entre 1080 et 1130, les textes produits dans la cité livrent des images différentes des prélats. Alors que la *Vita Lietberti*, produite dans un contexte monastique, définit l'évêque modèle comme peu affecté par les débats de la fin du XIe siècle, d'autres écrits plus polémiques, comme les *Gesta Galcheri* composés par un chanoine anonyme, prennent parti contre le grégorianisme et s'efforcent de discréditer les candidats grégoriens. À l'échelle régionale les conséquences de la réforme grégorienne ont constitué une rupture.

Il faut être attentif à la pluralité des images et voir quelle conception de l'évêque a dominé à un certain moment. Comment est créée une nouvelle image ? pourquoi et de quelle manière dévaloriser l'évêque en place ? À tout niveau, il importe de prendre en considération la conjoncture. Ainsi, à la suite de la réforme grégorienne, l'évêque a été, partiellement au moins, arraché aux influences séculières. Est-il pour autant devenu un simple relais de l'autorité pontificale ? S'est-il détourné

---

20 *La vie du pape Léon IX (Brunon, évêque de Toul)*, éd. et trad. Monique Goullet et Michel Parisse, Paris, Les Belles Lettres, 1997.

21 Rauwel, Alain « La rumeur dans le psychodrame grégorien : autour d'Hugues de Breteuil », *La rumeur au Moyen Âge*, dir. M. Soria et M. Billoré, Rennes, Presses Universitaires de Rennes, 2011, p. 223-229.

22 Mazel, Florian, « Pour une redéfinition de la réforme "grégorienne". Éléments d'introduction », *La réforme « grégorienne » dans le Midi (milieu XIe – début XIIIe siècle)*, Toulouse, Privat 2013 (Cahiers de Fanjeaux n° 48), p. 10.

des affaires du siècle pour privilégier les responsabilités de son sacerdoce ? D'autre part la réforme implique une valorisation de la prêtrise. Esther Dehoux étudie les mentions de la crosse attribut du pasteur et note qu'on les analyse et commente pour définir le ministère du prélat, mais également critiquer l'institution et dénoncer le mauvais exercice de la fonction épiscopale. En posant la question de la définition de l'*Ecclesia*, Dominique Iogna-Prat a rappelé que la tradition voulait que les évêques agissent *uice Christi*, « édifient la Maison de Dieu » ; *more apostolico*, transmettent l'Esprit par l'imposition des mains : « l'évêque est dans l'Église et l'Église est dans l'évêque » ; il est le « fondement de l'Église, parce que l'Église tient l'Esprit saint de l'évêque[23] ». L'évêque n'est pas simplement la tête de l'ensemble ; il est son moteur, seul transmetteur de la grâce dans le rite de collation des grades.

À partir du milieu du XIIe siècle, l'évêque, grand propriétaire foncier et chef politique, juge et législateur[24], chef de la hiérarchie ecclésiastique, agent indispensable du gouvernement – royal comme pontifical devient l'enjeu de rivalités entre la papauté et le pouvoir royal. Des évêques mieux recrutés, mieux entourés, sont davantage préoccupés de leurs devoirs pastoraux, parfois donnés en modèles tels l'archevêque de Reims Guillaume aux Blanches Mains (1176-1202). L'évêque avait marqué la ville de son empreinte : fortification, évergétisme, processions, plan en croix de certaines villes[25] (Utrecht) ; dans ses aspects matériels aussi, à travers les taxes diverses, la monnaie, la concession du *comitatus* ce qui amène à des contestations surtout avec la montée communale. On note qu'il y a de nouveau des meurtres d'évêques à la fin du XIe siècle car l'empereur n'est plus en mesure de protéger : ce phénomène étant

23 Iogna-Prat, Dominique, *La Maison Dieu : une histoire monumentale de l'Église au Moyen Âge v. 800 – v. 1200*, Paris, Seuil, 2012 ; Id. « L'ordre de l'Église. Autour du *Contra haereticos* d'Hugues d'Amiens, archevêque de Rouen (*c.* 1085-1164) », *Autour de Lanfranc (1010-2010). Réforme et réformateurs dans l'Europe du Nord-Ouest (XIe-XIIe siècles)*, éd. Véronique Gazeau, Julia Barrow et Fabrice Delivré, Caen, Presses universitaires de Caen, 2015, p. 117-130.

24 Jégou, Laurent, *L'évêque, juge de paix : l'autorité épiscopale et le règlement des conflits entre Loire et Elbe (milieu VIIIe-milieu XIe siècle)*, Turnhout, Brepols, 2011.

25 Mekking, Aart. J. J., « A cross of churches around Conrad's heart : an analysis of the function and symbolism of the cross of churches in Utrecht, and those of Bamberg and Paderborn », *Utrecht, Britain and the continent. Archaeology, art and architecture*, éd. E. de Bièvre, Leeds, British archaeological Association, 1996, p. 99-111 ; Bosman, A. F. W., « The invention of a notion : on the historiography of the churches of bishop Bernold and the cross of churches in Utrecht », *Ibidem*, p. 88-98.

notamment lié à la naissance des communes et on pense à l'assassinat de Gaudry de Laon, par des bourgeois conjurés, en 1112[26].

À la fin du XIIIe siècle, l'évêque, à la tête d'institutions dont le développement atteint un niveau inégalé, absorbé par les obligations administratives, politiques et juridiques de sa charge, n'est peut-être pas à même de répondre aux attentes d'une société chrétienne de plus en plus exigeante[27]. Sa liberté est de plus en plus restreinte par des pouvoirs laïcs et pontificaux conscients qu'il assure une tâche essentielle : l'encadrement spirituel et temporel du territoire. Les tensions grandissent avec les Mendiants, à propos de l'encadrement des laïcs, des sépultures, d'aumônes, d'autorisations de prédication ou d'enseigner[28]. La primauté romaine devient lourde, les papes se réservent les postes clefs, la justice épiscopale doit tenir compte des directives pontificales et des appels devant le pape. Soutenu par un désir de réforme des mœurs, mais aussi par des oppositions locales, le recours au pape pour obtenir la déposition du prélat contesté comme c'est le cas de Mathieu de Lorraine étudié par Anne Wagner : dans un cadre local de tensions politiques, l'image du mauvais prélat est celle véhiculée par le chapitre cathédral qui réussit à éjecter l'évêque de son siège. L'émergence des théories gallicanes au sein du clergé, marquées par le *De regimine christiano* de Jacques de Viterbe vers 1300 met en évidence l'opposition entre l'universalisme romain et le particularisme national[29].

La tension entre deux modes de désignation, l'élection par les chanoines et la provision par le pape, s'exprima dans les marges occidentales de l'Empire travaillée par les divisions – le Grand Schisme (1378-1417), puis la contestation conciliaire (1409-1449). Émilie Rosenblieh étudie deux procès concernant le siège d'Utrecht au concile de Bâle (1431-1449) : le premier opposa Rodolphe de Diepholt à Sweder de Culenborgh en 1432-1433,

26 Soria Audebert, Myriam, *La crosse brisée. Des évêques agressés dans une église en conflits*, Turnhout, Brepols, 2005 ; Saint-Denis, Alain, « Instigateurs et acteurs des premières communes françaises *Revolte und Sozialstatus von der Spätantike bis zur Frühen Neuzeit*, éd. Philippe Depreux, Münich, 2008, p. 111-130 (Pariser Historische Studien, 87).

27 Vincent, Catherine, « L'évêque dans l'Église d'Occident au XIIIe siècle : la législation de Latran IV à l'épreuve des faits », *Revue historique de droit français et étranger*, vol. 94, 2016, p. 5-12.

28 Viallet, Ludovic, « Les ordres mendiants dans la ville médiévale (v. 1230-v. 1350) : réflexions introductives » In : *Les ordres militaires dans la ville médiévale (1100-1350)*, éd. Damien Carraz, Clermont-Ferrand, Presses Universitaires Blaise-Pascal, 2014, p. 57-78.

29 Canning, Joseph, *Histoire de la pensée politique médiévale (300-1450)*, Fribourg, Éditions universitaires, 2003, p. 194 *sq.*

à la mort de ce dernier, Walram de Moersa vint contester les droits du survivant. Le concile de Bâle attribua l'évêché à ce troisième prétendant. Les parties tentèrent d'amener le juge à se prononcer, non sur la question des droits, mais sur la dignité des prétendants : chaque partie dénonce l'indignité de l'adversaire, invoquant son « incapacité » juridique, voire profère des accusations d'ordre criminel : les qualités exigibles des prétendants à l'épiscopat : sagesse, sobriété, savoir, etc., élaboraient une norme.

Dans l'espace lotharingien, certains évêques parviennent à réaffirmer leurs pouvoirs temporel et ecclésiastique et à moderniser la gestion de leur principauté territoriale, comme Baudouin de Luxembourg, archevêque de Trèves (1307-1354). D'autres, comme Renaud de Bar, évêque de Metz (1302-1316), sont freinés par la communauté urbaine et le clergé séculier et régulier. Renaud représente un cas extrême, par la vigueur de son action et celle de la réaction de ses rivaux. Michel Margue suit les mécanismes de l'élaboration d'une image très négative de l'évêque. Pris entre l'étau de ses rivaux, l'évêque de Metz, malgré le soutien de sa puissante famille, ne parvient pas à stabiliser le déclin de sa principauté. La réconciliation avec ses concurrents lui permettra d'entrer dans l'historiographie messine et lorraine sous une image plus positive.

À partir du début du XVe siècle, les critiques contre les évêques d'Empire s'amplifient, dans le contexte des réflexions sur la réforme de l'Église et en lien avec les aspirations à un modèle pastoral de l'épiscopat nourri par l'œuvre de Gerson[30]. Or, comme le montre Christine Barralis, ce contexte influe sur l'image des archevêques de Trèves – de façon plus positive pour certains prélats – dont l'action pastorale personnelle est pourtant parfois limitée au regard du modèle gersonien – que négative et les motifs de critique de la figure épiscopale tiennent moins à leur spiritualité et leur exercice pastoral qu'à la manière dont ils exercent leur pouvoir temporel et juridictionnel.

La Réforme protestante au XVIe siècle implique un changement radical, et puisque la Lotharingie se trouve dans une position d'entre deux, les remises en cause peuvent être radicales, comme avec la révolution genevoise qui n'a pourtant pas de causes confessionnelles et qui est essentiellement un mouvement politique dirigé contre le pouvoir du prince – évêque et

30 Parmi les références fournies par Christine Barralis dans sa contribution au présent volume, voir l'étude de Pascoe, Louis B., *Jean Gerson : Principles of Church Reform*, Leyde, Brill, 1973.

du duc de Savoie. Mais, J. Léonard le rappelle fort à propos, les calvinistes eux-mêmes ne sont pas opposés aux fonctions épiscopales.

Du côté catholique, le concile de Trente (1545-1563) a largement renforcé le pouvoir de l'évêque dans son diocèse : désormais réformé (interdiction du cumul, obligation de résidence, nécessité de posséder une formation universitaire en théologie ou en droit), le prélat devait maintenant veiller à la prédication, à la distribution des sacrements, à la cure des âmes : on notera combien cette définition du bon évêque est proche de celle donnée par le pasteur Samuel Des Marets. Mais l'évêque catholique devait aussi surveiller le fonctionnement des maisons des réguliers (et surtout des religieuses), réunir un synode annuel, et s'il est archevêque des conciles provinciaux (comme à Reims au lendemain du concile par le cardinal de Lorraine, avec le concours de Nicolas Psaume, évêque de Verdun), visiter régulièrement ses paroisses et se rendre à Rome (visites *ad limina*). Cela faisait beaucoup et ne pouvait que provoquer des mécontentements, de la part des chanoines (qui ont perdu la faculté de l'élire), des religieux exempts, du clergé dans son ensemble, mais aussi des notables et des fidèles bousculés dans leurs habitudes. Dorénavant nommé par les princes[31], on parla parfois à son propos – sur le modèle de Charles Borromée à Milan (1564-1584) – d'« absolutisme épiscopal[32] ».

Julien Léonard étudie le contexte troublé de la guerre de Trente Ans (1618-1648). La ville de Maastricht connaît, en position de marge de la Dorsale catholique, une situation particulière : depuis 1632, elle est dirigé par les Provinces-Unies qui acceptent la coexistence de deux Églises réformées (néerlandophone et francophone) et d'un clergé catholique. Mais au sein de l'Église réformée française, le pasteur Samuel Des

---

31 Maillard-Luypaert, Monique, Marchandisse, Alain, et Schnerd, Bernard (éd.), *Évêques et cardinaux princiers et curiaux (XIV*e*-début XVI*e *siècle)*, Turnhout, Brepols, 2017 ; Amalou, Thierry, *Le lys et la mitre. Loyalisme monarchique et pouvoir épiscopal pendant les guerres de religion, 1580-1610*, Paris, CTHS, 2007 ; Michon, Cédric, *La crosse et le sceptre. Les prélats d'États sous François I*er *et Henri VIII*, Paris, Taillandier, 2008 ; Pierre, Benoist, *La monarchie ecclésiale. Le clergé de cour en France à l'époque moderne*, Seyssel, Champ-Vallon, 2013 ; Destephen, Sylvain (dir.), *L'évêque de cour. Figure politique, figure polémique*, Paris, Herrmann, 2017.

32 Bergin, Joseph, *The Making of the French Episcopate. 1589-1661* et Id. *Crown, Church and Episcopate under Louis XIV*, New-Haven and London, Yale University Press, 1996 et 2004 ; Hayden, J. M. et Greenshields, Malcolm R., *Six Hundred Years of Reform. Bishops and the French Church, 1190-1789*, Montréal – Londres – Ithaca, McGill – Queen's University Press, 2005 (McGill – Queen's Studies in the History of Religion, Ser. 2, 37) ; Andurand, Olivier, *La Grande affaire. Les évêques de France face à l'Unigenitus*, Rennes, Presses Universitaires de Rennes, 2017.

Marets (1599-1673) attaque le pouvoir spirituel de l'évêque, notamment sur l'interdiction de lire les traductions françaises de la Bible.

L'évêque de la Réforme catholique est souvent militant. Frédéric Meyer remarque que l'impopularité de l'évêque réformateur du XVIIe siècle est un thème fréquent dans les sources du temps. Cela peut aller jusqu'à des affrontements violents et avoir de multiples raisons : à côté de conflits d'autorité liés au pouvoir temporel des évêques, on constate que les fidèles sont souvent déstabilisées par une action pastorale novatrice. La contestation des méthodes de gouvernement des évêques par les laïques et les pouvoirs politiques peut amener à une désacralisation de l'évêque, sur lequel le prince n'hésite pas à porter la main. Pourtant ces positions ne firent pas baisser les bras aux évêques : comme pour Charles Borromée à Milan, la souffrance et l'adversité étaient pour eux la marque de leur mission divine et ils surent retourner cette impopularité à leur profit en l'incluant dans leur nouveau modèle de sainteté. Enfin, il convient de noter, avec Frédéric Meyer, mais surtout avec Paolo Cozzo, la survivance d'un type épiscopal pré-tridentin, plus politique que pasteur d'âmes, illustrée par le cas de Pietro Secondo Radicati, évêque de Casale. Ancien militaire, rejeton de famille noble, il s'efforça de garder un contrôle étroit sur son diocèse, entrant dans des conflits répétés avec la cour de Savoie, favorable maintenant à une réforme épiscopale plus normée.

Anne WAGNER
Université de Bourgogne-Franche-Comté, Besançon

Hérold PETTIAU
Université du Luxembourg

Frédéric MEYER
Université Savoie Mont Blanc (Chambéry) ; laboratoire LLSETI

PREMIÈRE PARTIE

L'ÉPISCOPAT EN LOTHARINGIE ENTRE PAPE ET EMPEREUR (XIe-XIIe SIÈCLE)

ERASING BAD MEMORIES

Fashioning the Reputation of Manasses I, Archbishop of Reims (*c.* 1069-1080)

Between 1077 and 1080, the archbishop of Reims, Manasses I of Gournay-en-Bray, was the focus of an intense and ultimately successful campaign to remove him from power. Two men spearheaded the effort to evict him from office: Manasses, the provost of the cathedral chapter of Sainte-Marie, and Bruno, the schoolmaster and later founder of the eremitic community of La Chartreuse. Their public complaints about Manasses's conduct, receptively heard by the papal legate Hugh of Die, eventually led Pope Gregory VII to depose the archbishop in December 1080 on the grounds that he had defied papal authority and refused to submit to the judgment of papal legates concerning his conduct toward the provost, schoolmaster, and other canons of Reims. The deposition put a final, dramatic punctuation mark on Manasses's eleven-year tenure. Even more striking was the fact that it had been Gregory VII—while still archdeacon of Rome—who, together with Pope Alexander II, had promoted him in the first place[1].

Ever since then, Manasses's reputation as a bad bishop, a poster-child for much of what was wrong with the pre-reform church, has been repeatedly affirmed. Guibert of Nogent—writing thirty-five years after the fact—famously reported Manasses as having said, "It would be good to be the archbishop of Reims if I didn't have to sing mass[2]."

1 For discussion of Manasses's relationship with Hildebrand and Alexander, see Ott, John S., "'Reims and Rome are Equals': Archbishop Manasses I (*c.* 1069-1080), Pope Gregory VII, and the Fortunes of Historical Exceptionalism", *Envisioning the Bishop. Images and the Episcopacy in the Middle Ages*, ed. S. Danielson and E. A. Gatti, Turnhout, Brepols, 2014, p. 275-302.

2 Nogent, Guibert de, *Autobiographie*, ed. and French trans. by E.-R. Labande, Paris, Les Belles Lettres, 1981, p. 64; English trans. by J. McAlhany and J. Rubenstein, Monodies *and* On the Relics of Saints. *The Autobiography and a Manifesto of a French Monk from the Time of the Crusades*, New York, Penguin, 2011, p. 26.

The seventeenth-century rémois historian and former grand prior of Saint-Nicaise, Guillaume Marlot (1596-1667), who was one of the first to report Guibert's words about Manasses, noted that his statement was "a cause for great scandal in the souls of pious men," and when the same quotation was included in the *Histoire littéraire de la France* of Dom Antoine Rivet de la Grange and the Benedictines of Saint-Maur, its canonical status, and Manasses's reputation, were set[3]. Modern historians, even those with reservations about its reliability, have been quick to repeat it[4].

In addition to remembering him as a cynic, historians from Marlot forward have routinely characterized Manasses as an unrepentant simoniac. While a cynic the archbishop may have been, the charge of simony is more difficult to lay at his feet. It is clear that he did not buy his way into office; other of his actions fueled the accusation.

About 1076 or 1077, Manasses confiscated the prebends and seized the possessions of certain canons of the chapter, redistributing them to other clerics at his court. Manasses also tolerated lay investiture of prelates, ordaining to the see of Senlis a bishop promoted by the French king, a move that earned him the label of "heresiarch" from the papal legate and archbishop of Lyon, Hugh of Die (1082-1106)[5]. Manasses, to judge both by his own letters and those addressed to him, was also headstrong, prone to emotional outbursts, jealously protective of his metropolitan privileges, defiant toward papal legates, vindictive, and cultivated a worldly episcopal court.

In isolation none of these were truly damnable offenses, and Gregory repeatedly demonstrated forbearance in dealing with Manasses, who

3 Marlot, Guillaume, *Metropolis Remensis historia, a Frodoardo primum arctius digesta, nunc demum aliunde accersitis plurimum aucta, et illustrata, et ad nostrum hoc saeculum fideliter deducta*, vol. II/2, Reims, Protase Lelorain, 1669, p. 173; *Histoire literaire de la France*, ed. Benedictines of Saint-Maur, Paris, Huart and Moreau, et al., 1747, vol. 8, p. 650.

4 Fliche, Augustin, *Le règne de Philippe Ier, roi de France (1060-1108)*, Geneva, Slatkine-Megariotis, 1975 (originally published 1912), p. 417; Little, Lester K., *Religious Poverty and the Profit Economy in Medieval Europe*, Ithaca, Cornell University Press, 1978, p. 31; Jaeger, C. Stephen, *The Envy of Angels. Cathedral Schools and Social Ideals in Medieval Europe, 950-1200*, Philadelphia, University of Pennsylvania Press, 1994, p. 161; Demouy, Patrick, *Genèse d'une cathédrale. Les archevêques de Reims et leur Église aux XIe et XIIe siècles*, Langres, Dominique Guéniot, 2005, p. 613-614; Bennett, Judith M., *Medieval Europe: A Short History*, 11th ed., New York, McGraw-Hill, 2011, p. 168.

5 *Sacrorum conciliorum nova et amplissima collectio*, ed. J. D. Mansi, 35 vols., Florence and Venice, Zatta, 1759-1798, vol. 20, p. 488.

was, after all, his friend[6]. Moreover, many French bishops were deposed in the eleventh century, a condition which often proved temporary. So why does Manasses's case stand out, then and now[7]? Clearly, the historical and political importance of the archdiocese of Reims has a lot to do with it. From the outset of his papacy, Gregory expected Manasses to be his point-man in the French church and to exercise a moderating influence over the behavior of King Philip I[8]. In this, he clearly failed to meet papal expectations. But Manasses's fate has also resonated because he was the loser in a very public struggle with the pope and his legate, Hugh of Die, over issues of central concern to Gregory's reform program. The archbishop's case tells us a lot about how contesting groups tried to manage the emerging public sphere, an arena of oral and written debate that was created, sustained, and exploited by pro- and anti-papal parties during the so-called Investiture Contest. Leidulf Melve, taking as his starting point the work of Jürgen Habermas, has recently argued for the development of a public sphere during the last half of the eleventh century[9]. One of Melve's findings is that the polemical literature produced between the start of Gregory VII's papacy in 1073 and the end of Urban II's in 1099 exhibited an awareness of the value of public opinion in swaying broader political debates[10]. With his deposition, Manasses lost a publicly conducted debate on the limits of archiepiscopal autonomy and conduct, and hence the means to reproduce the narrative of his conflict with Gregory, a loss compounded over time by the influential and negative evaluations of Rivet, Marlot, and Fliche.

Keeping these observations in mind, this paper has two objectives. In section I below, analysis of the correspondance between Manasses, the pope, and his legate, Hugh of Die, demonstrates that the archbishop

6 See on this Cowdrey, H. E. J., *Pope Gregory VII, 1073-1085*, Oxford, Clarendon Press, 1998, p. 376.

7 Augustin Fliche considered him an archetypal simoniac Capetian bishop; see *La réforme grégorienne et la reconquête chrétienne (1057-1125)*, Paris, Bloud and Gay, 1950, p. 100-101.

8 This is evident in Gregory's early letters to the prelate; see *Das Register Gregors VII.* [hereafter *Reg.*], ed. E. Caspar, MGH Epistolae selectae, Berlin, Weidmann, 1955, vol. II/1, 1.4, p. 7; 2.5, p. 130-133.

9 Melve, Leidulf, *Inventing the Public Sphere. The Public Debate during the Investiture Contest (c. 1030-1122)*, 2 vols., Leiden, Brill, 2007. See also the review of Melve's book by Carol Symes in *The American Historical Review*, vol. 114, nº 2, 2009, p. 468-469.

10 Melve, *Inventing the Public Sphere*, vol. 1, p. 46-48, 77-88. It is mentioned in around 30 % of published pieces.

and his opponents were acutely aware of the power of one's reputation in wider political discourses about the conduct of the church and its leadership. "Common knowledge" and rumors about Manasses's character were used to support political decisions made concerning him, and Manasses in turn deployed rumor as a tool to discredit his enemies. In sections II, III, and IV, the analysis shifts to Manasses's reputational *Nachleben*. Section II examines the dissemination of stories about him by later writers working beyond Reims; section III explores the transmission and preservation of his letters; and section IV considers his local standing. The findings diverge. To judge from the surviving copies of his missives, Manasses's writings found a wider, and in some cases sympathetic, audience outside of Reims. In the city itself, on the other hand, his successors and former enemies made every attempt to efface his memory altogether.

Collectively, the evidence concerning the controversial archbishop of Reims shows that power struggles between high church officials caught the attention of contemporaries. Rumors and allegations—or *fama*—that entered public discourse produced damaging effects. A "bad bishop" could be fashioned just as readily by the posthumous manipulation of the written record and collective memory as by insinuations, accusations, and propaganda during his lifetime.

I.

The fullest contemporary sources of information about Manasses are letters. We possess missives written by Manasses himself; by Walo, the abbot of Saint-Arnoul of Metz and Saint-Remi of Reims; by Pope Gregory VII; and by the papal legate Hugh of Die. Four of Manasses's own letters have been preserved. Abbot Walo wrote two letters directly to the archbishop, and at least three to other correspondents, complaining about him[11]. Pope Gregory and Hugh of Die produced a total of 21

11 Walo's letters to Manasses survive today in one manuscript, the sixteenth-century copy of the Hanover letter-collection edited by Carl Erdmann (1898-1945) and published in 1950, copied from a now-lost original compiled about 1085 in Hildesheim (see also below,

missives either directly addressed to, or concerning, Manasses[12]. Thirty letters survive in total, an impressive corpus. Many demonstrate a keen awareness on the part of their writers of the power of *fama*, meaning both rumor and reputation, in swaying public perceptions about official conduct, institutional agendas, and political positions[13]. Personal reputations were of utmost concern because they directly affected one's ability to govern. Rumors admitted, or created a premise for, action. Once activated in the public sphere, *fama* could generate or undermine sympathies, invite resistance, or incite revolt.

A few selections from the letters generated by Manasses's controversial tenure should suffice to demonstrate the range of publics to which the parties appealed and the concern they expressed over the effects of rumor. Let us begin with Gregory VII: the pope was acutely aware of the degree to which Manasses's conduct reflected on himself, since it had been Gregory who had favored the archbishop's elevation to the see of Reims. On 30 June 1073, the very day of his ordination, the pope wrote to the archbishop, remonstrating and urging him to fill the abbacy of Saint-Remi, which had lain vacant for eighteen months[14]. Writing again nine months later, in March 1074, to chide Manasses for his continuing failure to appoint a new abbot, Gregory acknowledged that he himself could not "escape heavy responsibility should you do things that discredit your order or that

p. 35, nn. 51). Two additional manuscripts from Metz (Metz, Saint-Arnoul, ms. 99, and Metz, Bibliothèque municipale, ms. 812), assembled at much later dates (seventeenth-eighteenth centuries) but since lost, also once contained the letters to Manasses along with the three others concerning the archbishop. They were first published in 1675 by Jean Mabillon, *Vetera Analecta, sive Collectio veterum aliquot operum et opusculorum omnis generis*, new edn, Paris, Montalant, 1723. For a full discussion, see Schütte, Bernd, ed., *Die Briefe des Abtes Walo von St. Arnulf vor Metz*, MGH Studien und Texte 10, Hanover, Hahn, 1995, p. 39-42, 43-45. The letters in question are nos. 1-5, p. 51-71.

12 The majority date to the years 1077-1080. I have translated many of these, including three of Manasses' letters from this period. They may be found on-line at http://web.pdx.edu/~ott/manasses/ (consulted on 05/07/2022).

13 On the subject of *fama*, see the "Introduction" to *Fama. The Politics of Talk and Reputation in Medieval Europe*, ed. T. Fenster and D. Lord Smail, Ithaca, Cornell University Press, 2003, p. 1-11; and the collected essays in Billoré, Maïté, and Soria, Myriam, ed., *La rumeur au Moyen* Âge. *Du mépris à la manipulation (v^{e}-xve siècle)*, Rennes, Presses Universitaires de Rennes, 2011.

14 *Reg.* 1.13; English trans. by H. E. J. Cowdrey, *The Register of Pope Gregory VII, 1073-1085*, Oxford, Oxford University Press, 2002, p. 14-15. The previous abbot Herimar had died on 7 December 1071.

do not beseem your exalted rank[15]." The pope knew that reports of Manasses's lax administration would in turn reflect poorly on his young papacy's reputation and the credentials of other "pro-gregorian" bishops, which Manasses putatively was. The stakes were high enough that Gregory could ill afford, in his words, "to turn a blind eye" or appear complicit in the archbishop's inaction[16]. Concern that Manasses's conduct reflected poorly on Rome, and Gregory personally, continued to echo in Gregory's letters up to the point of the archbishop's final deposition. In a letter of 1080 to the bishops of the province, the pope noted that he had to expel their archbishop, as "the graver matters about him... have sprung to sight, to the notice of many," and could not be ignored[17].

Manasses allowed that he was equally anxious about his own reputation in Rome and abroad. Following his initial deposition and excommunication by the papal legate Hugh of Die at the council of Autun in 1077, the archbishop wrote to Gregory complaining about his treatment and defending his personal absence from the assembly[18]. Manasses opened with an *ad hominem* critique of his cousin Hugh-Rainard, the bishop of Langres (1065-1084), who had assisted Hugh at the council and whom the archbishop refers to as Hugh's "counselor and teacher" (*consilarius eius ac magister*):

> This year the aforementioned [bishop of] Langres arranged to visit the cities and bishops of our province. There he conducted himself so shamefully and, they say, so self-indulgently, that songs about the lovers he left behind in the places from which he had departed are sung in our region by those like him. One of them begins as follows (I beg your indulgence, it is shameful to relate things of this sort to your majesty): 'I came, beautiful and delicate / with smooth skin, like a girl.'

Manasses then adds: "When [the bishop of Langres] perceived... that such infamy of his name was everywhere being spread in our parts, he began to impute to me what others... were saying [about him], and such a hatred boiled up in him for me that he said he would prefer to

15 *Reg.* 1.52, trans. Cowdrey, p. 7.

16 *Ibid.* Gregory returns to this theme in his letters announcing Manasses' final deposition; *Reg.* 8.17-20, trans. Cowdrey, p. 382-387.

17 *Reg.* 8.19, trans. Cowdrey, p. 384.

18 He sent a party of canons, including an archdeacon of Reims, in his stead.

die rather than that I should remain in my diocese[19]." The archbishop of Reims did not stop there. Listing off his other enemies, Manasses reserved his final and most damning accusation for the provost of the cathedral chapter, whom, he added without hesitation, had undoubtedly (*procul dubio*) slept with his own sister, a nun and abbess[20].

In this letter, written shortly after Autun and larded with the literary allusions and references to canon law common in missives exchanged between educated clerical intimates, Manasses skillfully employed rumor to embarrass the bishop of Langres and, by inference, Hugh of Die, before Gregory and the papal curia. First, he denied having anything to do with manufacturing the salacious stories about the bishop of Langres, which were "sung by those like him," that is, by men of dubious character. Then he eagerly reported them to the pope. The archbishop played a double game; on one hand, by defaming the bishop of Langres, who was acting as a papal agent, Manasses raised the specter of scandal in the Gregorian papacy, which had been vigorously promoting clerical celibacy since 1074. On the other, Manasses demurred and begged indulgence in mentioning the incident, only doing so, he apologized, in the hope of sparing the pope future embarassment by his legates. That Manasses's letter presented a subtle threat to Rome's reputation while claiming to protect it, is affirmed by the fact that a copy ended up in the pro-imperial Hanover letter-collection assembled at Hildesheim around 1085[21].

In addition to affecting one's personal and local reputation, all parties in this conflict were keenly aware that *fama* circulated beyond national borders. In a letter from late 1079 summoning Manasses to appear before him for judgment, Hugh of Die avowed that the archbishop's poor pastoral conduct had been "broadcast not only throughout Gallia but also through nearly all of Italy[22]." Here Hugh was simply repeating

19 Erdmann, Carl, and Fickermann, Norbert, eds., *Die Briefe der deutschen Kaiserzeit*, vol. 5, *Briefsammlungen der Zeit Heinrichs IV.*, Weimar, Böhlaus, 1950, no. 107, p. 178-182: "*Ipse vero percipiens, quod tanta infamia sui nominis circumquaque et in partibus nostris divulgabatur, cepit mihi imponere, quod alii—Deum testor—publicabant, et ita in tantum erga me odium prorupit, quod affirmavit se malle mori quam me in episcopatu meo manere*" (p. 179).

20 *Ibid.*

21 *The* Epistolae Vagantes *of Pope Gregory VII*, ed. and English trans. H. E. J. Cowdrey, Oxford, The Clarendon Press, 1972, p. xxiii-xxiv. For this letter, see below, p. 28, nn. 23.

22 Hugh's letter is uniquely found in Wolfenbüttel, Herzog August Bibliothek, ms. 27.9 Aug. fol., f° 251r-v. The relevant folios are edited in Hartmann, Martina, ed., *Humanismus und*

a similar claim made earlier by Gregory[23], to which he added a fine point of criticism: "rumor has surfaced," the legate huffed, "that your tyranny is such that in the church of Reims it is permitted to no one to fight for the Lord; to no one to strive after what is good; and to no one to live canonically." Hugh's charge led Manasses to assert in an equally dramatic reply that the papal legate's unjust conduct toward *him* was known "not only throughout nearly all the Gauls, but even in Italy and Rome." These statements, by all three men, indicate that the damage caused by rumors about the archbishop's conduct was having an impact well beyond Reims. Manasses argued that his metropolitan dignity was being mocked and his reputation ruined, both at home and abroad. Conversely, for both Hugh of Die and Pope Gregory, the prelate's behavior was seen to undermine papal authority and the reform agenda. Any failure to examine and enforce the censures to which Manasses had been subject would reveal all too clearly the limits of Gregory's ambitions for the reform of the church, a blow following quickly on the heels of recent papal setbacks in Germany. Hugh and Manasses recognized that rumors of this bandwidth were best counteracted by face-to-face communications. Manasses traveled to Rome in person and smoothed things over with the pope, a meeting that the archbishop would later claim "emptied Gaul and Italy of infamy [concerning him], and utterly cancelling out whatever lies had been spread by [his enemies], we... made certain that this infamy had neither been true nor could have been truthfully said[24]."

Kirchenkritik: Matthias Flacius Illyricus als Erforscher des Mittelalters, Beiträge zur Geschichte und Quellenkunde des Mittelalters 19, Stuttgart, Thorbecke, 2001, p. 273-274: "*Ut enim a quibusdam veridicis nobis intimatum est et non solum per Galliam, sed et omnem fere Italiam divulgatum... Nunc autem ad id tuam prorupisse tyrannidem fama est, ut in Remensi ecclesia nulli domino militare, nulli, quod bonum est, sectari, nulli canonice vivere liceat...*" (p. 273).

23 Gregory had noted that an "ugly rumor"—*turpis fama*—about Manasses "had filled not only France but almost all of Italy." *Epistolae Vagantes*, ed. and trans. Cowdrey, no. 30, p. 78-79.

24 The letter is reprinted in *Museum Italicum, seu Collectio veterum sciptorum ex bibliothecis Italicis*, vol. 1, *Pars altera*, ed. J. Mabillon and M. Germain, Paris, Montalant, 1724, p. 119-127; and *Recueil des historiens des Gaules et de la France*, ed. M.-J.-J. Brial, new edn, Paris, Victor Palmé, 1877, vol. 14, p. 781-786: "*Quod vero dicitis infamiam nostram Galliam Italiamque replesse... Sed nos Romam pergendo, et quod temere actum fuerat destruendo, Galliam et Italiam infamia vacuavimus, et quidquid ab eis [the archbishop's enemies] diffamatum fuerat annullando penitus, ne hoc infamia vel esset vel veraciter dici posset, Domino juvante, effecimus*" (p. 784).

The antagonists' letters thus demonstrate that Manasses's conduct was viewed as a matter of public concern, with implications not only for the archbishop's reputation and that of the church of Reims, but also for the reputations and political legitimacy of the pope, legatine authority, and the Roman church. Rumors concerning Manasses and his rivals circulated by letter and by word in the public sphere—by word through songs, jokes, and curses, by letter through written complaints and allegations[25]. *Fama*, by definition public, was exceptionally difficult to control. Manasses acknowledged this in his final letter to Hugh of Die, when he asked, "Who… is so holy, and so perfect, that he should not be seized from time to time by rumor of some sort of notoriety[26]?" So rare was this condition, Manasses protested to the legate, that the only chance he had of finding six unblemished prelates to swear on his behalf would be if "the holy fathers Remigius, Martin, Julian, Germanus, Hilary, and Dionysius" rose from their tombs. Even Jesus, Manasses pointed out (apparently without irony), had associated with sinners and tax collectors!

Thus, while all parties in this exchange were anxious to defend their conduct and honor publicly, in person and in writing, Manasses and Hugh became practiced in deploying *fama* against their opponents, as a goad to correct and a bludgeon to discredit. Although both men stood to gain or lose much in the public discourse concerning their conduct and the limits of their power, it was arguably Gregory VII who courted the greatest risk in the confrontation between the archbishop of Reims and his legate. Gregory's reputation as a reformer rested in part on his ability to curtail the egregious behavior of local prelates, all the more in Manasses's case because he was the pope's hand-picked candidate for the most powerful diocese in France and a critical lynchpin in Gregory's

25 Speaking of his bitter rival, Manasses the provost, the archbishop noted in his 1078 letter to Gregory that "along with his henchmen, [the provost] does not cease to wound me and the church with words and curses, because he cannot do it outright with deeds" ("*quin potius cum illis suis sequacibus, quis factis non potest, verbis et maledictis ecclesiam meque lacerare non desinit*"); *Sacrorum conciliorum nova et amplissima collectio*, ed. Mansi, vol. 20, p. 487.

26 *Ibid.* "*Quis, inquam, tam sanctus fuit, tamque perfectus, qui non aliquando a quolibet maledico alicujus infamiae nota sit appetitus?*" Here, Manasses was speaking about the difficulty in meeting one of the canonical requirements Hugh had set before him, namely that he should produce six blameless bishops to speak on his behalf. But the rhetorical query certainly applied to the archbishop himself.

efforts to rein in Philip I's domination of the French church[27]. *Mala fama* about the archbishop undermined papal credibility and hampered Gregory's ability to act against other obdurate clergymen[28]. That so many more letters *to* or *about* Manasses survive than letters written *by* him—by a ratio of 6.5 to 1—reinforces this argument.

II.

If managing one's reputation is challenging while alive, it is considerably harder to do posthumously. Posthumous knowledge about the archbishop survives in three forms, only two of which have been instrumental in fashioning modern historians' knowledge about Manasses. The first consisted of local knowledge, glimpses and shards of information about the archbishop recorded in local texts such as charters, chronicles, and miracle stories. Little, if any, of this information about Manasses passed outside of Reims or its institutions. The literary precipitate that remained was fragmentary, almost exclusively negative, and was marked as much by erasures and intentional suppressions as by survivals. A second source of information about Manasses consisted of copies of his letters from his correspondence with Gregory VII and Hugh of Die. The letters circulated by several discreet avenues, outlined below. Modern historians have long been aware of these letters, nearly all which were written about the archbishop by his enemies and detractors. The third source of material concerning Manasses occurs in external narratives about Reims during his rule, two in particular. In contrast to the local sources, these narratives have attracted a wide readership in the twentieth and twenty-first centuries, and their disparaging portrayals of the archbishop account for his continuing

27 See especially *Reg.* 2.5, trans. Cowdrey, p. 96-99.

28 That Gregory very much depended on Manasses to carry out this role is evidenced in *Reg.* 2.56, trans. Cowdrey, p. 150-151, concerning the bishop of Châlons. Hugh of Die's legation beginning in 1075 may be seen as a partial response to the failures of regional metropolitans like Manasses to manage their affairs. See on Hugh's legations Rennie, Kriston R., *Law and Practice in the Age of Reform. The Legatine Work of Hugh of Die (1073-1106)*, Turnhout, Brepols, 2010.

reputation as a blight upon the eleventh-century church, a man without conscience or moral compass.

Of the latter group of sources, the best-known, certainly to modern historians, is the *Monodiae* (*Songs for a Solitary Voice*, more commonly called the *Memoirs*) of Guibert, abbot of Nogent-sous-Coucy. Composed by 1115, two generations after Manasses's deposition, the *Monodiae* survive in a single, seventeenth-century manuscript[29]. In the first book, in a discussion devoted to the monastic revival of the late eleventh century, Guibert presents Manasses as a foil to the saintly Bruno of Cologne, the schoolmaster at Reims and founder of La Chartreuse. In Guibert's telling, Bruno, appalled by Manasses's ribald manners, profligate wealth, and his love of soldiers and worldly things, turned his back on his schooling duties and retreated into the alpine wilderness near Grenoble[30]. Besides the infamous quote Guibert attributed to the archbishop with which this essay opened, the abbot of Nogent illustrated the archbishop's venality by describing how Manasses used tongs cut up an enormous chalice containing flecks of the gold the Magi had presented to Christ, then tried to distribute the pieces as payment to his men-at-arms[31]. Guibert never names his source for these stories, but the archbishop's bitter enemy and successor (as Manasses II, 1096-1106), the former provost of Reims, must be considered the chief suspect. As mentioned, the provost was one of the canons whom the archbishop had chased from the city and whose goods he had confiscated. He was also a friend and ally of Bruno in their fight to bring the archbishop to heel. Moreover, Guibert cites the provost as his informant in at least two separate instances in his writings, and had access to letters sent to him from crusaders in the east[32]. He had every reason to pour into Guibert's waiting ears stories designed to cast his old rival in a bad light.

29 BnF, Coll. Baluze, ms. 42. See *Autobiographie*, ed. Labande, p. xxiii-xxv; Rubenstein, Jay, *Guibert of Nogent. Portrait of a Medieval Mind*, New York, Routledge, 2002, p. 61-62.

30 *Autobiographie*, ed. Labande, p. 62-67; Rubenstein, Jay, "Guibert of Nogent's Lessons from the Anglo-Norman World", *Teaching and Learning in Northern Europe, 1000-1200*, ed. S. N. Vaughn and J. Rubenstein, Turnhout, Brepols, 2006, p. 149-169 (p. 155-157).

31 *Autobiographie*, ed. Labande, p. 64-67 ("*Cum ergo forcipe desectum per portiones, quibus deliberaverat, dilargiretur calicem*").

32 See Fuchs, Karin, *Zeichen und Wunder bei Guibert de Nogent. Kommunikation, Deutungen und Funktionalisierungen von Wundererzählungen im 12. Jahrhundert*, Munich, R. Oldenbourg, 2008, p. 120. For instances in which Guibert uses Manasses II as an informant, see *Autobiographie*, ed. Labande, p. 194-195; Nogent, Guibert de, *Dei Gesta per Francos et cinq*

Hugh of Flavigny's *Chronicon* was a repository of additional bad press for Manasses. Hugh, a zealous supporter of the papal reform agenda, composed the *Chronicon* intermittently between *c.* 1085 and 1103[33]. His information about Manasses came directly from none other than Hugh of Die[34], whom Hugh of Flavigny likely served as a scribe and who was in any case a close friend[35]. The *Chronicon* contains three partial and complete letters concerning Manasses, along with a letter from Manasses addressed to Pope Gregory; all appear together in the supplemental section of the *Chronicon* and may have been copied from a single collection[36]. Hugh of Die's memory of and antipathy for Manasses clearly influenced Hugh of Flavigny's depiction of the archbishop,

---

autres textes, ed. R. B. C. Huygens, Corpus Christianorum, Continuatio Medieualis 127A, Turnhout, Brepols, 1996, p. 332; Nogent, Guibert de, *The Deeds of God through the Franks*, English trans. R. Levine, Woodbridge, The Boydell Press, 1997, p. 157. On Guibert's access to letters received by Manasses while archbishop, see Riant, Paul (comte), *Inventaire critique des lettres historiques des croisades*, vols. 1-2, *768-1100*, Paris, Ernest Leroux, 1880, no. 157, p. 214-215.

33 While the terminus *ad quem* of Hugh's chronicle may be securely dated to 1102/3, the terminus *a quo* may be no more precisely determined than *c.* 1085-1092. Compare the recent evaluations and dating by Lawo, Mathias, *Studien zu Hugo von Flavigny*, MGH Schriften 61, Hanover, Hahn, 2010, p. 33 and n. 183, 80-81; and Healy, Patrick, *The Chronicle of Hugh of Flavigny. Reform and the Investiture Contest in the Late Eleventh Century*, Aldershot, Ashgate, 2006, p. 70, 91-95. Hugh began work on the *Chronicon* prior to 1092 at his home-in-exile, Saint-Benigne of Dijon, before the exiled monks of Saint-Vanne were admitted back to Verdun. During this time, he served in the entourage of Hugh, to whose notice he had come, and who was instrumental in seeing him elected in late 1096 as abbot of Saint-Pierre of Flavigny-sur-Ozerain.

34 Robinson, I. S., "The Dissemination of the Letters of Pope Gregory VII during the Investiture Contest", *The Journal of Ecclesiastical History*, vol. 34, nº 2, 1983, p. 175-193 (p. 180-184).

35 Lawo, *Studien*, p. 12-14, 80; Healy, *Chronicle of Hugh of Flavigny*, p. 74, 106. Hugh of Flavigny may also have accompanied Hugh of Die on pilgrimage to Santiago de Compostela in 1095.

36 In all probability they were copied from Hugh of Die's register of letters, since the letters all concern him. See Lawo, *Studien*, p. 217-221; Healy, *Chronicle of Hugh of Flavigny*, p. 102-131, 229-233. The letters were *Reg.* 4.22 (to Hugh of Die, 12 May 1077, urging him to call a council at Autun with the assistance of Manasses); *Reg.* 6.2 and 6.3 (letters to Manasses [incipit only] and Hugh of Die, 22 August 1078); *Epistolae Vagantes* nº 30 (to Hugh of Die, April-May 1079); and Manasses's 1078 (between 22 May and 22 August) letter to Pope Gregory, composed after the archbishop had returned from a trip to Rome (*Sacrorum conciliorum nova et amplissima collectio*, ed. Mansi, vol. 20, p. 486-488). Gregory must have forwarded a copy of the latter letter to Hugh at some point, since it contains a variety of allegations about Hugh and since Gregory ultimately overturned Hugh's deposition of Manasses on 9 March 1078.

whom the latter did not know personally[37]. Referring to Manasses as a "simoniac invader of the church of Reims" (*Remensis ecclesiae invasor symoniacus*[38]), Hugh details how he "prepared numerous ambushes" for the canons of Reims as they returned from the council of Autun, where a party had denounced him. The archbishop "destroyed their houses, sold their prebends, and laid waste to their possessions" (*domos eorum fregit, praebendas eorum vendidit, et bona eorum diripuit*)[39]." Hugh of Flavigny later asserts that Manasses attempted to bribe Hugh of Die with 30 ounces of gold and to ply his household with gifts, but failed to sway the legate's manly spirit (*virilis animus*) from summoning the archbishop to council[40]. For Hugh, the archbishop of Reims—one among many bishops whose censure he highlighted—presented a clear lesson of the futility of corrupt bishops in resisting the authority of Gregory and his legates.

Guibert and Hugh depict Manasses as a bishop run amok, and modern historians have generally fallen into line behind this portrayal. Credit must go, of course, to the medieval authors' rhetorical skill in establishing antitheses to Manasses' conduct in the figures of Bruno of Cologne and Hugh of Die. For the abbot of Nogent, Bruno embodied learnedness (*instructus*), modesty, and humility (*cum multa humilitate se ageret*), and Hugh the spirit of justice and equity (*viro in tenore justitiae clarissimo*)[41]. Hugh of Die, described by Hugh of Flavigny in terms rich with the imagery of pastoral probity, was upright, steadfast, immune

37 It is worth noting that in his denunciation of Manasses I, Guibert also speaks warmly of Hugh of Die, who had recently died as archbishop of Lyon in 1106.

38 Hugh uses similar language to refer to Hugh of Die's predecessor, Lancelin, as "a simoniac said to be bishop" ("*symoniacus dictus episcopus*,") and "one who invaded the church through simony" ("*ipse qui aecclesiam per symoniam invaserat*"); *Chronicon*, ed. G. H. Pertz, MGH SS 8, Hanover, Hahn, 1848, p. 10. At several points, Hugh's portraits of Lancelin and Manasses bear a strong likeness. See also Healy, *Chronicle of Hugh of Flavigny*, p. 201-214.

39 *Chronicon*, ed. Pertz, p. 415.

40 *Ibid.*, p. 421: "Messengers from the aforementioned archbishop came to him [Hugh of Die], hoping to convince him with many blandishments and numerous gifts, and in order to do so, offering him 30 ounces of the purest gold along with valuable gifts to his household" ("*nuntii praefati archiepiscopi venerunt ad eum [Hugh of Die], multis et maximis precibus et muneribus ad hoc eum flectere cupientes, et ob id ei in praesenti trecentas purissimi auri uncias, domesticis quoque eius preciosa donaria offerentes*").

41 *Autobiographie*, ed. Labande, p. 64-65. In the same passage (p. 62-63), Guibert also injects praise for Gervais of Château-du-Loir, Manasses' deceased predecessor, referred to as "*Gervasii famosissimi archiepiscopi*."

to the lure of money[42]. Indeed, Hugh describes Hugh of Die's election using language taken directly from John the Deacon's *vita* of Gregory I and from Gregory's *Regula pastoralis*[43]. Conversely Manasses—venal, boorish, improvident—exhibited none of these qualities.

While Guibert's account especially has proven irresistible to modern writers, neither text made much of an impression on contemporaries. Guibert's memoirs do not appear to have circulated far beyond Nogent, with evidence only for a copy in the archives of Notre-Dame of Laon[44]. Hugh's *Chronicon* survives in its autograph; it remained at Flavigny, where Hugh served as abbot between 1096 and 1101[45]. Elements of Hugh's *Chronicon* were later incorporated into two separate works composed by monks who resided for a time at that abbey. Hugh of Fleury employed elements of the *Chronicon* in his *Tractatus de regia potestate et sacerdotali dignitate*, composed between 1102 and 1105 and dedicated to King Henry I of England, while the chronicler Clarius adopted passages from Hugh's work for his own *Chronicon Sancti Petri Vivi Senonensis* (*Chronicle of Saint-Pierre-le-Vif of Sens*, composed before 1127)[46]. Neither mentioned Manasses.

The second major source of posthumous knowledge about the archbishop, known more widely to contemporary and later generations of medieval writers than Hugh or Guibert's narratives, derived from Manasses's correspondence with Gregory VII, the abbot Walo of Saint-Arnoul of Metz (briefly abbot of Saint-Remi between 1073-1074), and Hugh of Die. These letters circulated and were disseminated through

42 *Chronicon*, ed. Pertz, p. 422: "And because [Manasses] saw that [Hugh's] spirit could not be conquered by money, fearing for himself, he did not wish to attend the council." ("*Et quia inexpugnabilem eius erga pecuniam animum vidit, timens sibi, concilio interesse noluit*").

43 *Ibid.*, p. 410: "Worthy should be the man who would lead and serve the church." ("*dignus sit qui possit aecclesiae praeesse et prodesse*"). The pair *praeesse-prodesse* is thoroughly Gregorian. And see Healy, *Chronicle of Hugh of Flavigny*, p. 203-204.

44 Foviaux, Jacques, "'Amassez-vous des trésors dans le ciel': Les listes d'obits du chapitre cathédral de Laon", *L'Église et la mémoire des morts dans la France médiévale. Communications présentées à la table Ronde du C.N.R.S., le 14 juin 1982*, ed. Jean-Louis Lemaître, Paris, Études Augustiniennes, 1986, p. 69-117 (p. 79, 101).

45 Healy, *Chronicle of Hugh of Flavigny*, p. 86, 226. A copy may also have been held at Saint-Benoît-sur-Loire (Fleury) in the early twelfth century; *ibid.*, p. 95-98.

46 For the latter, see *Chronique de Saint-Pierre-le-Vif, dite de Clarius*, ed. and French trans. R.-H. Bautier and M. Gilles, Paris, Éditions du Centre National de la Recherche Scientifique, 1979, p. 124-139, *passim*. Healy, *Chronicle of Hugh of Flavigny*, p. 95-98.

different channels and in various combinations[47]. Given the public nature of Gregory and Manasses's clash, the legal principles bearing on metropolitan and legatine authority being discussed, and the sources cited by their authors—notably their arguments concerning the conduct and legal powers of Roman legates—the letters proved of considerable interest to outside observers.

The letters may be provisionally lumped into five collections or groupings. As noted above, the archivally-minded Hugh of Flavigny transmitted a number of them in his *Chronicon*, presumably copied from Hugh of Die's registers[48]. They consisted of three letters from Gregory to Hugh concerning Manasses; the archbishop's letter to Gregory, written after 22 May 1078, following his return from Rome; and Gregory's reply of 22 August 1078 to Manasses (*Reg.* 6.2). This grouping appears to be limited to Hugh of Flavigny's autograph manuscript, and Hugh of Die is evidently the common link among them and their common source[49]. Another trio of letters concerning Manasses made their way into Germany, where they were copied from earlier exemplars into a sixteenth-century codex, now catalogued as Ms. XI 671 of the Niedersächsische Landesbibliothek in Hanover[50]. These letters, specifically two by Abbot Walo of Saint-Arnoul addressed to Manasses in 1074 and one by the archbishop himself from late 1077, comprised part of an addendum of five letters to the main collection[51]. As the medieval copies of these letters have been lost, their

47 A fourth, little-known letter by Manasses (preserved in Bordeaux, Bibliothèque Mériadeck, ms. 11, f° 145rb), appears in a group of five episcopal letters concerning compulsory oaths. I plan to devote a forthcoming study to this material, but the letter has been edited by Jasper, Detlev, "Erzwungener Eid, Exceptio spolii, Raub von Kirchengut. Pseudoisidor in einigen ungedruckten Briefen des 11. Jahrhunderts", *Fortschritt durch Fälschungen? Ursprung, Gestalt und Wirkungen der pseudoisidorischen Fälschungen. Beiträge zum gleichnamigen Symposium an der Universität Tübingen vom 27. und 28. Juli 2001*, ed. W. Hartmann and G. Schmitz, MGH Studien und Texte 31, Hanover, Hahn, 2002, p. 125-160.

48 See above, p. 32, n. 36 (contents of Hugh's register).

49 Healy, *Chronicle of Hugh of Flavigny*, p. 106-107.

50 This "Hannoverschen Briefsammlung," containing letters from the eleventh and twelfth centuries, was described and edited by Carl Erdmann in 1950. See Erdmann and Fickermann, eds., *Die Briefe der deutschen Kaiserzeit*, p. 1-187 (p. 11); Hartmann, *Humanismus und Kirchenkritik*, p. 206-208; and see below.

51 These are nos. 107-109 (p. 178-187) in the edition of Erdmann and Fickermann. The remaining two letters in the addendum (nos. 105-106) were by Meinhard of Bamberg. It seems likely that the letters concerning Manasses and those by Meinhard were copied into ms. XI 671 from different sources; Erdmann and Fickermann, eds., *Briefe*, p. 11.

provenance may only be guessed at, but Erdmann proposed Metz as the repository for Walo's letters[52]. Schütte, in turn, suggested Reims as the ultimate source for the letters of Walo and Manasses[53]. It is even possible that the archbishop carried copies of them with him into Germany in early 1081 when, following his December 1080 deposition by Gregory, he journeyed to the court of Henry IV[54].

Another three letters from the correspondance of Gregory, Hugh of Die, and Manasses—one from each individual—were copied along with a group of sixteen eleventh- and twelfth-century letters into a manuscript belonging to the Benedictine abbey of Siegburg. In addition to the letters concerning Manasses, the remainder may be divided into roughly two groups: a collection of mid-to-late twelfth-century letters concerned with Siegburg, Cologne, and its archbishop, Rainald of Dassel (1159-1167); and a group of letters concerned with the episcopal election of Ivo, abbot of Saint-Quentin, to the diocese of Chartres in 1090[55]. While the medieval manuscript(s) containing the missives was destroyed, they were first copied in the mid-sixteenth century by Cornelius Wouters (1512-1578) into a manuscript in Cologne, then re-copied along with other Cologne materials into a codex acquired by Matthias Flacius Illyricus in 1554, today Wolfenbüttel, Herzog-August-Bibliothek ms. 27.9. Aug. fol[56]. As with the just-discussed Hanoverian collection, the earliest provenance of the Ivonian and Manassean materials remains unknown. It is not

52 See Schütte, ed., *Briefe des Abtes Walo*, p. 39. Two later manuscripts containing Arnulf's letters nos. 2-3 to Manasses (Metz, Saint-Arnoul, ms. 99, and Metz, Bibliothèque municipale, ms. 812) were destroyed, in the French Revolution and World War II, respectively.

53 *Ibid.*

54 Manasses was in the company of Henry's siege army outside Rome in May 1081, and probably crossed the Great St. Bernard Pass with him in March. See Robinson, I. S., *Henry IV of Germany, 1056-1106*, Cambridge, Cambridge University Press, 2000, p. 211, for the dates of Henry's campaign.

55 There are within the German group outlying letters (in Hartmann's catalog, nos. 6-7) that bear no obvious relationship with the others, other than that copies at one time resided in Siegburg and they were composed during the abbatiate of Nicholas I (1146/7-1174). See Hartmann, *Humanismus und Kirchenkritik*, p. 271-274.

56 The letters concerning Manasses are found on f° 468r-473v. See Meyer, Otto, "Reims und Rom unter Gregor VII. Ein Vortrag (Analecta Centuriatoria I)", *Zeitschrift der Savigny-Stiftung für Rechtsgeschichte, Kanonistische Abteilung*, vol. 28, 1939, p. 418-452 (p. 438-441); Hartmann, *Humanismus und Kirchenkritik*, p. 259-271, 274-281 (p. 260-263). Along with the Siegburgian corpus, Wolfenbüttel, Herzog August Bibliothek, ms. 27.9 Aug. fol., contained copies of the so-called *Codex Carolinus* and the collected letters of the missionary-bishops Boniface (died 754) and Lullus of Mainz, also formerly located in Cologne.

unreasonable to conjecture, however, that they once formed part of one or more letter collections located in France, perhaps in Chartres or in the registers of papal legates. The latter thesis is bolstered by the number of letters from or concerning the legates Hugh of Die and Amatus of Oloron, and by their unanimous concern with episcopal deposition and metropolitan authority[57]. It is also possible that Ivo of Chartres may have kept them, given his well-known interest in metropolitan authority and his entanglements with both Philip I and the archbishop of Sens[58].

The three Manassean letters in the corpus date from the end of Manasses, Hugh, and Gregory's exchange, and cover the years 1078-1079. They are organized chronologically within the codex, beginning with Gregory's 22 August 1078 letter to Manasses (*Reg.* 6.2; f° 468r-469r). This is followed (f° 469r-v) by a uniquely surviving letter of Hugh to Manasses, composed in late 1079, summoning him to a council in Lyon in February 1080. The group then concludes with Manasses's letter to Hugh defending his absence from the same council (f° 469v-473v)[59]. Central to all three letters–and what may have been the chief point of interest for their collector–was the correspondents' debates on the limits of Manasses's metropolitan privileges vis-à-vis the legatine powers of Hugh of Die. Gregory (*Reg.* 6.2) takes up as the first matter a contention made by Manasses in a previous letter that he should only be subject to the authority and summonses of legates from the city of Rome, not "transmontane" legates like Hugh. This the pope rejects as manifestly contrary to canon law[60]. The remaining two letters in the Manassean corpus consist of Hugh's summons to Manasses to attend a council in Lyon in early 1080, where he is ordered to answer and purge himself

57 In addition to the letters concerning Manasses and Hugh of Die, two letters from the "Ivonian" group had legates as their recipients: letter no. 17 from Stephen of Blois-Chartres to Amatus of Oloron, and letter no. 18 from Stephen of Blois-Chartres to Hugh of Die. An additional two (nos. 14 and 16) refer to the same legates. No. 19, a letter of 1096 from Urban II to Archbishop Richer of Sens and the bishops of France, stands apart from the Ivonian material (which all dates to 1089-1090), but its concern with the archbishop's authority over his suffragans regarding Philip I's marriage to Bertrada of Montfort bears a broad thematic connection in this regard to letter no. 11 (Hugh of Soissons to Manasses II of Reims, *c.*1100, also regarding metropolitan powers).

58 The bishop of Chartres had many ongoing connections with Reims and its metropolitans (see for example PL 162: 107-108, no. 85). Manasses I of Reims would also have been known to Ivo from his time as abbot of Saint-Quentin (*c.* 1072-1090).

59 Hartmann, *Humanismus und Kirchenkritik*, p. 269, 274-279.

60 *Reg.* 6.2, trans. Cowdrey, p. 276.

of the charges against him, and the archbishop's lengthy reply and canonical arguments (seven in all) as to why he will not attend[61]. Both Gregory's letter and Manasses's defense of his conduct before Hugh muster a number of proofs from canon law in support of their positions; together, they furnish case arguments for and against metropolitan autonomy and privileges with respect to legates, which likely explains their broader interest.

Its abiding legal relevance also suggests a hypothesis for the survival in multiple independent copies of Manasses's 1079 *apologia* to Hugh. In addition to the copy from the Siegburg manuscript that entered Matthias Flacius Illyricus's library now at Wolfenbüttel, a second variant of Manasses's letter was copied into at least three additional manuscripts: Vat. lat. ms. 9867, f° 218r-225r (eighteenth century); BnF Coll. Duchesne 22, f° 194 (seventeenth century); BAV Reg. lat. mss. 566, f° 45r-47v, and 863, f° 62r (twelfth century; one text rebound in two manuscripts)[62]. The latter manuscript(s) served as the base text for Jean Mabillon and Michel Durand's 1724 edition in their *Museum Italicum*[63]. During a book-hunting trip to Italy, the French bibliophile Jean-Baptiste de la Curne de

61 For a description of the archbishop's objections, see Williams, John R., "Archbishop Manasses of Rheims and Pope Gregory VII", *The American Historical Review*, vol. 54, n° 4, 1949, 804-824 (p. 817-819). See also Meyer, "Reims und Rom", p. 442-443.

62 The original shelfmark of BAV, Reg. lat. ms. 566, when it belonged to the collection of Queen Christina of Sweden (1626-1689) was 1622, under which it was catalogued by the Mauriste Bernard de Montfaucon (1655-1741) in his *Bibliotheca bibliothecarum manuscriptorum nova*, vol. 1 (Paris, Briasson, 1739), p. 51, with the description "H. [for 'M.'] Remorum Archiep. epist. qua se excusat cur ad Concilium Lugdunense non veniat." It then served as the base text for the edition that appeared in the *Recueil des historiens des Gaules et de la France*, ed. Brial, vol. 14, p. 781-787 (see p. 781). The seventeenth-century copy of Manasses's letter in BnF, Coll. Duchesne 22, f° 194r-198v, served as the base text for the edition of Demouy, Patrick, "Actes des archevêques de Reims d'Arnoul à Renaud II (997-1139)", vol. II/1, Unpublished thesis, Université de Nancy II, 1982, no. 60, p. 187-197, who compared it to the printed edition of Brial. I hope to produce a critical edition of this letter in the future.

63 Titled the *Apologia Manassae archiepiscopi Remensis*, in *Museum Italicum*, ed. Mabillon and Durand, vol. 1, p. 119-127. According to the *Histoire littéraire de la France*, vol. 8, p. 657, Jacques Sirmond (1559-1661) copied part of Manasses's *apologia* from the same manuscript (which had belonged to Paul Pétau and afterward his son, Alexandre, who died in 1672) and sent it to Guillaume Marlot, who printed brief extracts from it in his *Metropolis Remensis historia*; see Marlot, *Metropolis Remensis historia, a Frodoardo primum arctius digesta, nunc demum aliunde accersitis plurimum aucta, et illustrata, et ad nostrum hoc saeculum fideliter deducta*, Reims, Protase Lelorain, 1669, vol. 2, p. 175-176. Much of Pétau's collection was sold to Christina of Sweden, and passed from her hands to the Vatican. It is possible, though not demonstrable, that the copy made by the Benedictines

Sainte-Palaye (1697-1781) reported seeing this copy of Manasses's letter among the manuscripts at the Vatican, where it exists to this day, and his notes indicate that the letter was accompanied by canons from the council at Lyon in 1080. Unfortunately, it is impossible to verify De la Curne's claim because those canons, if they existed, are now missing[64].

The final group of copies of the letters between the pope and archbishop consists of extracts–and in one case a complete letter–that were incorporated into several pre-Gratian canon law collections. The harvest of Gregory VII's letters and synodal canons in contemporary and later legal collections was, as John Gilchrist long ago pointed out, slight. Extracts from Gregory's exchanges with Manasses are scarcer still: a total of four, taken from roughly 46 legal collections comprising well above 50.000 canons[65]. Two appear in the *Collectio canonum* (composed between 1083-1087) of Deusdedit, cardinal-priest of Ss. Apostolorum in Eudoxia. The *Collectio canonum* survives in one complete copy and numerous fragments[66]. The first canon (1.247, *Nostis etenim Osium... indulsisse* "You know that Osius... indulged") consists of a few lines from Gregory's letter 6.2; the text presents several examples of papal appointments of bishops to act in the pope's stead, which Gregory

of Saint-Maur in Vat. lat. ms. 9867 came to their notice via Marlot. It is in any case the same version of the letter that appears in Mabillon and Durand's *Museum Italicum*.

64 Reference to De la Curne's record is found in *Histoire littéraire de la France*, vol. 8, p. 657. On De la Curne de Sainte-Palaye's manuscript cataloguing trips to Italy, later compiled as the unpublished *Notices de divers manuscrits de France et d'Italie* (BnF, Coll Moreau mss. 1654-1661 and 1662-1676), see Gossman, Lionel, *Medievalism and the Ideologies of the Enlightenment*, Baltimore, The Johns Hopkins Press, 1968, p. 217-219. The notebook containing De la Curne's description of BAV Reg. lat. 566 is preserved as ms. 1661 of the Coll. Moreau, where it appears on f° 82r-v (notice 2880).

65 I have not conducted a comprehensive search for exemplars of the Manassean-Gregorian exchange. For what follows, I have relied on the two-part survey of Gilcrhist, John, "The Reception of Pope Gregory VII into the Canon Law (1073-1141)", *Zeitschrift der Savigny-Stiftung für Rechtsgeschichte, Kanonistiche Abteilung*, vol. 59, 1973, p. 35-82, and vol. 66, 1980, p. 192-229. The figures are his; see p. 69, 222-223.

66 For summaries and bibliography, see Kéry, Lotte, *Canonical Collections of the Early Middle Ages (ca. 400-1140). A Bibliographical Guide to the Manuscripts and Literature*, Washington, D.C., The Catholic University of America Press, 1999, p. 228-233; and Fowler-Magerl, Linda, *Clavis Canonum. Selected Canon Law Collections before 1140. Access with Data Processing*, Hanover, Hahn, 2005, p. 160-163. It is important to note that Gilchrist followed the numbering of canons employed by Victor Wolf von Glanvell in his edition of the text, *Die Kanonessammlung des Kardinals Deusdedit*, Paderborn, Ferdinand Schöningh, 1905, which differs from the numbering of Pio Martinucci in his (more faithful) 1869 edition and from the *Clavis Canonum* (01.198). See Fowler-Magerl, *Clavis Canonum*, p. 160.

had employed as proof for the legal prerogatives of his legate, Hugh of Die[67]. Manasses is neither named nor referenced in the extract. The second canon in Deusdedit (4.425, *Ego Manasses Remensis… euangelia*) reproduces a version of the oath of obedience sworn by Manasses before Gregory in Rome in early 1078[68]. Here, Manasses and the church of Reims are both mentioned by name in the oath (although all reference to Hugh of Die is omitted), and Deusdedit, who made use of material from the papal archives, is likely to have taken and perhaps modified this passage from Gregory's register of letters.

The remaining two canons are also taken from *Reg.* 6.2. Turin, Biblioteca Nazionale e Universitaria, E V 44, a twelfth-century Italian collection, contains an excerpt of *Nostis etenim Osium*, which, unlike the same canon from Deusdedit, concludes with *fuisse pontificatum.* As with Deusdedit, no mention of Manasses occurs in the canon, but the accompanying rubric (f° 100v) reads, "Gregory to Archbishop Manasses of Reims, among others. That major councils may not be held without papal consent" ("*Quod maiora concilia sine consensu Romani pontificis non fuerunt. Gregorius Manasse Remensi archiepiscopo inter cetera*," identifying the letter's original recipient and sender. The last of the circulating canons that refer to the archbishop of Reims is of an entirely different order from the previous three. It appears in a late eleventh- or early twelfth-century copy of the *Collectio Sinemuriensis*, now Madrid, Biblioteca Nacional, ms. 428 (C.40), in an appendix of texts from Gregory VII that appear following canon 192 of book III (f° 125v-127v), and consists of a complete copy of Gregory's letter of 22 August 1078 (*Reg.* 6.2) to Manasses[69]. While the original *Sinemuriensis* has been lost, its rémois provenance appears secure. Given that Gregory's letter has been unusually

67 *Reg.* 6.2, trans. Cowdrey, p. 276.

68 Caspar's edition of *Reg.* 5.17 (p. 379) and the variant reading it includes differ from Wolf von Glanvell's edition of Deusdedit in a few key ways. Manasses's oath appears as one in a series (4.423-426, *Die Kanonessammlung*, ed. Wolf von Glanvell, p. 599-602) of model oaths, in his case the oath to be sworn should a prelate fail to heed a summons to a legatine synod.

69 Gilchrist, "Reception of Pope Gregory VII", p. 197. *Sinemuriensis* exists in several principal versions; regrettably, no scholarly edition has been undertaken. On *Sinemuriensis* and the Madrid manuscript in particular, see Fransen, Gérard, "Manuscrits des collections canoniques", *Bulletin of Medieval Canon Law*, vol. 6, 1976, p. 67-72 (p. 67-68); Kéry, *Canonical Collections*, p. 203-204; Fowler-Magerl, *Clavis Canonum*, p. 104-110; Fowler-Magerl, Linda, "Vier französische und spanische vorgratianische Kanonessammlungen", *Aspekte europäischer*

transmitted in its entirety in Madrid BN ms. 428, it is highly plausible that the latter was copied from exemplars archived at Reims. New variants and fragments of *Sinemuriensis* continue to be unearthed; perhaps other copies from the Manassean correspondance with Gregory will eventually turn up[70].

In light of this rapid survey, what conclusions may we draw about the distribution of letters from, and concerning, Manasses? While more than a dozen copies and extracts from these letters found their way into a range of historical, canonical, and epistolary collections, one can hardly call their dissemination widespread, or their influence particularly weighty (see Fig. 1). That said, the range of collection types into which they were copied, notably the legal and epistolary sources, hints at the perceived value of the letters to contemporaries. The multiple copies of Gregory's *Reg.* 6.2 and Manasses's final letter of 1079, in addition to the copy of Manasses's oath of 1078 in Deusdedit's *Collectio canonum*, were likely valued not only because they articulated metropolitan and legatine privilege, but because they offered models to emulate in defense, or on behalf, of those privileges. Manasses was not the only archbishop with whom Gregory clashed, but he was articulate, learned in law, and prepared to defend himself. Additionally, the presence of Manasses, Hugh, and Gregory's letters in the Hanoverian and Siegburg (Wolfenbüttel) collections suggests that contemporaries considered them models of epistolary eloquence or erudition. This hypothesis gains further credence when one considers that the archbishop's 1077 letter to Gregory, which was added to the Hanoverian corpus, contains allusions to Plautus and Virgil as well as a range of canonical authorities. The two letters by Walo of Saint-Arnoul of Metz with which it was transmitted similarly boast references to Virgil, Juvenal, and Cicero, and all three are letters of either supplication or invective, and hence "occasional" writings of ongoing utility[71]. What we can surmise is that,

---

Rechtsgeschichte. Festgabe für Helmut Coing zum 70. Geburtstag, Ius Commune, Texte und Monographien 17, Frankfurt am Main, Vittorio Klostermann, 1982, p. 123-146 (p. 124).

70 Roumy, Franck, "A New Manuscript of the *Collectio Sinemuriensis* (New York, Columbia University, Western MS 82)", *Canon Law, Religion, and Politics. Liber Amicorum Robert Somerville*, ed. U-R Blumenthal, A. Winroth, and P. Landau, Washington, D.C., The Catholic University of America Press, 2012, p. 56-74.

71 Schütte, ed., *Briefe*, nos. 2-3, p. 56-63; Erdmann and Fickermann, eds., *Briefe*, no. 107, p. 178-182. The allusion to Plautus' *Casina* (in the phrase *puella… tenella*) appears on p. 179.

in contrast to the narrative sources of Hugh of Flavigny and Guibert of Nogent, the letters of Manasses were not preserved for their moral content or lessons, but as literary templates on the one hand and for their legal compilations pertaining to metropolitan office on the other. One might even say that the fact that the letters came from the pen of Manasses was incidental to their later use and re-purposing, although the reality that they were composed by the mighty archbishop of Reims no doubt enhanced their authority. The once larger-than-life persona of Manasses and the memory of his rise and fall, however, faded into ghostly abstractions as his letters were copied and excerpted over the course of ensuing decades.

Letter	Hugh of Flavigny, *Chronicon*	Hanoverian coll. (Niedersächsische Landesbibliothek, ms. XI 671)	Siegburg corpus (Wolf. HAB 27.9. Aug. fol.)	Copied into independently circulating mss. (BAV Reg. lat. mss. 566 and 863)	Reproduced or excerpted in canon law collections
Gregory, *Reg.* 4.22 (12 May 1077)	X				
Gregory, *Reg.* 5.17 (9 March 1078)					X
Gregory, *Reg.* 6.2 (22 August 1078)	X (*incipit* only)		X		X (at least 3)
Gregory, *Reg.* 6.3 (22 August 1078)	X				
Gregory, *Epp. Vag.* 30 (April-May 1079)	X				
Hugh of Die, letter to Manasses (late 1079)			X		
Manasses 1 (1077), to Gregory VII		X			
Manasses 2 (1078), to Gregory VII	X				
Manasses 3 (1079), to Hugh of Die			X	X	

FIG. 1 – Dissemination of Letters: Manasses I of Reims, Gregory VII, and Hugh of Die.

III.

While Manasses's reputation lived on, albeit selectively, in the portrayals of chroniclers and in the scattered copies and remnants of his epistolary exchanges with Hugh of Die and Gregory VII, no such impulse to preserve the archbishop's memory occurred at Reims. Indeed, his episcopal successors appear to have blotted out his historical presence there with a self-conscious thoroughness. Manasses's absence is most conspicuous in the surviving necrologies from the city's religious institutions. Three necrologies of the cathedral chapter survive; none contains an obit. The earliest, contained in Reims, Bibliothèque municipale, ms. 15, was regularly updated with notices from the mid-eleventh through mid-twelfth centuries. The manuscript belonged to the former provost of the cathedral chapter, Odalricus, who died in 1075, five years before Manasses's deposition[72]. While it is not precisely known who assumed control of this manuscript after Odalricus's death, there is a strong case to be made that it fell into the hands of his successor as provost. This was of course Manasses, the archbishop's bitter enemy, who would have had every reason to exclude the archbishop's obituary[73]. As for the remaining two capitular necrologies, dating from the later thirteenth (*c.* 1260) and early fifteenth (*c.* 1400) centuries, respectively, neither contains any trace of the former archbishop[74].

Manasses's absence from the capitular necrologies might be attributed to the fact that he neither made nor confirmed any gifts to the chapter during his episcopacy. But it does not explain the suppression of his

72 The necrology spans f° 10r-20v of Reims, Bibliothèque municipale, ms. 15. Odalricus copied into it obits from a ninth-century necrology. His ex-libris appears in several places in the manuscript.

73 For a brief biography of Manasses II, provost (1075-1096), treasurer, and archbishop (1096-1106), see Demouy, *Genèse d'une cathédrale*, p. 617-619. I examine in a forthcoming article Manasses the provost's connection to ms. 15.

74 The latter two necrologies were printed along with the necrology of Odalricus in Varin, Pierre, ed., *Archives législatives de la ville de Reims. Collection de pièces inédits pouvant servir à l'histoire des institutions dans l'intérieur de la cité*, Paris, Imprimerie de Crapelet, 1844, vol. I/2, p. 62-105 (see p. 62 for his methodology). Manasses is also absent from the twelfth-century obituary maintained by the abbey of Saint-Remi, found in Reims, Bibliothèque municipale, ms. 346, f° 138v-186r.

name from the episcopal list that appears immediately following the obits in ms. 15 (f° 20v). There, at the base of the page, the catalogue of episcopal names skips from Manasses's predecessor Gervais (died 1067) directly to his successor Renaud I (1083-1096)[75]. His name is also wanting from a fourteenth-century episcopal list copied into the garde-page of a thirteenth-century legendary of Saint-Nicaise; from a twelfth-century list appended to a contemporary copy of Flodoard's *Historia Remensis ecclesiae* that formerly belonged to the cathedral chapter; and from a sixteenth-century catalogue of archbishops[76]. Somewhat more surprisingly, Manasses is also missing from the twelfth-century necrology of the Augustinian canons of Saint-Denis of Reims, despite having donated land to the chapter, an act which, under normal circumstances, one would expect to find commemorated[77]. That this was a conscious rather than chance omission gains credence when we note that the archbishop's gift to Saint-Denis *was* affirmed in an 1124 charter for the abbey issued by Archbishop Raoul (1107-1124)[78]. However, all subsequent mention of Manasses was scrubbed from the papal pancartes and bulls of protection issued for the abbey by Honorius II two years later, in February 1126, and by Innocent II in 1139[79].

75 The list of archbishops from Sixtus to Gervais was composed in a single hand, indicating that it was drawn up between 1055-1067. Beginning with Renaud I, different hands then added each successive prelate. The list terminates with Gui II Paré (1204-1206).

76 Reims, Bibliothèque municipale, ms. 1411, f° Bv. The list ends with Archbishop Humbert of Viennois (1352-1355). On this manuscript, see below. Oswald Holder-Egger reproduces the list in the twelfth-century manuscript containing Flodoard's *Historia* (Montpellier, Bibliothèque Interuniversitaire, Section Médecine, H 186), which concludes with archbishop Henry of France (1162-1175). A description of this manuscript may be found in Flodoard of Reims, *Historiae Remensis Ecclesiae*, ed. M. Stratmann, MGH SS 36, Hanover, Hahn, 1998, p. 31. The sixteenth-century list is found on f° 1r of Vat. Reg. lat. ms. 394. Manasses's name *is* included in the list of the archbishops of Reims found in a twelfth-century manuscript, BnF, latin 4280, f° 56v, the provenance of which is uncertain. The latter was edited in the *Series archiepiscoporum Remensium*, ed. O. Holder-Egger, MGH SS 13, Hanover, Hahn, 1881, p. 381.

77 See BnF, lat. 4334, f° 4r-30v, which incorporates eleventh-century notices.

78 For the 1126 charter of Raoul, see Demouy, ed., "Actes", vol. II/2, no. 186, p. 486: "[Gervais'] successor Manasses, who was later deposed, gave to [the same abbey] land from the aforementioned postern gate to the Porte-Basée" (*"a predicta autem posterna usque ad portam Basilicarum, dedit eidem terram Manasses successor ipsius qui postea depositus fuit"*).

79 The papal bulls (of 16 February 1126 and 24 November 1139, respectively) are published in Meinert, Hermann, ed., *Papsturkunden in Frankreich*, vol. 1, *Champagne und Lothringen*, new series, Berlin, Weidmann, 1933, no. 19, p. 200-202 ; no. 34, p. 219-220. The 1126

Removing reference to Manasses from Saint-Denis' papal bulls amounted to a relatively straightforward act of erasure. But in cases where subsequent archbishops of Reims found themselves confirming their notorious predecessor's gifts, a certain amount of delicacy was sometimes required. The simplest maneuver employed by Reims' chancellors was to qualify Manasses's name with "depositus est." This qualification was used in a charter issued by his successor Renaud I for Saint-Hubert-en-Ardenne, confirming Manasses's earlier gift to the abbey of two altars. The diploma's wording, "Lord Manasses, who was afterward deposed from the archbishopric of Reims" (*domnus Manasses, qui postea a Remensi archiepiscopatu depositus est*), makes clear that the altars had been given while Manasses was still lawfully archbishop[80]. Manasses II—the former provost—employed similar terminology concerning his predecessor in a notice conveying a pact he had made with Count Arnulf II of Chiny and his son Otto over the castellany of Mouzon, which Manasses I had handed over to Arnulf and Otto after expelling the legitimate castellan, Haideric[81]. By the 1120s, when the embarassing taint of the archbishop's deposition had presumably faded, the language used to refer to Manasses became dismissive and the precise nature of his scandal appears to have been forgotten or not deemed worth resuscitating, as when Archbishop Renaud II, in a charter restoring an altar to the church of Notre-Dame of Andenne, simply recalled that it had once been given "by the gift of lord Manasses, one-time archbishop[82]."

Narrative and annalistic sources from Reims were equally reticent to speak of the disgraced prelate. The twelfth-century *Chronicon Remense*, likely maintained by members of the cathedral chapter, states under the year 1070, in language echoing the episcopal charters: "In this year lord Manasses was consecrated, who was afterwards deposed[83]." The

---

bull reads: "land from the aforementioned postern gate up to the Porte-Basée" ("*terram a predicta Posterna usque ad Portam Basilicarum*") with no mention of its donor.

80 Demouy, ed., "Actes", vol. II/1, no. 59, p. 184-186 (1079); no. 70, p. 218 (1086).

81 Demouy, ed., "Actes", vol. II/2, no. 106, p. 300: "*inde depulso Haiderico, a Manasse jam deposito.*" The notice of the pact appears on the end-leaf of a homiliary formerly owned by the provost (Reims, Bibliothèque municipale, ms. 294, f° 281v).

82 Demouy, "Actes", vol. II/2, no. 202, p. 523. The dismissive tone of *quondam* (one-time, former) is worth noting, however.

83 "1070. In that year lord Manasses was consecrated, who was afterward deposed" ("*1070. Hoc anno fuit consecratus domnus Manasses, qui postea fuit depositus*"). The *Chronicon Remense* exists in a single copy in a thirteenth-century manuscript at Montpellier, Bibliothèque

archbishop passes completely unmentioned in the contemporary annals kept at the canonry of Saint-Denis[84]. A rather more revealing document for the longer-term status of Manasses's local memory occurs in an unedited, early thirteenth-century legendary of Saint-Nicaise. Among a collection of miracle stories involving St. Nicaise and focused loosely on the role of the archbishops of Reims in the abbey's eleventh-century restorations, the anonymous author recalls Manasses in the following passage :

> [The abbey which] a short time before had abounded in glory and innumerable riches now toiled in unexpected poverty and unrelenting hardship. And although at that time the Lord's majesty may have seemed in judgment upon this place, nevertheless I believe that in the end he did not reject it thanks to the intervention of the glorious martyr [Nicaise]. For after many kinds of dissension, after various oppressions great and small, after the repeated divvying up of church ornaments, [acts] which were conducted inside and outside the city by a certain Manasses who unjustly affected the name of bishop, despite the resistance of God and every man, suddenly a new light was seen to rise above the entire region of Reims[85]...

That *nova lux* was a new archbishop, Renaud I, the former treasurer of the cathedral chapter at Tours. As for Manasses, the Saint-Nicaise legendary reduces him to irrelevance—*quodam Manasse*—and implies that he

Interuniversitaire, Section Médecine, H 280, f° 54-57, which is partially edited by Georg Pertz, MGH SS 16, Hanover, Hahn, 1859, p. 731-733, under the title *Annales Remenses et Colonienses*. The Reims annals commence with the birth of Christ and continue until 1150 ; for its attribution, see Ott, John S., *Bishops, Authority and Community in Northwestern Europe, c. 1050-1150*, Cambridge, Cambridge University Press, 2015, p. 168.

84 *Annales s. Dionysii Remenses*, ed. G. Waitz, MGH SS 13, Hanover, Hahn, 1881, p. 82-84. This trend of omitting Manasses carried forward into the seventeenth century, when Guillaume Marlot failed to indicate whether the archbishop presided at the elevation in 1071 of the relics of St. Thierry at his namesake abbey in Reims. See Bur, Michel, "Saint-Thierry et le renouveau monastique dans le diocèse de Reims au Xe siècle", *Saint-Thierry, une abbaye du VIe au XXe siècle. Actes du Colloque international d'histoire monastique Reims—Saint-Thierry, 11 au 14 octobre 1976*, ed. Michel Bur, Saint-Thierry, Association des Amis de l'abbaye de Saint-Thierry, 1979, p. 43 n. 20.

85 Reims, Bibliothèque municipale, ms. 1411, f° 8v : "*Et que paulo ante gloria et innumerabilibus diuitiis affluebat, nunc ex insperato paupertate et erumnis assiduis laborabat. Et licet ad tempus super locum istum maiestas domini uideatur i[n] rata, tamen non in finem credo interuentu gloriosi martiris eum reppulit. Nam post multa genera dissensionum, post uarias oppressiones diuitum et humilium, post innumeras distractiones ornamentorum ecclesiarum que a quodam Manasse de iniuste nomen episcopale affectante, deo et omnibus hominibus pro uiribus resistente, infra et extra urbem facta sunt. Subito [sic] quedam noua lux, omni remensium regioni uisa est exoriri...*" The line was also cited by Marlot, *Metropolis Remensis historia*, vol. 2, p. 166.

assumed the see unlawfully. Indeed, it falls to a seventeenth-century hand to offer a brief biographical addendum to his name in the manuscript's margin: "said to be of Gournay (*dicto de Gornay*)." The plundering of which Manasses is accused resonates with the portrayal of Guibert of Nogent, who as we have seen remarked that the prelate parcelled out church treasures to his retainers. While the archbishop was accused of taking advantage of the vacancy at the abbey of Saint-Remi by laying hands on its possessions, no text contemporary with Manasses's life suggests he despoiled the abbey of Saint-Nicaise. Whatever the case, this narrative, which dates to the late twelfth century, demonstrates how Manasses of Gournay's reputation had become fixed in local memory, and how local institutions had internalized claims that his prelacy had been illegitimate and were doing what they could in their narratives to discredit or marginalize him. Considering how prominent Manasses's struggles with the pope and his legate had been in the last quarter of the eleventh century, the archbishop's almost total absence from Reims' historical records in the ensuing decades represents an impressive act of obliteration.

IV.

The acts of erasure and defamation by Manasses's enemies—a committed group that included Hugh of Die and his scribe, Hugh of Fleury ; Walo, the former abbot of Saint-Remi ; and a faction of the Reims cathedral chapter—appear even more impressive when compared to the posthumous treatment of other "bad bishops" by their contemporaries and later writers. Poor behavior alone was usually insufficient to exclude bishops from memorial lists or obituaries. As Delphine Boyer-Gardner has pointed out in the case of disreputable bishops in Aquitaine, institutional records usually preserved some memory of their prelacy despite their deeds. What mattered most was that the collective sanctity of the church and its prelates be maintained[86]. Specific examples of bad

86 Boyer-Gardner, Delphine, "La réputation face à la rumeur. Fama épiscopale et mémoires ecclésiales aux XIe-XIIe siècles", *La rumeur au Moyen Âge*, ed. Billoré and Soria, p. 63-82, at 81.

episcopal conduct could therefore be tolerated in institutional memories because they could be ascribed to individual aberration. The exclusion of bishops from institutional lists and annals was, by contrast, a tacit admission of corporate illegitimacy or corruption.

The case of Manasses at Reims is an exception to this tendency toward inclusion. Moreover, the local situation at Reims was complicated by the fact that Manasses possessed pristine credentials. He had been educated in the schools of Reims and Bec, at the latter by none other than Lanfranc, with whom he remained friendly. He was duly consecrated and elevated to the see of Reims by Pope Alexander II, with the support of then-archdeacon Hildebrand. Local documents nevertheless leave a clear impression that the archbishop's successors, and especially the provost Manasses, the future Archbishop Manasses II, sought to expunge his memory from the collective history of the Reims archiepiscopate. The tenure of Manasses of Gournay as archbishop of Reims was deemed a painful episode best forgotten, and later archbishops were abetted in their attempts to negate his presence by the abbeys of Saint-Remi, Saint-Nicaise, and Saint-Denis.

Even as the archbishop's memory faded in local sources, later external narratives—the ones favored by historians since Guillaume Marlot in the seventeenth century—preferred to synthesize the archbishop's "disgraceful reputation" (*fama turpis*) into a handful of colorful and incriminating anecdotes. Writing decades after the Manasses's lifetime, Guibert of Nogent and Hugh of Fleury embellished on the prelate's character to make the protagonists of their narratives, namely the saintly Bruno the Carthusian and the legate Hugh of Die, appear more virtuous by comparison. The two monks had little to lose by parading the archbishop's behavior before their readers as an exemplum of moral turpitude and just punishment, but few contemporaries, it seems, took notice.

The case of Manasses of Reims furnishes us with several lessons about reputation and the public sphere in the eleventh century. First, contemporaries were aware, as Leidulf Melve has suggested, that a plurality of medieval publics existed, at local, regional, and national levels. They understood that by raising questions of infamy they could appeal to those publics to gain political advantage and legitimacy. Second, we must be exceedingly careful not to mistake posthumous reputations for living ones, nor to replace the contigency and fluidity of contemporary debates in the public sphere for the more teleological versions of those debates that were crafted afterwards. Lastly, where historians are concerned, our dependence on written texts necessarily limits our view of realities on the ground. What did people say about Manasses once he was deposed ? Who defended him—for he did have allies, favorites, and advocates in the cathedral chapter—during his reign ? Who gave sympathetic readings to his plaintive and defiant letters, later copied and disseminated in the German *regnum*, or remarked on their legal acumen and rhetorical style ? If we listen only to the voices transmitted through narrative texts and popularized by modern historians, we are doomed to grasp a small thread of a far richer public and private debate surrounding the benighted archbishop of Reims, and to see but a single facet of a far more complex individual.

John S. Ott
Portland State University

LES *GESTA GALCHERI EPISCOPI CAMERACENSIS*

Écrire l'histoire des évêques de Cambrai en temps de crise grégorienne (début XIIe siècle)

Au sein du territoire de confins que constituent l'Artois et le Cambrésis des XIe-XIIe siècles, le moment grégorien se définit comme un temps de bascule dans le champ du politique. La question de la « restauration » du diocèse d'Arras, dont le destin était, semble-t-il, lié à celui de Cambrai depuis la fin du VIIe siècle, débouche en effet autour de 1100 sur une sanglante guerre civile à laquelle prendront aussi bien part des acteurs politiques locaux que les princes voisins, les souverains germaniques et un pouvoir pontifical en plein processus de centralisation et de hiérarchisation[1]. Ce conflit – que les historiens désignent traditionnellement, et improprement, sous le nom de « schisme de Cambrai[2] » – contribuera à rebattre les cartes du jeu politique, en permettant aux comtes de Flandre d'accroître durablement leur assise en Cambrésis, au carrefour des aires d'influence flamande, française et impériale. Dans ce contexte politique

1 Mériaux, Charles, *Gallia irradiata. Saints et sanctuaires dans le Nord de la Gaule au haut Moyen Âge*, Stuttgart, Franz Steiner Verlag, 2006, p. 86-89. L'argument de l'autonomie primitive du diocèse d'Arras par rapport à celui de Cambrai se rencontre à partir de la fin du XIe siècle sous la plume des clercs arrageois, qui, avec le soutien de Rome, revendiquent leur indépendance. Leur raisonnement est aujourd'hui contesté. Voir, à propos de la scission du diocèse double, les travaux de Kéry, Lotte, *Die Errichtung des Bistums Arras, 1093-1094*, Sigmaringen, Jan Thorbecke Verlag, 1994, et Delmaire, Bernard, *Le diocèse d'Arras de 1093 au milieu du XIVe* siècle. Recherches sur la vie religieuse dans le nord de la France au Moyen Âge, Arras, Commission départementale d'histoire et d'archéologie du Pas-de-Calais, 1994, t. 1, p. 39-60. Sur ce dossier, on lira également, plus récemment, Mazel, Florian, *L'évêque et le territoire. L'invention médiévale de l'espace*, Paris, Seuil, 2016, p. 298-299.

2 Le phénomène que l'on rencontre à Arras-Cambrai doit en effet se définir comme une *divisio* territoriale plutôt que comme un schisme, puisque, d'une part, aucun élément religieux ou doctrinal n'est en jeu dans le conflit et que, d'autre part, il ne s'agit aucunement d'une rupture avec l'autorité romaine.

difficile, l'écriture et la réécriture du passé cambrésien deviendront rapidement des enjeux majeurs au cœur de la sphère ecclésiastique, elle aussi très divisée au tournant des XIe et XIIe siècles. Entre les années 1080 et les environs de 1130, plusieurs textes à vocation hagiographique ou historiographique produits dans les cités d'Arras et de Cambrai livreront en effet des images bien différentes de l'histoire des diocèses et du rôle qu'y ont joué, ou qu'auraient dû y jouer, les prélats locaux[3].

La présente contribution se consacre à l'un de ces écrits : les *Gesta Galcheri Cameracensis episcopi*, une œuvre versifiée composée au cours du premier quart du XIIe siècle dans les milieux impériaux cambrésiens[4]. À Cambrai, cet opuscule s'inscrit au sein d'une vieille tradition historiographique qui puise ses racines dans les fameux *Gesta episcoporum Cameracensium* primitifs, un texte dont l'entreprise de rédaction débute entre 1023 et 1025 sous le patronage de l'évêque Gérard Ier de Florennes[5]. Avec ses 40 chapitres et ses 2400 vers octosyllabiques, les *Gesta Galcheri* en sont même l'une des *continuationes* les plus importantes. À travers le récit de l'épiscopat particulièrement tourmenté de l'évêque Gaucher d'Oisy, ils dépeignent, du point de vue des partisans

3 La production textuelle arrageoise a été bien analysée par Kéry, *Die Errichtung*, *op. cit.*, que l'on pourra compléter par l'étude du *Registre de Lambert, évêque d'Arras (1093-1115)*, éd. critique par Claire Giordanengo, Paris, CNRS Éditions, 2007. Les écrits rédigés en Cambrésis dans le contexte de la réforme grégorienne n'ont jusqu'à présent pas faits l'objet de telles recherches. Pour le cas particulier de la *Vita Lietberti* de Raoul du Saint-Sépulcre, on pourra néanmoins se reporter à Ott, John S., « Both Mary and Martha. Bishop Lietbert of Cambrai and the construction of episcopal sanctity in a border diocese around 1100 », *The bishop reformed. Studies of episcopal power and culture in the central Middle Ages*, éd. John S. Ott et Anna Trumbore-Jones, Aldershot, Ashgate, 2007, p. 137-160, et Id., *Bishops, authority and community in northwestern Europe, c. 1050-1150*, Cambridge, Cambridge University Press, 2015, p. 197-220.

4 *Gesta Galcheri Cameracensis episcopi*, éd. Georg Waitz, Hanovre, Hahnsche Buchhandlung, 1883 (Monumenta Germaniae Historica. Scriptores, t. 14), p. 186-210 [désormais *Gesta Galcheri*].

5 *Gesta episcoporum Cameracensium*, éd. Ludwig Bethmann, Hanovre, Hahnsche Buchhandlung, 1846 (Monumenta Germaniae Historica. Scriptores, t. 7), p. 393-489. La bibliographie consacrée à cette œuvre fondamentale pour l'histoire de la Lotharingie est particulièrement abondante. À son sujet, on se reportera principalement à Van Mingroot, Erik, « Kritisch onderzoek omtrent de datering van de *Gesta episcoporum Cameracensium* », *Revue belge de philologie et d'histoire*, t. 53, 1975, p. 281-332, et Riches, Theo M., « Episcopal historiography as archive. Some reflections on the autograph of the *Gesta episcoporum Cameracensium* (ms. Den Haag, KB 75 F 15) », *Jaarboek voor Middeleeuwse Geschiedenis*, t. 10, 2007, p. 7-46, ainsi que, plus récemment, aux contributions rassemblées dans *Les représentations de l'autorité épiscopale au XIe* siècle : Gérard de Cambrai et les Gesta episcoporum Cameracensium, dir. Charles Mériaux, *Revue du Nord*, t. 97, 2015, p. 225-384.

de l'Empereur, le conflit qui ravage le Cambrésis autour de l'an 1100. Le texte le voile à peine, la guerre se clôt sur une défaite cuisante de Gaucher et de ses partisans. Après 1107, le prélat doit en effet définitivement renoncer à ses prétentions sur la cathèdre cambrésienne au profit de ses rivaux grégoriens. Couchés sur parchemin peu après cette humiliation, les *Gesta Galcheri* se font donc l'écho des opinions d'un perdant. C'est là l'un de leurs principaux intérêts. L'ambition première du récit tient d'ailleurs moins à la définition positive d'un modèle épiscopal qu'à la critique, rageuse et systématique, des positions défendues par les ennemis du prélat. Inversement, l'auteur des *Gesta* s'essaye aussi à une apologie de l'évêque Gaucher, s'efforce d'expliquer comment et pourquoi son gouvernement, globalement louable, a été injustement mis à bas par ses détracteurs. Bref, comme il l'asserte dans le prologue, il livre sa vérité sur les troubles qui ont dévasté le Cambrésis. Il s'agira au cours des pages suivantes de s'interroger sur les stratégies littéraires à l'œuvre dans le récit polémique que constituent les *Gesta Galcheri*, de comprendre comment et en quel sens le texte réécrit les événements.

À cette fin, j'articulerai mon propos en trois temps. Je situerai, d'abord, le récit dans son contexte politique et littéraire du début du XIIe siècle, en revenant brièvement sur ce que l'on peut connaître des circonstances de rédaction du texte. Je m'attacherai ensuite à comprendre et à décoder les stratégies littéraires mises en œuvre par l'auteur des *Gesta Galcheri*, en structurant ma réflexion autour de quelques traits significatifs. Je tenterai, enfin, de mettre en parallèle cette œuvre anonyme avec d'autres écrits produits dans le diocèse d'Arras-Cambrai entre la fin du XIe et le début du XIIe siècle, afin de démontrer combien la lecture de l'histoire proposée dans l'entourage de Gaucher d'Oisy diffère de celle que l'on rencontre dans d'autres cercles lettrés.

LES *GESTA GALCHERI*
Un texte polémique du premier quart du XIIe siècle

La trame des *Gesta Galcheri* prend pour cadre le diocèse d'Arras-Cambrai. Cet espace occupe au tournant des XIe et XIIe siècles une position géostratégique clé. La spécificité de Cambrai est en effet d'être une terre de confins : alors que le diocèse double fait partie intégrante de la province ecclésiastique « française » de Reims, le comté lotharingien de Cambrai, gouverné depuis 1007 par des évêques ayant évincé le pouvoir comtal laïque, dépend de l'Empire[6]. Cette vaste zone frontalière se partage dès lors entre les influences française, germanique et flamande. Les équilibres précaires qui présidaient au destin de la région depuis le début du XIe siècle se rompent toutefois brutalement à la mort de l'évêque Gérard II de Lessines, au cœur de l'été 1092[7]. Dès le lendemain de son décès, les clercs de l'Église d'Arras, rapidement appuyés par Rome et les comtes de Flandre, entendent proclamer l'autonomie de leur diocèse par rapport à celui de Cambrai, auquel leur destin était lié de toute antiquité. « L'affaire d'Arras » est à l'origine du long conflit qui s'apprête à dévaster le Cambrésis.

À Cambrai, le clergé et les grands sont divisés à propos de la succession de Gérard II : alors qu'une fraction plus proche de Rome et des grégoriens se prononce en faveur du chanoine rémois Manassès d'Eu-Soissons, puis, à partir de 1103, de l'abbé Odon de Saint-Martin de Tournai, les clercs opposés à la scission du diocèse double soutiennent le candidat du sérail, l'archidiacre de Brabant Gaucher d'Oisy, qui bénéficie également des faveurs des souverains germaniques[8]. Une profonde ligne

6 Sur les comtes laïques de Cambrai et leur progressive éviction du jeu politique local, voir Nonn, Ulrich, *Pagus und Comitatus in Niederlothringen. Untersuchungen zur politischen Raumgliederung im früheren Mittelalter*, Bonn, Ludwig Röhrscheid Verlag, 1983, p. 118-121, dont je ne partage pas toujours le point de vue.

7 Van Mingroot, « Gérard II de Lessines, évêque de Cambrai », *Dictionnaire d'histoire et de géographie ecclésiastiques*, Paris, Letouzay et Ané, t. 20, col. 751-755.

8 Sus complexes, dont je ne peux donner qu'un résumé très succinct et donc, par la force des choses, quelque peu caricatural, voir Cauchie, Alfred, *La querelle des investitures dans les diocèses de Liège et de Cambrai*, Louvain, Université de Louvain, t. 2, 1891, et la synthèse commode de Resnick, Irven M., « Odo of Cambrai and the Investiture crisis in the early twelfth century », *Viator*, vol. 28, 1997, p. 83-90. J'y renvoie une

de fracture se dessine alors en Cambrésis, chaque prélat ayant de bons arguments à faire valoir pour monter sur la cathèdre[9]. Chacun d'entre eux compte surtout des partisans à l'intérieur et à l'extérieur de la cité. Dans ce contexte de crise, les esprits ne tardent guère à s'échauffer, et un conflit à éclater. Au-delà des questions ecclésiastiques, c'est en fait un complexe jeu d'influences qui se joue dans la région, car des tensions depuis longtemps en germe éclosent à cette occasion. Sur le plan de la grande politique, il s'agit, d'une part, d'une compétition entre les comtes de Flandre et les empereurs pour le contrôle de la région, et, d'autre part, d'un aspect de la Querelle des investitures entre ces derniers et Rome. À l'échelle locale, les troubles prennent un tour particulièrement violent, en dressant des factions aristocratiques l'une contre l'autre et en permettant l'ascension politique des nouvelles élites urbaines[10]. La guerre durera près de quinze ans. Elle se clôturera en 1107 sur le traité d'Aix-la-Chapelle, au lendemain d'une défaite humiliante du roi Henri V face au comte flamand Robert II de Jérusalem. Si le souverain parvient, dans une certaine mesure, à sauver la face en conservant la haute-main sur les élections épiscopales, le principal perdant de ces années de lutte est incontestablement Gaucher d'Oisy, qui, abandonné par ses plus influents partisans – à commencer par Henri V lui-même –, est contraint de renoncer à ses ambitions épiscopales et de réintégrer son ancienne charge d'archidiacre. Après avoir occupé, un temps, la fonction de trésorier du chapitre cathédral de Tournai, il s'éteindra probablement

---

fois pour toutes. Sur Manassès d'Eu-Soissons et Gaucher d'Oisy, on se reportera aux notices de Van Mingroot, Erik, « Gaucher d'Oisy-Inchy » et « Manassès d'Eu-Soissons », *Nouvelle biographie nationale*, Bruxelles, Académie royale des Sciences, des Lettres et des Beaux-Arts de Belgique, 1990 et 1994, p. 183-188 et 247-254. Pour des raisons que je ne peux évoquer ici, il me semble néanmoins qu'Erik Van Mingroot fait fausse route en assimilant l'évêque Gaucher à la famille des châtelains de Cambrai. Celui-ci me semble en fait plutôt apparenté aux Avesnes, bien implantés entre Hainaut et Vermandois.

9 Les trois candidats au siège épiscopal ont en effet été élus par une fraction du clergé et du « peuple ». Tous ont également été consacrés par l'archevêque de Reims, y compris Gaucher d'Oisy, qui profitera d'un temps d'apaisement du conflit en 1095. Par contre, ni Manassès d'Eu-Soissons, ni Odon de Tournai ne seront investis de leur charge par le souverain germanique avant 1107 (sur ces questions, voir la bibliographie citée à la note précédente).

10 Sur les enjeux politiques locaux de ce conflit, je me permets de renvoyer à ma thèse de doctorat *Église et aristocratie en Cambrésis (fin* IX*e-mil.* XII*e siècle). Le pouvoir entre France et Empire au Moyen Âge central*, université de Namur, 2014.

peu après 1126 à Saint-Nicolas-au-Bois, l'abbaye du diocèse de Laon au sein de laquelle il s'était retiré[11].

La composition des *Gesta Galcheri* a probablement débuté peu après la fin des troubles. Si le récit n'est pas daté, sa rédaction est incontestablement postérieure au décès d'Odon de Tournai au monastère d'Anchin en juin 1113[12], un événement évoqué dans les ultimes chapitres des *Gesta*[13]. Par ailleurs, l'œuvre est vraisemblablement antérieure à 1130, voire à 1126, car, dans sa version originelle, elle ne fait mention ni de la conversion monastique de Gaucher, ni de sa mort à Saint-Nicolas-au-Bois[14]. La production du texte est donc probablement intervenue entre 1113 et la fin des années 1120, c'est-à-dire à un moment où toutes les leçons de la guerre fratricide de 1093-1107 avaient probablement été tirées par les acteurs politiques locaux. Dans ces circonstances, il n'est donc guère surprenant que les *Gesta Galcheri* constituent la meilleure source – mais aussi le témoignage le plus orienté – sur le conflit. C'est d'autant plus vrai que l'auteur du récit a probablement vécu la plupart des péripéties qu'il rapporte aux côtés de l'évêque Gaucher, dont il semble être l'un des fidèles. Au détour du trentième chapitre, sans jamais dévoiler son nom ni livrer un élément permettant de l'identifier formellement, le chroniqueur précise en effet avoir fait partie, vers 1104-1105, d'une légation destinée à convaincre l'archevêque de Reims de ne pas organiser l'élection épiscopale qui allait aboutir à la désignation de l'abbé Odon de Saint-Martin de Tournai[15]. Ce passage le révèle, l'auteur des *Gesta Galcheri* est un proche de Gaucher d'Oisy, dont il partage les opinions peu flatteuses à propos des souverains pontifes et de leurs candidats grégoriens en terre cambrésienne. Sans pouvoir le démontrer, on peut raisonnablement supposer que le concepteur

---

11 Pycke, Jacques, *Répertoire biographique des chanoines de Notre-Dame de Tournai, 1080-1300*, Louvain-la-Neuve, Université de Louvain, 1988, p. 81-82, n° 50.

12 Aux dates du 19 et du 29 juin que propose Resnick, « Odo of Cambrai », *op. cit.*, p. 95, pour le décès d'Odon de Tournai, j'ajouterais celle du 20 juin, mentionnée dans le nécrologe de la cathédrale de Cambrai (Cambrai, Médiathèque Municipale, ms. 229, f° 71r).

13 *Gesta Galcheri*, ch. 39-40, p. 209-210.

14 Comme le note Georg Waitz, l'éditeur des *Monumenta Germaniae Historica*, il est fort vraisemblable que l'ultime chapitre des *Gesta Galcheri* – dans lequel il est question de la mort de Gaucher – ait été rédigé *a posteriori* et ajouté au texte originel, soit par le même auteur, soit par un chroniqueur différent (*ibid.*, p. 184).

15 *Ibid.*, ch. 30, p. 205, strophes 479-480.

du récit était un chanoine issu du chapitre cathédral Notre-Dame de Cambrai et un membre de la curie « impériale » de l'évêque Gaucher[16].

Les *Gesta Galcheri* n'ont connu qu'une médiocre diffusion. Trois copies médiévales en sont connues, dont deux ont disparu. Toutes sont issues du diocèse de Cambrai. Il n'y a là rien de surprenant, car Michel Sot a bien démontré combien les œuvres répondant au genre littéraire des *gesta* s'adressaient, par nature, à une audience limitée à l'horizon diocésain[17]. Bien que nous ne possédions plus de copie manuscrite issue de ces deux institutions, il est probable que le récit de l'épiscopat de Gaucher ait pris place dans les travées des bibliothèques de Notre-Dame et de Saint-Géry de Cambrai. On sait en effet qu'il y a été lu, résumé sous forme d'abrégés et même traduit en français[18]. Cependant, seul un manuscrit aujourd'hui conservé à la Bibliothèque nationale de France renferme encore une copie médiévale des *Gesta Galcheri*[19]. Ce volume

16 Sur les clercs et laïcs gravitant dans l'entourage de Gaucher, on lira Van Mingroot, Erik, « Een decennium uit de geschiedenis van de stad Kamerijk (1092 – 1102-1103). De voornaamste acteurs », *Villes et campagnes au Moyen Âge. Mélanges offerts à Georges Despy*, éd. J.-M. Duvosquel et A. Dierkens, Liège, Éditions du Perron, 1991, p. 713-745.

17 Sot, Michel, *Gesta episcoporum, gesta abbatum*, Turnhout, Brepols, 1981, p. 45-47. Sur le genre littéraire des *gesta*, voir également, plus récemment, Riches, Theo M., « The changing political horizons of *gesta episcoporum* from the ninth to eleventh centuries », *Patterns of episcopal power. Bishops in tenth and eleventh century Western Europe / Strukturen bischöflicher Herrschaftsgewalt im westlichen Europe des 10. und 11. Jahrhunderts*, éd. L. Körntgen et Dominik Waßenhoven, Berlin – Boston, De Gruyter, 2011, p. 51-62.

18 Voir les *Gesta Manassis et Walcheri excerpta per monachum Sancti Gaugerici*, les *Gesta pontificum abbreviata per canonicum Cameracensem*, et les *Gestorum versio gallica*, éd. Ludwig Bethmann, Hanovre, Hahnsche Buchhandlung, 1846 (Monumenta Germaniae Historica. Scriptores, t. 7), p. 500-504, 504-510 et 510-525. Un autre abrégé et une autre traduction auraient également existé. Ils auraient apparemment présenté de légères variantes par rapport au texte édité par Bethmann et dateraient du tournant des XVe et XVIe siècles. Provenant d'une collection privée, ils ont été récemment vendus aux enchères (voir *Textmanuscripts. Les enluminures*, http://www.textmanuscripts.com/, n° TM 405 et 406, consulté le 31/08/2016).

19 Paris, Bibliothèque nationale de France, Nouvelles acquisitions latines, ms. 264. Un examen sommaire du manuscrit fait au départ du seul microfilm me laisse à penser que le volume se compose de plusieurs unités codicologiques. Aux f° 171v-173v figure en effet un court texte d'origine anglaise, le *De diversis ordinibus hominum*, que l'on date traditionnellement des années 1220-1240 (Crouch, David, *The birth of nobility. Constructing aristocracy in England and France, 900-1300*, Harlow, Pearson Longman, 2005, p. 243). À moins de reporter d'une vingtaine ou d'une trentaine d'années la transcription des *Gesta Galcheri* à Hautmont – hypothèse peu vraisemblable –, ce texte ne peut avoir été intégré au manuscrit qu'après la copie des feuillets relatifs à Cambrai.

de la fin du XIIe siècle (vers 1195 ?)[20] mériterait, à n'en point douter, de faire l'objet d'une étude plus approfondie, dans la mesure où il se présente comme une collection de textes à caractère historiographique dans laquelle plusieurs *continuationes* des *Gesta* cambrésiens voisinent avec des récits portant sur les Carolingiens (pseudo-Turpin, Éginhard) et l'espace anglo-normand (Guillaume de Malmesbury). Le *codex* provient de l'abbaye bénédictine d'Hautmont, où, à en croire son colophon, il a vraisemblablement été transcrit par les copistes Jacques, Rainier et Jean de Saint-Denis-en-Broqueroie, dont d'aucuns ont déjà mis en exergue la productivité[21]. La présence de *gesta* cambrésiens à Hautmont ne relève probablement pas tout à fait du hasard, car le destin de la communauté hennuyère avait été particulièrement lié à celui de l'évêque Gérard Ier et à ses parents de la famille seigneuriale de Florennes au cours de la première moitié du XIe siècle[22]. Une copie incomplète des *Gesta episcoporum Cameracensium* primitifs – dont la rédaction, pour rappel, avait justement été entamée sous le patronage de Gérard Ier – provient d'ailleurs de de ce même monastère[23]. Indépendamment de ces quelques exemplaires du texte, la tradition manuscrite des *Gesta Galcheri* semble toutefois des plus limitées. Leur caractère polémique et leur tonalité résolument anti-grégorienne n'y sont probablement pas pour rien, comme nous allons le constater.

20 La date est suggérée par Kwakkel, Erik, « Bitting, kissing and the treatment of feet : the transitional script of the long twelfth century », *Turning over a new leaf : change and development in the medieval book*, éd. E. Kwakkel, R. McKitterick et R. Thomson, Leyde, Leiden University Press, 2012, p. 123, n° 294.

21 Leclercq, Jean, « Les manuscrits de l'abbaye d'Hautmont », *Scriptorium*, t. 7, 1953, p. 66 ; Dolbeau, François, « Poème inédit en l'honneur d'un copiste d'Hautmont », *Scriptorium*, t. 36, 1982, p. 254, n. 18.

22 À ce propos, on se reportera aux articles de Huysmans, Ortwin, « Réformes monastiques et gestion épiscopale des communautés religieuses dans les *Gesta episcoporum Cameracensium* », *Les représentations de l'autorité épiscopale*, *op. cit.*, p. 263-281, et Ruffini-Ronzani, Nicolas, « Enjeux de pouvoir et compétition aristocratique en Entre-Sambre-et-Meuse (fin X^e^-milieu XIe siècle). Retour sur les fondations de Saint-Gengulphe et de Saint-Jean-Baptiste de Florennes », *Revue bénédictine*, t. 122, 2012, p. 308-309 et 322.

23 Douai, Bibliothèque municipale, ms. 851, f° 83r-93v (XIIIe siècle).

LA CRITIQUE DU GRÉGORIANISME, L'APOLOGIE DE GAUCHER

À l'inverse de la *Vita Lietberti episcopi* qui lui est contemporaine – et sur laquelle nous reviendrons –, les *Gesta Galcheri* ne tendent ni à définir un modèle de prélat idéal, ni à isoler de leur arrière-plan politique les interventions du principal protagoniste de l'œuvre[24]. Tout acquise à la cause impériale et à celle de son champion dans le diocèse de Cambrai, le texte se veut avant tout une apologie de l'action de Gaucher d'Oisy, qui, on l'a souligné, figure parmi les principaux perdants de la guerre des années 1093-1107. Dans ces circonstances, il s'agit à la fois de rétablir une vérité[25], de justifier *a posteriori* les interventions du prélat déchu, mais également de décrédibiliser ceux qui ont été ses principaux adversaires, à commencer par ses rivaux grégoriens. Partant, ce récit gonflé de rancœur illustre combien le milieu ecclésiastique cambrésien était divisé autour de 1100, les résistances à l'autorité épiscopale – ou plutôt devrait-on dire aux autorités épiscopales impériale et grégorienne – surgissant surtout au sein de l'Église de Cambrai elle-même.

Le ton éminemment polémique des *Gesta Galcheri* ressort dès la première lecture du texte[26]. Des plus hautes autorités ecclésiastiques aux vassaux épiscopaux, nul n'est en effet épargné par les saillies de l'auteur. Les charges les plus violentes portent logiquement sur ceux que Gaucher et son entourage considèrent comme les principaux responsables de leur chute : le pape et les hommes dont celui-ci soutient la candidature. La question du renforcement de l'autorité pontificale sur les Église locales – l'un des traits fondamentaux de la réforme grégorienne – occupe une place notable dans le récit. Au contraire de celles de l'Empereur, les

24 Raoul du Saint-Sépulcre, *Vita Lietberti episcopi Cameracensis*, éd. Adolf Hofmeister, Leipzig, Karl Wilhelm Hiersemann, 1934 (Monumenta Germaniae Historica. Scriptores, t. 30/2), p. 838-866.

25 Le prologue de l'œuvre est à cet égard particulièrement évocateur : *Gesta Galcheri*, prologue, p. 186, strophes 1-3.

26 On ne s'étonnera pas du caractère parfois outrancier des *Gesta Galcheri*, dans la mesure où l'on assiste à une multiplication des écrits polémiques dans le contexte de la réforme grégorienne (Gouguenheim, Sylvain, *La réforme grégorienne. De la lutte pour le sacré à la sécularisation du monde*, Paris, Temps Présent, 2010, p. 173-179).

interventions de Rome dans les affaires cambrésiennes sont ainsi sévèrement fustigées. Pire, les *Gesta* rendent le pontife en bonne partie responsable de la situation désastreuse dans laquelle se trouve Cambrai à la fin du XIe siècle. Par ses tergiversations, le pape aurait largement contribué à ce que plusieurs ecclésiastiques revendiquent à bon droit le siège de Cambrai[27]. Si l'argumentation n'est pas dénuée de tout fondement – Urbain II ayant effectivement soutenu un temps Gaucher vers 1094-1095, avant de se raviser et de militer pour sa destitution à partir du concile de Clermont (1095) –, elle est probablement outrancière[28]. Mais l'auteur du récit ne s'encombre pas de nuances. On le remarque en analysant le champ lexical auquel il recourt lorsqu'il s'agit d'évoquer le pontife romain. En quelques lignes, Urbain II est ainsi tour à tour désigné comme un être emporté, perfide et impie, voire même, à deux reprises, comme un apostat[29]. Ni le nouvel évêque Lambert d'Arras, ni l'archevêque Manassès II de Reims – tous deux proches du parti pontifical – ne sont logés à meilleure enseigne, le premier étant qualifié d'*hypocrita*, d'*hereticus* et d'*apostata* pour des motifs qui tiennent évidemment à la scission du diocèse double d'Arras-Cambrai[30], le second étant régulièrement blâmé pour ses interventions défavorables à Gaucher[31].

Les griefs les plus sévères concernent toutefois les deux rivaux de Gaucher dans la course à la cathèdre cambrésienne, le chanoine rémois Manassès d'Eu-Soissons, puis, à partir de 1103, l'abbé Odon de Saint-Martin de Tournai. Les attaques portent moins sur la personnalité des candidats – encore que l'image renvoyée de Manassès se révèle assez piteuse[32] – que sur leur soi-disant absence de légitimité. Il s'agit en effet

27 *Gesta Galcheri*, ch. 10, p. 194, strophes 213-216.

28 *Ibid.*, ch. 8-11, p. 191-195.

29 *Ibid.*, ch. 10, p. 193, strophe 193, et ch. 11, p. 194, strophe 222.

30 *Ibid.*, ch. 5, p. 190, strophes 99-102. Lambert est en outre explicitement désigné comme l'adversaire de Gaucher dans un passage du texte : *ibid.*, ch. 10, p. 193, strophe 183.

31 Les termes utilisés pour désigner les interventions de Manassès II de Reims sont toutefois nettement moins cruels (voir, par exemple, *ibid.*, ch. 12 et ch. 24, p. 195 et 203). Sur ce personnage, qui est en fait l'oncle de Manassès d'Eu-Soissons, le principal rival de Gaucher, voir Demouy, Patrick, *Genèse d'une cathédrale. Les archevêques de Reims et leur Église aux XIe et XIIe* siècles, Langres, Guéniot, 2005, p. 617-619.

32 En plus d'être désigné comme un étranger, puisqu'il est dès le départ qualifié de *quidam Francigena* (*Gesta Galcheri*, ch. 2, p. 187, strophe 32), Manassès est décrit comme un personnage peu soucieux des richesses de son Église (*ibid.*, ch. 2, p. 187, strophes 42-46). En tant qu'intellectuel et ascète convaincu, Odon était sans doute plus difficile à attaquer sur un plan personnel. Il faut dire que, de toute façon, celui-ci ne devait pas représenter

de les discréditer, de démontrer par la négative qu'un seul prétendant aurait pu revendiquer à bon droit le siège de Cambrai : Gaucher, forcément. Dès les premiers chapitres, l'auteur des *Gesta Galcheri* entame son travail de sape en contestant formellement le caractère canonique de l'élection de Manassès. D'après lui, cette dernière se serait faite sous la contrainte, et surtout, en l'absence du clergé local[33]. On peut légitimement douter de cette version des événements, dans la mesure où Manassès n'a semble-t-il guère tardé à trouver un certain nombre de partisans au sein de son Église[34]. On touche ici à un autre aspect des critiques portant sur les candidats grégoriens : ils n'auraient joui que d'un très faible soutien dans la cité, que ce soit auprès du clergé ou parmi le « peuple ». L'auteur se plaît ainsi à souligner pernicieusement combien il a fallu de menaces de la part de l'archevêque de Reims pour que Manassès puisse s'imposer – un temps seulement – comme prélat de Cambrai[35]. Il se rit également de la faiblesse d'Odon qui, incapable d'asseoir son autorité, se doit de chercher refuge à Tournai, c'est-à-dire en dehors de son propre diocèse, puis à Inchy, auprès de son allié le châtelain de Cambrai[36]. Enfin, les accusations se font parfois plus graves, en tout cas en ce qui concerne Manassès. Alors que celui-ci est censé incarner la ligne grégorienne, les *Gesta Galcheri* profèrent à son encontre des accusations de simonie, en lui reprochant

---

un grand danger pour Gaucher, tant il semblait imperméable aux réalités concrètes de la fonction (Resnick, Irven M., « Odo of Tournai and Peter Damian. Poverty and crisis in the eleventh century », *Revue bénédictine*, t. 98, 1988, p. 137-140).

33 *Gesta Galcheri*, ch. 2, p. 187, strophes 32-33. Voir également *ibid.*, ch. 8, p. 192, strophe 152, et ch. 10, p. 194, strophe 203.

34 Comme en atteste la plus ancienne charte rendue en son nom : Lille, Archives départementales du Nord, 4 G 106/1461 (1095, copie figurée du XIIe siècle – *Diplomata Belgica* n° 3842). Sur cet acte, voir Van Mingroot, « Liste provisoire des actes des évêques de Cambrai de 1031 à 1130 », *Serta devota in memoriam Guillelmi Lourdaux*, éd. Werner Verbeke *et al.*, Louvain, Leuven University Press, 1995, vol. 2, p. 31, n° 1. On notera, au passage, que les actes des candidats grégoriens au siège de Cambrai ne font jamais mention de souscripteurs issus de l'aristocratie locale. Il s'agit vraisemblablement d'un trait typique de leur chancellerie. Il ne faut donc pas s'étonner de l'absence des vassaux épiscopaux dans le document de 1095.

35 *Gesta Galcheri*, ch. 12, p. 196, strophes 267-268.

36 *Ibid.*, ch. 37, p. 208, strophes 557-558. Ces témoignages sont confirmés par les brefs *Gesta Odonis episcopi Cameracensis*, éd. Georg Waitz, Hanovre, Hahnsche Buchhandlung, 1883 (Monumenta Germaniae Historica. Scriptores, t. 14), p. 210-211, et, dans une moindre mesure, par les quelques dates de lieu mentionnées dans les chartes épiscopales (voir le relevé de Van Mingroot, « Liste provisoire », *op. cit.*, p. 35-41).

notamment de s'être emparé d'une partie du trésor de la cathédrale avec la complicité des vassaux épiscopaux et des élites urbaines ayant concouru à son élection[37]. De telles dénonciations – mais ne s'agit-il pas plutôt de calomnie ? – sont évidemment lourdes de sens dans le contexte politico-religieux du XIIe siècle, surtout lorsqu'elles affectent un prétendant soutenu par Rome.

Si les charges à l'encontre des rivaux ecclésiastiques de Gaucher couvrent une large part du texte, d'autres critiques portent sur les laïcs auxquels le prélat s'est frotté, parfois violemment. Il s'agit, tout d'abord, du groupe des *casati episcopi*, les vassaux privilégiés des évêques, dont on trouve mention dans les chartes depuis le milieu du XIe siècle[38]. Les *Gesta Galcheri* s'en prennent ouvertement à la *superbia* et à la *malitia* de ces puissants, qui, en plus de s'être montrés peu fidèles à l'égard de leur évêque et comte, auraient joué un rôle majeur dans les ravages qui affectent le Cambrésis[39]. Ces récriminations ne semblent pas tout à fait injustifiées. Il est en effet vraisemblable que plusieurs d'entre eux aient profité de la confusion des années 1090-1100 pour asseoir leur autorité dans certaines franges du pays, notamment à travers l'édification de *castra*. Les nouvelles élites urbaines – haïes depuis longtemps au sein du chapitre cathédral[40] – sont elles aussi la cible des lamentations de l'auteur. Ici, c'est le double discours dont elles auraient fait preuve qui est mis en exergue, les *Gesta Galcheri* regrettant leur manque de loyauté, alors que Gaucher avait accepté de satisfaire à une partie de leurs aspirations politiques en échange de leur soutien[41].

---

37 *Gesta Galcheri*, ch. 2, p. 187, strophes 43-45, ainsi que *ibid.*, ch. 8, p. 191-192.

38 Sur les *casati* de Cambrai, voir Nieus, Jean-François, « Du donjon au tribunal. Les deux âges de la pairie châtelaine en France du Nord, Flandre et Lotharingie (fin XIe-XIIIe siècle) », *Le Moyen Âge*, t. 112, 2006, p. 25-26.

39 *Gesta Galcheri*, ch. 7 et 11, p. 190-191 et 194-195.

40 Lire, à cet égard, les propos très durs de l'un des continuateurs des *Gesta episcoporum Cameracensium* à propos des mouvements urbains qui affectent la cité à la fin des années 1070 : *Gesta Gerardi II episcopi*, éd. Ludwig Bethmann, Hanovre, Hahnsche Buchhandlung, 1846 (Monumenta Germaniae Historica. Scriptores, t. 7), p. 498.

41 *Gesta Galcheri*, ch. 18, 24-25 et 37, p. 200-201, 203, 207-208. À propos de l'émergence des élites urbaines cambrésiennes sur la scène politique, la meilleure synthèse demeure celle de Reinecke, Wilhelm, *Geschichte der Stadt Cambrai bis zur Erteilung der* Lex Godefridi *(1227)*, Marbourg, Elwertsche Verlagsbuchhandlung, 1896. Voir également Ruffini-Ronzani, Nicolas, « À l'assaut du ciel ? Évêques et élites urbaines aux premiers temps de la commune de Cambrai (fin XIe-début XIIe siècle) », *Cahiers de civilisation médiévale*, 61e année, 2018, p. 357-378.

Le récit ne se contente toutefois pas de dénoncer les comportements des adversaires de Gaucher ; il vante également les hauts faits de celui-ci, qu'il présente comme le protecteur de la cité face aux tempêtes qui la secouent. On le voit ainsi mener des raids au pied des châteaux érigés par les *casati* rebelles[42]. On le voit également – et c'est sans doute plus important – faire preuve de mansuétude et promouvoir la paix face à ses anciens ennemis. L'épisode touchant à la commune de Cambrai est à cet égard particulièrement instructif. D'après les *Gesta*, les Cambrésiens se seraient montrés particulièrement peu loyaux envers Gaucher, qui leur avait octroyé en 1102 une charte de commune en échange de leur soutien. En 1107, l'empereur Henri V aurait souhaité faire payer cette ingratitude aux citadins, d'abord en jetant à bas la commune, ensuite en prenant des mesures de rétorsion contre ces derniers[43]. Gaucher, dont les ambitions politiques venaient pourtant de prendre fin[44], se serait alors efforcé d'apaiser la colère du souverain, en contribuant à la restauration de la concorde[45]. Sa popularité s'en serait trouvée considérablement accrue, puisque, d'une part, les habitants de Cambrai auraient en 1107 empêché l'entrée en ville de l'évêque Odon – désormais le seul légitime –, puis, après 1113, aurait plaidé pour le retour de Gaucher sur le siège épiscopal. C'est d'ailleurs sur cette note favorable au principal protagoniste du récit que se termine la version primitive des *Gesta Galcheri* : Gaucher, désormais âgé et retiré à Tournai, se permet de décliner les sollicitations des Cambrésiens et de l'Empereur qui auraient unanimement reconnu en lui le meilleur candidat pour Cambrai[46]. Le temps aurait finalement donné raison à Gaucher, telle est la morale que le lecteur est invité à tirer du texte.

---

42 *Gesta Galcheri*, ch. 13, p. 197-198.

43 *Ibid.*, ch. 37, p. 207-208. On peut douter de l'honnêteté de cette version des événements, mais là n'est pas le plus important pour notre propos.

44 Rappelons, en effet, qu'en 1107, le comte de Flandre remporte une victoire décisive face à Henri V, ce qui met définitivement un terme aux espoirs de Gaucher d'être un jour évêque (Cauchie, *La querelle des investitures*, *op. cit.*, t. 2, p. 202-204).

45 *Gesta Galcheri*, ch. 37, p. 207-208. Le dernier chapitre du récit le présente d'ailleurs comme le principal garant de la concorde dans la cité : *Gesta Galcheri*, ch. 40, p. 210, strophe 603.

46 Par version primitive, j'entends les *Gesta Galcheri* sans le court appendice consacré à la mort de Gaucher.

LES *GESTA GALCHERI*, UN TEXTE DISCORDANT DANS LA PRODUCTION LITTÉRAIRE CAMBRÉSIENNE ?

Mais est-ce bien le cas ? Le temps a-t-il finalement donné raison à Gaucher ? Les choses sont vraisemblablement plus complexes que ce que le laisse entendre le chroniqueur… Certes la version des événements données dans les *Gesta Galcheri* semble avoir largement inspiré les auteurs des *gesta abbreviata* cambrésiens[47], certes l'image donnée de Gaucher paraît globalement positive dans d'autres chroniques locales[48], néanmoins, on se doit de reconnaître que l'esprit revanchard des *Gesta Galcheri* contraste nettement avec le reste de la production littéraire cambrésienne du début du XIIe siècle. Il tranche, en particulier, avec le message véhiculé par la *Vita Lietberti episcopi Cameracensis* de Raoul du Saint-Sépulcre, l'œuvre sans doute la plus aboutie produite à Cambrai dans le contexte de crise grégorienne[49]. Vraisemblablement composé à l'aube du XIIe siècle, ce récit hagiographique écrit en milieu bénédictin dresse le portrait élogieux de l'évêque Liébert d'Arras-Cambrai († 1076), l'un des derniers à avoir gouverné le diocèse double unifié. L'historien américain John Ott l'a déjà souligné, une impression prédomine à la lecture de ce texte : son auteur aurait en quelque sorte souhaité prendre ses distances avec le grave conflit qui ravage le Cambrésis autour de 1100. À l'inverse de Gaucher, Liébert n'est décrit ni comme un grégorien avant l'heure, ni en tant que soutien indéfectible au pouvoir impérial. Dans un contexte particulièrement difficile, Raoul du Saint-Sépulcre – sans doute quelque peu influencé par les traditions politiques cambrésiennes[50] – plaide pour une réconciliation et une collaboration du *regnum* du *sacerdotium* telle qu'elle aurait existé quelques décennies plus

47 *Gesta pontificum abbreviata*, *op. cit.*, p. 504-506 ; *Gestorum versio gallica*, *op. cit.*, p. 510-521.

48 Voir notamment l'éloge de Gaucher dans *Chronicon sancti Andreae Cameracesii*, éd. Ludwig Bethmann, Hanovre, Hahnsche Buchhandlung, 1846 (Monumenta Germaniae Historica. Scriptores), t. 7, livre III, ch. 18, p. 544.

49 Raoul du Saint-Sépulcre, *Vita Lietberti*, *op. cit.*, p. 838-866 ; sur ce texte, on lira Ott, « Both Mary and Martha », *op. cit.*, p. 137-160, dont sont extraites les informations présentes dans ce paragraphe.

50 À savoir l'idéologie des trois ordres, sur laquelle on lira récemment Riches, Theo M., « Gerard I of Cambrai, the three ordrers and the problem of human weakness », *The bishop reformed*, *op. cit.*, p. 122-136, qui renvoie aux travaux antérieurs.

tôt, dans un passé idéalisé. Cela peut évidemment surprendre pour une œuvre rédigée en plein moment grégorien, mais cette attitude s'avère peut-être représentative des sentiments qui devaient traverser une part notable du clergé cambrésien : face à un incontestable raidissement des positions politiques – c'est-à-dire la nécessité de s'identifier comme impérial ou comme romain –, d'aucuns ont peut-être ressenti le besoin de rechercher dans un passé fantasmé une troisième voie, et, partant, de définir la fonction épiscopale autrement qu'autour des pôles grégorien et impérial. Il serait certainement exagéré de parler ici de « résistance », mais il existait probablement chez une partie des Cambrésiens une volonté de rechercher une alternative face aux deux seuls modèles proposés. En ce sens, le souci, très présent dans la *Vita*, de représenter Liébert comme un pasteur vertueux soucieux de son troupeau et de la cité qui lui a été confiée par Dieu pourrait se lire comme un coup de griffe adressé aux multiples candidats au siège de Cambrai, qui, au moment de la rédaction du texte, se déchirent et sèment le malheur en Cambrésis.

Un autre indice, enfin, laisse entendre que l'apologie de Gaucher que constituent les *Gesta Galcheri* n'a pas tout à fait porté ses fruits. Un examen sommaire du plus ancien nécrologe de la cathédrale Notre-Dame de Cambrai (mil. XIIe siècle) suffit en effet à démontrer que Gaucher d'Oisy n'y est pas commémoré en tant qu'ancien évêque de la cité, mais uniquement au titre d'archidiacre de Brabant, soit la fonction qu'il exerce avant et après la guerre civile de 1093-1107[51]. La fin de la notice nécrologique consacrée à l'ancien prélat de Cambrai a d'ailleurs été en grande partie grattée, pour des raisons qui demeurent difficiles à déterminer[52]. À Cambrai, le souvenir que l'on perpétue de Gaucher n'est donc plus toujours celui d'un évêque, en ce compris au sein du chapitre cathédral, où l'ancien prélat jouissait pourtant de soutiens notables. Probablement faut-il y voir en partie l'échec de l'entreprise de réhabilitation de Gaucher…

---

51 *Idus maii. Obiit Gualcherus, Bracbatensis archidiaconus. De quo habemus altare de Maslinis* (Cambrai, Médiathèque municipale, ms. 229, f° 68v). Sur ce document, on se reportera au bel article de Duvosquel, Jean-Marie, « Les chartes de donation d'autels émanant des évêques de Cambrai aux XIe-XIIe siècles éclairées par les obituaires. À propos d'un usage grégorien de la chancellerie épiscopale », *Hommages à la Wallonie. Mélanges d'histoire, de littérature et de philologie wallonnes offerts à Maurice-A. Arnould et Pierre Ruelle*, éd. Hervé Hasquin, Bruxelles, Éditions de l'Université de Bruxelles, 1981, p. 147-163.

52 Malgré mes efforts, je ne suis pas parvenu à déchiffrer la partie grattée…

Le dossier des *Gesta Galcheri* se révèle donc particulièrement riche. Produit dans les milieux impériaux cambrésiens au cours du premier quart du XIIe siècle, soit au lendemain de la terrible guerre civile qui a ravagé la région entre 1093 et 1107, le récit peut se définir comme un écrit de combat : pour son auteur, il s'agit en effet de réhabiliter le souvenir de l'évêque Gaucher – principal perdant du conflit –, mais également d'éreinter ses adversaires grégoriens. Son caractère polémique confère au texte une place assez unique dans la littérature cambrésienne du Moyen Âge central. Il explique sans doute pourquoi les *Gesta* de Gaucher ne connaîtront qu'une diffusion minimale, limitée à quelques établissements traditionnellement proches du pouvoir épiscopal. Le récit illustre aussi, et peut-être surtout, combien la réforme grégorienne a contribué à diamétralement transformer les cadres dans lesquels se mouvaient les chanoines d'Arras et de Cambrai, combien elle a déstabilisé et divisé la sphère ecclésiastique arrageo-cambrésienne, au point de la faire imploser. En Cambrésis, les stigmates de la difficile implantation locale du grégorianisme resteront d'ailleurs longtemps visibles[53].

Nicolas RUFFINI-RONZANI
Université de Namur /
Université catholique de Louvain

53 Je remercie Anne Wagner, Pieter Byttebier et Steffen Patzold pour les questions et remarques formulées lors du colloque, ainsi que Paul Bertrand et Michael T. Clanchy pour leurs commentaires sur une version préparatoire de ce texte présentée en 2014 lors de l'International Medieval Congress de Leeds. Leurs interventions m'ont permis d'apporter des améliorations substantielles au texte originel.

L'ÉVÊQUE DE TOUL
FACE AUX CRITIQUES (IXe-XIIIe SIÈCLES)

La situation épiscopale touloise est éclairée par les *Gesta episcoporum Tullensium*[1] du début du XIIe siècle, complétés par les *Cedulae cujuslibet episcopi Tullensis*[2], qui reproduisent les *Gesta* jusqu'à l'épiscopat de Pibon (1069-1070 – 1107) puis les continuent jusqu'à Hector d'Ally (1521-1533). Ces textes sont par nature favorables à l'évêque. On dispose aussi de textes d'origine monastique – les Miracles de saint Èvre[3], des lettres de saint Bernard[4], la chronique de Richer de Senones[5] écrite au milieu du XIIIe siècle – ainsi que des lettres des papes Grégoire concernant Pibon[6] et d'Innocent III sur le procès de Mathieu de Lorraine[7]. Qu'est ce qui entraine donc la mauvaise réputation d'un prélat ? Il faut distinguer le haut Moyen Âge et les revendications des monastères de la période qui suit la querelle des investitures, marquée par les oppositions au sein du chapitre cathédral et surtout l'intervention du pape.

---

1 *Gesta episcoporum Tullesium*, éd. Georg Waitz, Hanovre, 1848 (Monumenta Germaniae Historica, Scriptores, t. 8), p. 631-648. M. Gaillard, *D'une réforme à l'autre 816-934. Communautés religieuses en Lorraine à l'époque Carolingienne*, Paris, Publications de la Sorbonne, 2006 (Histoire ancienne et médiévale, t. 82), p. 400-401.

2 Calmet, Augustin, *Histoire de Lorraine*, t. 1, Nancy, 1728, pr. c 165-192.

3 *Miracula S. Apri, Acta sanctorum* Sept. V, c. 70-78.

4 Bernard de Clairvaux, *Epistolae*, PL 182, c. 337-343 ; Traduction française (par l'abbé Charpentier, *Œuvres complètes de Saint Bernard*, t. 2, Paris, Vivès, 1866) en ligne à l'adresse suivante : http://jesusmarie.free.fr/bernard_de_clairvaux_lettres_3.htm#_Toc7281-8774 (consulté le 06/07/2022).

5 Richer de Senones, *Gesta Senoniensis ecclesiae*, éd. Georg Waitz, Hanovre, Hahn, 1880 (Monumenta Germaniae Historica, Scriptores, t. 25) p. 249-348 ; trad. Dominique Dantand, *Chronique de Richer, moine de Senones (XIIIe s.) : présentation, édition et traduction*, thèse, Université Nancy 2, 1996.,

6 Grégoire VII, *Registrum Lib. I-IV*, éd. Eric Caspar, Berlin, Weidmannsche Buchhandlung, 1920 (Monumenta Germaniae Historica, *Epistolae selectae*, t. II, 1), p. 140-142 ; *The Register of Pope Gregory VII, 1073-1085 : An English Translation*, trad. H. E. J. Cowdrey, Oxford University Press, 2002, p. 104.

7 P. L. 215, c. 1088-1089 ; PL 216, c. 169-170 ; 861-862.

Les *Gesta* se déclarent impuissants à rapporter tous les traits de sainteté et les bienfaits dont fut remplie la vie de Ludelme, désigné par le roi en 894. Louis l'Enfant (900-911) lui confirma les abbayes de Saint-Èvre et de Saint-Germain. Il semble avoir imposé les religieux de Saint-Èvre qui ont des relations tendues avec lui : « Ludelme était de noble extraction et fort habile dans le maniement des affaires temporelles, peu versé dans la vie spirituelle et dans la dévotion, il gouvernait les congrégations de religieux et de chanoines… comme un maître sévère, s'emparait des biens offerts par les fidèles et en disposait à sa volonté[8]… » Un prêtre de Saint-Maximin[9] le vit en songe mourir d'une violente douleur au bras en punition de son arrogance[10]. À sa mort, en 906, Ludelme ne fut pas inhumé à Saint-Èvre mais dans sa cathédrale, ce qui était une innovation.

Peut-être son successeur Drogon (905-921) fut-il imposé par les partisans de Charles le Simple, contre l'avis de l'entourage de Louis l'Enfant[11] : « le seigneur Drogon, de très noble naissance, occupa ce siège épiscopal, malgré l'opposition des grands du royaume, tant par la force, tant par la ruse, tant par le consentement des citoyens ; mais ensuite il gouverna noblement avec le consentement de tous[12] ». Durant les invasions hongroises, sous Charles le Simple le corps de saint Èvre est déposé dans la cité. La paix revenue, il aurait dû être rendu à Saint-Èvre, or Drogon veut le garder, pour la gloire et protection de la ville, et couper les vivres aux moines de Saint-Èvre. Le saint avertit deux moines, qui volent le corps et l'enfouissent dans une fosse où il reste soixante ans. Dans la lutte d'influence entre la cathédrale et Saint-Èvre, le saint prend parti pour les moines et sanctionne l'attitude des évêques.

Berthold (996-1024), nommé par Otton III, lutta pour affirmer ses droits. Ainsi vers 1003, Béatrice de Lorraine avoué de Saint-Dié, étant venue vénérer les reliques de Dié, demanda que les chanoines ouvrent la châsse. Berthold protesta, l'excommunia et Béatrice dut financer la

8 *Miracula S. Apri*, *op. cit.* p. 73 ; Goullet, Monique, « Les dossiers hagiographiques du diocèse de Toul » (Sources Hagiographiques de la Gaule, VI), *L'hagiographie du haut moyen âge en Gaule du Nord : manuscrits, textes et centres de production*, dir. M. Heinzelmann, Stuttgart, 2001 (Beihefte der Francia, 52), p. 11-89.

9 Église paroissiale proche de Saint-Èvre.

10 Id. c. 74.

11 Parisot, Robert, *Le Royaume de Lorraine sous les Carolingiens : (843-923)*, Paris, 1898, p. 570, n.1 ; Gaillard, *D'une réforme… op. cit.*, p. 165-166.

12 *Miracula S. Apri*, *op. cit.*, c. 74 ; *Gesta episcoporum Tullesium*, *op. cit.*, p. 639.

construction d'une nouvelle église. Ce fut l'occasion d'une translation des reliques du fondateur[13]. Rallié à Henri II, Berthold montra sa fidélité en assistant au synode de Thionville et à l'assemblée où fut créé l'évêché de Bamberg. Il fut récompensé : en 1011, Henri lui conféra des droits de pêche, de chasse et le fief de Bergheim, en Alsace, ancienne possession de Moyenmoutier[14]. Mais les moines protestèrent et l'abbé de Moyenmoutier en réclama – en vain – la restitution[15]. En 1016, Berthold déposa l'abbé Hardulfe, l'envoya diriger les écoles de Toul et le remplaça par le prévôt Encibold, venu de Saint-Avold pour diriger les écoles du monastère où il fut qualifié « d'ennemi plutôt que père de ses religieux[16] ». Berthold laisse le souvenir d'un évêque qui « opprima le peuple et les monastères et infligea des torts irréparables à Moyenmoutier[17] ».

En 1018, Henri II nomma Hermann, ancien chanoine de Cologne, prélat énergique qui vainquit les comtes locaux qui usurpaient des fiefs de son église[18], mais que les moines de Saint-Èvre décrivent comme un persécuteur. Ils racontèrent qu'il avait frappé de sa crosse le moine Werry,

13 Richer de Senones, *Gesta Senoniensis*, *op. cit.*, p. 276-277. Jean de Bayon, *Historia Mediani in Monte Vosago monasterii*, éd. Augustin Calmet, *Histoire ecclésiastique et civile de Lorraine*, t. 2, 1728.

14 Monumenta Germaniae Historica, Diplomata H.II, Hanovre, 1900, n° 235, p. 271-273. North, William – Cutler, Anthony, « Ivories, Inscriptions, and Episcopal Self-Consciousness in the Ottonian Empire : Berthold of Toul and the Berlin Hodegetria », *Gesta*, 42.1, 2003, p. 1-17.

15 Une bulle d'Innocent II du 13 février 1132, ratifie le fait accompli et décourage ces revendications. Benoit, histoire de Toul, p cxxiv ; Choux, Jacques, « Une possession des évêques de Toul en Alsace : la cour de Bergheim », in Id., *La Lorraine chrétienne au Moyen Age*, Metz, éditons serpenoises, 1981, p. 131-136.

16 Jean de Bayon, *Historia Mediani in Monte Vosago monasterii*, *op. cit.* : *polius exstirpator quam provisor :* Jérome, Léon, « L'abbaye de Moyenmoutier », *Bulletin de la Société philomatique vosgienne*, 1898-1899, p. 178-179 : Encibold mourut en 1018 sans avoir obtenu la consécration abbatiale. Hardulphe, redevenu abbé, fut définitevement déposé par Bruno qui confia l'abbaye à Widric disciple de Guillaume de Volpiano et abbé de Saint-Evre et Saint-Mansuy ; Bulst, Neithard, *Untersuchungen zu den Klosterreformen Wilhelms von Dijon (962–1031)*, Bonn, 1973, p. 99-105.

17 *Liber de sancti Hidulfi successoribus in Mediano monasterio*, éd. Georg Waitz, Hanovre, Hahn, 1841 (Monumenta Germaniae Historica, Scriptores, t. 4), c. 12 p. 92, trad. Théry, Julien, *Le libellus des successeurs de saint Hidulphe*, mémoire de maîtrise de l'Université Paris I, 1994.

18 REUTER, Timothy, « Past, Present and No Future in the 12th-Century Regnum Teutonicum », *The Perception of the Past in 12th Century Europe*, Magdalino, Paul (éd.), p. 25 ; Nightingale, John, « Bishop Gerard of Toul (963-911) and Attitudes to Episcopal Office », *Warriors and Churchmen in the High Middle Ages : Essays Presented to Karl Leyser*, éd. Timothy Reuter, Londres et Rio Grande, Hambledon Press, 1992, p. 41-62.

leur futur abbé. Guillaume de Volpiano remarqua que cette action était conforme au nom de l'évêque qui signifiait « *errans*[19] ».

Un changement radical se produit au moment de la querelle des investitures avec des accusations publiques et de nature sexuelle.

En 1074, un clerc de Toul accusa devant Grégoire VII l'évêque Pibon de l'avoir dépouillé injustement de l'office de custode, d'avoir acheté son évêché, de vendre archidiaconés, consécrations d'églises et cures et enfin d'avoir épousé une femme dont il avait un fils. Les accusations portaient donc sur la simonie et le nicolaïsme que Grégoire VII poursuivait ; aussi, dans son zèle réformateur, les écouta-t-il. Le 16 octobre 1074, le pape écrivit à Udon de Trêves et à Hériman de Metz, pour qu'ils mènent une enquête[20]. Udon réunit une assemblée à Trèves puis une seconde à Toul avec Thierry de Verdun et Benno d'Osnabruck ainsi que le clergé toulois, témoins destinés à éviter les rumeurs calomnieuses. Toute cette procédure était donc publique. Le clerc qui avait porté les accusations restant silencieux, Pibon jura son innocence et fut lavé de tout soupçon. Udon se plaignit du précédent que Grégoire établissait en écoutant les plaintes d'un inférieur contre son évêque[21]. La confiance que Grégoire avait prêtée à l'accusation, les formules utilisées par Grégoire dans sa lettre où il le qualifiait de « soi-disant évêque » montraient qu'il pensait Pibon coupable, ce qui contribua peut-être à inciter l'évêque à se ranger au parti d'Henri IV, avant de se réconcilier avec le pape en 1077[22].

Henri de Lorraine (1126-1165) fut en guerre avec le comte Frédéric de Toul, c'est peut-être la source des lamentations d'Hugues Metel chanoine de Toul, qui dans une lettre à l'archevêque de Trèves écrit : « Le sang répand le sang ; le frère n'a point horreur d'attenter à la vie de son frère ; le fils conspire contre les jours de son père… le juste et l'injuste sont confondus ; le droit et la paix ont quitté la terre ; à leur place, trônent l'injustice, la perfidie, la discorde… Les prêtres qui doivent

19 *Vita S. Guilielmi* § 22 ; en réalité Hermann signifie guerrier. Véronique Gazeau et Monique Goullet, *Guillaume de Volpiano, un réformateur en son temps (962-1031). Vita domni Willelmi de Raoul Glaber, Texte, traduction et commentaire*, Caen, Publications du CRAHM, 2008, p. 63.

20 Grégoire VII, *Epistola* II, 10, *op. cit.* p. 140-142.

21 McLaughlin, Megan « The Bishop in the Bedroom : Witnessing Episcopal Sexuality in an Age of Reform », *Journal of the History of Sexuality*, vol. 19.1, 2010, p. 25-26.

22 Choux, Jacques, « Pibon évêque de Toul », in Id., *La Lorraine chrétienne au Moyen Age*, Metz, éditions Serpenoise, 1981, p. 87-90.

être la lumière du monde, sont ensevelis dans les ténèbres. L'amour des choses de ce monde ferme leurs yeux ; tels prêtres, tel peuple[23]… ». Les reproches d'Hugues concernent l'archevêque Albéron de Montreuil qui devrait agir, « réunir un concile », pour résoudre ces problèmes. De son côté, dans une lettre à Innocent II écrite au nom du même archevêque, saint Bernard critique Henri qui néglige les intérêts spirituels de son peuple : « j'ai pour suffragants de jeunes prélats de qualité[24] qui font de l'opposition au lieu de seconder mes vues. Mais je m'arrête, j'aime mieux que vous appreniez par un autre que par moi, si vous ne les connaissez pas encore, la vie et les mœurs de ces prélats. On ne retrouve plus, hélas ! dans les évêchés suffragants de ce siège le moindre vestige d'ordre, de justice, d'honneur et de religion. Le devoir de ma charge m'oblige à vous signaler le mal, je me contente de l'indiquer en peu de mots, afin que votre sagesse y apporte remède elle-même, si elle ne me juge pas capable de le faire. » Bernard ajoute dans une autre lettre « On est généralement surpris, scandalisé même de voir de tels prélats protégés et soutenus par le saint Siège, et non moins en honneur qu'en faveur à la cour de Rome. Ils ont des mœurs et mènent une vie, je ne dis pas seulement indigne de leur caractère, mais capable de faire horreur même chez des laïques. J'aurais honte de vous en retracer le tableau, et vous ne pourriez vous empêcher de rougir si vous en entendiez le récit. Votre Sainteté doit aviser aux moyens de venir efficacement en aide aux deux diocèses de Toul et de Verdun, car on peut bien dire, sans manquer à la vérité, qu'ils sont sans évêques. Que ne peut-on ajouter qu'ils sont aussi sans tyrans ! Je veux bien qu'il n'y ait pas lieu à les déposer, puisque personne ne les dénonce ; mais si personne ne les accuse, le bruit public ne les ménage guère, et l'on ne s'attendrait pas après cela à trouver en eux des objets de l'affection particulière du saint Siège, et de ses distinctions les plus honorables[25]. » Ces critiques semblent évoquer des vices et des manques spirituels graves, or la source en est le chapitre de Saint-Gengoul de Toul. En 1132, Albéron de Montreuil, grand archidiacre et prévôt de la

23 de Fortia d'Urban, Agricol, *Histoire et ouvrages de Hugues Metel, né à Toul en 1080, ou Mémoires pour servir à l'histoire ecclésiastique du douzième siècle*, Paris, 1859, lettre 6 à Albéron de Trèves, p. 55-56.

24 Les évêques Étienne de Metz, neveu de Calixte II, Henri de Toul, fils du duc de Lorraine, Albéron de Verdun, fils du comte de Chiny.

25 Bernard de Clairvaux, *Epistola* CLXXVIII, de 1139, *op. cit.*

collégiale, fut nommé archevêque de Trêves. Les chanoines se réunirent pour se donner un prévôt qui, d'après la constitution de l'évêque Udon, serait de droit grand archidiacre. Henri s'opposa à l'élection, disant que ses prédécesseurs n'avaient pu le dépouiller du droit de choisir ses archidiacres. Albéron prit le parti de ses anciens collègues[26] ; l'évêque recourut à l'empereur ; Bernard écrivit à l'empereur mais aussi au pape et obtint le maintien du privilège de la collégiale.

On voit donc ici les évêques, ballotés entre la fidélité au pape et à l'empereur, confrontés aux critiques de réformateurs intransigeants et à des attaques internes du clergé. Le pape est sollicité comme arbitre, comme recours, et l'argument est moral.

Mathieu[27], fils de Ferry Ier, duc de Lorraine, chanoine de Saint-Dié, archidiacre à Toul puis à Saint-Dié, fut élu évêque de Toul en 1198. Il donne plusieurs actes concernant l'administration de son diocèse, confirme les biens de plusieurs monastères, mais donne notamment la terre de Bonmoutiers à son frère Ferry II de Lorraine (1205-1213) lequel la donne à l'abbé de Hauteseille qui la rétrocède au comte de Salm. C'est une époque de troubles politiques ; le duc est partisan des Staufen dont il est parent (Ferry a épousé la sœur de Frédéric Barberousse) donc de Philippe de Souabe assassiné en 1206 ; en 1208 les bourgeois de Verdun tuent leur évêque, Albert de Hierges.

Dès 1202, le chapitre envoya à Rome le grand archidiacre Pierre réclamer la déposition du prélat accusé de mauvaises mœurs, de simonie et de dilapidation des biens de son diocèse. Innocent III nomma commissaires le cardinal-évêque de Preneste et les abbés de Beaulieu-en-Argonne et Saint-Benoît-en-Woëvre. Ils firent promettre à Mathieu de ne plus aliéner les biens mais le doyen du chapitre accusa Mathieu de nouvelles dilapidations ; l'évêque l'emprisonna puis le libéra sous la menace d'interdit. Le cardinal-légat l'excommunia, mais l'évêque continua à célébrer et envoya des amis soutenir sa cause à Rome. Le chapitre envoya l'archidiacre Geoffroy obtenir confirmation de la sentence. Innocent III ordonna au grand archidiacre de Paris, au pénitencier de Saint-Victor et à Robert de Courçon, alors chanoine de Noyon de

26 Id. « L'église de Saint-Gengoulf de Toul est dans la désolation et les larmes, et personne ne s'offre pour la consoler ».

27 Poull, Georges, *La maison ducale de Lorraine*, Nancy, Presses universitaires de Nancy, 1991, p. 52-53.

se rendre à Toul faire exécuter cette sentence. Cependant, en 1206, il écouta Mathieu venu à Rome plaider sa cause : il produisit des témoins[28] et obtint l'annulation de la procédure. Comme il restait suspect[29], Innocent III ratifia l'interdiction lancée contre lui et chargea l'abbé de Saint-Urbain, Gauthier, de l'administration du diocèse. En 1210, après enquête, Innocent déposa Mathieu et enjoignit au chapitre de Toul de lui donner un successeur[30].

Profitant de l'humiliation de la famille de Lorraine, Thibaut de Bar et Philippe Auguste firent porter le choix des chanoines sur un Français, Renaud, fils de Guy de Senlis, grand bouteiller de France.

Mathieu, qui avait conservé la prévôté de Saint-Dié, ne contesta pas cette élection. Il résidait au château de Clermont sur la hauteur de Saint-Dié, où il avait fait construire une chapelle dédiée à la Madeleine et où il semble avoir passé son temps à chasser[31]. En 1216, le duc Thiébaud, son neveu, soutint Errard de Brienne dans une querelle de succession qui l'opposait au comte de Champagne, au comte de Bar, à Philippe Auguste et à Frédéric II. Mathieu espéra peut-être le soutient de Thiébaud contre le candidat du roi de France et du comte de Bar et vit l'occasion de s'en prendre à Renaud.

En 1217, Renaud vint célébrer Pâques à Saint-Sauveur, passa à Senones, Moyenmoutier, Etival. Près de la Bourgonce[32], la route passait entre une colline et des fourrés. Mathieu, qui avait donc gardé des partisans dans

28 PL 216, lettre CCLIX : « …treize témoins, des abbés et des moines tant noirs que blancs et des membres du clergé séculier » (*tredecim testes, quosdam abbates, et monachos nigri et albi ordinis, et quosdam clericos saeculares*).

29 Id. : « suspect de dilapidation de biens, il fut suspendu de l'administration des choses temporelles ; et comme il était connu pour se parjurer il resta suspendu au spirituel » (*tanquam de dilapidatione suspectus, ab administratione temporalium sit suspensus, et tanquam de perjurio infamatus ab exsecutione spiritualium maneat interdictus*).

30 PL 216, lettre CXLIX. « *De* l'élection de l'évêque : Mathieu fut dépos*é* pour avoir dilapidé les biens, s'être parjuré et avoir célébré alors qu'il était suspendu » (*CAPITULO TULLENSI « De electione episcopi. Impetito dudum (Mahero) quondam vestro episcopo super dilapidatione atque perjurio et super eo etiam quod suspensus proponebatur divina officia celebrasse »*).

31 Richer de Senones, *op. cit.*, p. 286 : « Il courait tous les jours à travers les montagnes et les bois avec des chiens et des chasseurs, et surtout à Clermont, où nous avons dit plus haut qu'il avait érigé un château. Il y a une église au sommet de cette montagne, dédiée à la bienheureuse Marie-Madeleine, avec des bâtiments adaptés à la vie solitaire » (*per montes et nemora cum canibus et venatoribus cottidie discurrebat, et precipue in Claromonte, ubi eum antea diximus castrum erexisse. Habetur enim in summitate illius montis ecclesia in nomine beate Marie Magdalene constructa cum suis officinulis, solitariis apta.*)

32 Commune de Saint-Dié (Vosges).

l'entourage du nouveau prélat, eut connaissance de cet itinéraire et prépara là un guet-apens. Les voyageurs furent attaqués, l'abbé de Saint-Mansuy fut blessé et dépouillé, Renaud fut tué par un serviteur de Mathieu[33]. Ce dernier repartit en Alsace, au château de Bilstein. À la Pentecôte, le duc Thiébaud alla à Saint-Dié, voulant instruire l'affaire et se purger de l'accusation de complicité. Mathieu revint à Clarmont, espérant obtenir son pardon. En avril, le duc le rencontra près de Nompatelize[34] et dit à un de ses compagnons « percez-le de votre lance », comme celui-ci hésitait, Mathieu se jeta à genoux, implorant merci. Le duc saisit la lance et l'en transperça[35]. Il se débarrassait ainsi d'un allié maladroit et encombrant. Thiébaud obtint le pardon d'Honorius III en novembre.

Quelle est l'image de ce « mauvais évêque » ? Les griefs qui lui sont reprochés sont typiques de ce genre de procès[36]. Il est essentiellement accusé de dilapidation du temporel – au profit semble-t-il de sa famille ; cette accusation est une nouveauté liée à un désir de contrôle où Innocent III joua un rôle crucial[37]. Les critiques morales apparaissent essentiellement sous la plume de Richer de Senones, une fois Mathieu déposé. Il est accusé d'inceste avec sa fille, née d'une liaison avec un religieuse d'Épinal[38]. Enfin, la profanation de l'office divin découle de

33 Aubry de Trois-Fontaines, MGH SS XXIII, p. 906 : « Dans le diocèse de Toul cette année là un grand désastre s'est produit, car l'évêque Renaud fut tué par Mathieu, son prédécesseur, aux ides d'avril et avant la fin du mois, ce même Mathieu fut tué par son neveu, le duc Thiébaud, qui craignait qu'on ne lui demande raison du meurtre de l'évêque Renaud. Mathieu fut placé dans un cercueil et placé dans un arbre élevé » *(In Tullensi dyocesi hoc anno contigit grande malum, quod episcopus Tullensis Renaldus a predecessore suo quondam, nec dicendo episcopo Matheo interficitus. Idus Aprilis ; et antequam finiretur mensis, idem Matheus occisus est a nepote suo duce Theobaldo, ne de manu eius requireretur sanguis episcopi Renaldi. Qui Matheus positus est in scrinio et elevatus in nemore in trunco cuiusdam arboris excelse).*

34 Commune de Raon (Vosges).

35 Richer de Senones, *Gesta Senoniensis*, *op. cit.*, p. 288.

36 Théry, Julien, « *Atrocitas/Enormitas*. Esquisse pour une histoire de la catégorie d'"énormité" ou "crime énorme" du Moyen Âge à l'époque moderne », *Clio@Themis. Revue électronique d'histoire du droit*, 4, 2011 (URL : https://publications-prairial.fr/cliothemis/index.php?id=90 consulté le 05/07/2022)

37 Théry, Julien, « Excès, "affaires d'enquête" et gouvernement de l'Église (v. 1150-v. 1350). Les procédures de la papauté contre les prélats "criminels" : première approche », *Pathologie du pouvoir : vices, crimes et délits des gouvernants (Antiquité, Moyen Âge, époque moderne)*, dir. Patrick Gilli, Leyde – Boston – Tokyo, Brill, 2016, p. 164-236.

38 Richer de Senones, *Gesta Senoniensis*, *op. cit.*, p. 286 : « Lorsque son frère le duc Frederic entendit dire que son frère menait une telle vie, il vint le voir et lui demanda pourquoi il s'était déshonoré ainsi que toute sa famille, avec sa fille. Il lui dit qu'elle n'était pas sa

l'entêtement du prélat qui refuse longtemps d'admettre sa déposition. Ces crimes culminent évidemment avec le meurtre de Renaud, décrit comme le bon évêque qui parcourt comme il se doit son diocèse. Mathieu a des ennemis mais peu d'alliés, puisque sa propre famille le désavoue et l'élimine. Son corps fut ramené à Saint-Dié, son cercueil fut placé sur un arbre à côté de l'ermitage de la Madeleine puis jeté dans une fosse si l'on en croit Richer[39]. Les *Cedulae* l'évoquent comme meurtrier de son successeur Renaud donc privé, comme indigne, d'une memoria et rayé du catalogue épiscopal[40].

En conclusion on peut remarquer qu'avant le XIe siècle, les reproches des moines devant les interventions intempestives des évêques n'aboutissent à aucune véritable remise en cause ; l'évêque n'est pas ébranlé par ces critiques. À partir de la réforme grégorienne, l'idéal des réformateurs est utilisé par la papauté pour intervenir dans la vie intérieure des diocèses. Le pape doit tenir compte des positions locales, des réclamations des chanoines, de l'opposition de l'aristocratie, mais dans l'ensemble les mises en cause publiques à prétention moralisatrice qui se multiplient renforcent la papauté.

Anne WAGNER
Université de Bourgogne-Franche-Comté, Besançon

---

fille. Le duc répondit : "n'as tu pas connu sa mère ? quel peche de coucher avec la mère et la fille ! Mais lui, confondu, ne répondit rien" » (*Fridericus dux, frater eius, audisset, fratrem suum talem ducere vitam, venit ad eum et dixit ei, quare ita impudenter se ipsum et totam suam progeniem ita cum filia sua dehonestaret. Ad ille dixit, eam non esse filiam suam. Dux respondit : "Numquid matrem cognovistis ? et tam enormiter cum matre et filia vultis rein habere" ? Ille vero confusus nichil respondit*).

39 Id., p. 288 : « *ad locum quem vivens frequentaverat delatus, scilicet Clarummontem, sub tecto ecclesie beate Marie Magdalene exterius in quodam vase ligneo appensus, aliquanto tempore permansit. Tandem, ut fertur, in quadam fossa, ubi fere silvarum precipitate capi solebant, ipse prepositus precipitatus, lignis et lapidibus tectus, talem meruit sepulturam* » (« Il fut transporté à l'endroit qu'il avait fréquenté de son vivant, à savoir Clermont, et resta longtemps sous le toit de l'église de la bienheureuse Marie-Madeleine, à l'extérieur, dans un cercueil en bois. Enfin, il fut, dit-on, jeté dans un fossé où l'on avait l'habitude de jeter les bêtes sauvages capturées, couvert de bois et de pierres, un enterrement digne de lui »).

40 Calmet, *Histoire de Lorraine*, *op. cit.*, c. 180.

DEUXIÈME PARTIE

L'ESSOR DE LA PRINCIPAUTÉ TERRITORIALE ECCLÉSIASTIQUE FACE AUX POUVOIRS RÉGIONAUX (XIe-XIIIe SIÈCLE)

« CILS BASTONS QUE TU TIENS EN TA MAIN SENESTRE SENEFIE II CHOSES : VENGANCE ET MISERICORDE »

La crosse, attribut du pasteur et support de la critique (XIIe-milieu XVIe siècle)

« La crosse brisée[1] ». La formule attire l'attention. Or il s'avère que la personne physique de l'évêque peut prendre des coups, potentiellement mortels, que certains de ses attributs, tel l'anneau, peuvent être arrachés et brisés, mais que la crosse, elle, n'est pas brisée.

C'est, pour apprécier ce que représente la crosse et comprendre pourquoi elle n'est pas brisée, des sources littéraires et, plus spécialement, les quelque 900 œuvres rédigées en français, entre le Xe et les premières décennies du XVIe siècle, réunies dans le Corpus de la Littérature médiévale[2], que nous considérerons. Chansons de geste, romans, chroniques, farces, fabliaux ou autres récits allégoriques que ces bases rassemblent constituent un *corpus* à la fois représentatif de la diversité de la production littéraire française du Moyen Âge et assez large pour qu'un sondage livre des résultats significatifs et permette des comparaisons entre les différents textes.

La richesse du bâton pastoral peut lui valoir citation de la part de Christine de Pizan, dans une description des trésors d'église[3]. Elle peut aussi susciter la convoitise des agents du mauvais prince qui, note Jean Molinet, « ont pilliet, par grans effrois, chappes, orfrois d'eglise et croche et croix[4] ». L'or et l'argent du bâton ou la beauté de celui-ci

1 Soria-Audebert, Myriam, *La crosse brisée. Des évêques agressés dans une Église en conflits*, Turnhout, Brepols, 2005.

2 *Corpus de la littérature médiévale en langue d'oïl, des origines au* XVe *siècle*, Paris, Classiques Garnier, 2001.

3 Pisan, Christine de, *Le Livre de la mutacion de Fortune*, éd. Suzanne Solente, Paris, Picard, 1959-1966, 4 vol., vol. 1, p. 139.

4 Molinet, Jean, « La Ressource du petit peuple », *Les Faictz et Dictz de Jean Molinet*, éd. Noël Dupiré, Paris, Firmin-Didot puis Picard, 1936-1937, 3 vol., vol. 1, p. 137-161, p. 143.

n'ont cependant pas suscité de longs développements. Ils n'ont pas non plus alimenté des récits merveilleux ou romanesques comparables à ceux qui firent la célébrité de Durandal, de Joyeuse ou encore d'Excalibur.

« À evesques, à abez et à archevesques[5] », la crosse est citée, rapidement évoquée et ne fait guère l'objet d'une attention exceptionnelle. La place qu'elle occupe doit cependant être précisée, la crosse se révélant être l'attribut du prélat, l'insigne de sa fonction, mais aussi le support de la critique.

L'ATTRIBUT DU PRÉLAT

Dans le roman en prose *Joseph d'Arimathie*, daté des premières décennies du XIIIe siècle, le sacre de Josephé fait l'objet d'un long passage, qui vise moins à décrire la cérémonie qu'à préciser la signification des attributs remis à Josephé. Sont évoqués successivement les souliers, le rochet, l'aube, l'étole, la crosse, l'anneau et la mitre[6]. La liste est comparable à celle que l'on trouve, toujours commentée, sous la plume du Ménestrel de Reims vers 1260 et qui mentionne sandales, rochet, aube, fanon, étole, chasuble, crosse, anneau et mitre[7]. Le propos est parfois moins développé. Ainsi Jean de Meun, dans sa version du *Roman de la Rose* datée des années 1275-1280, ne cite-t-il que la chasuble, l'anneau, la crosse et la mitre qui sont remis à Genius[8]. Eustache Deschamps, un siècle plus tard, mentionne anneau, pelisse, mitre, croix et crosse dans son *Miroir de mariage*[9], mais réduit drastiquement l'énumération

5 Phelippot, « Le dit des Marchéans », *Recueil général des fabliaux des XIIIe et XIVe siècles imprimés ou inédits*, éd. Anatole de Montaiglon et Gaston Raynaud, Paris, 1872-1890, 6 vol., vol. 2, p. 123-129, p. 125.

6 « Joseph d'Arimathie », *Le Livre du Graal*, éd. Daniel Poirion et Philippe Walter, Paris, Gallimard, 2001-2009, 3 vol., vol. 1, p. 35-71, p. 71.

7 *Récits d'un ménestrel de Reims au treizième siècle*, éd. Natalis de Wailly, Paris, Renouard, 1876, p. 93-95.

8 Lorris, Guillaume de, Meun, Jean de, *Le Roman de la Rose*, éd. Félix Lecoy, Paris, Champion, 1965-1970, 3 vol., vol. 3, p. 84.

9 Deschamps, Eustache, « Le Miroir de mariage », *Œuvres complètes d'Eustache Deschamps*, éd. Gaston Raynaud et Auguste Queux de Saint-Hilaire, Paris, Firmin-Didot, 1878-1903, 11 vol., vol. 9, p. 168.

dans ses *Chançons royaulx* puisqu'il n'évoque, à propos de l'ordination des prélats, que mitre et crosse[10]. Un choix identique est retenu dans le *Miracle de l'evesque que l'arcedia le murtrit*[11], un des 40 miracles dramatiques représentés à Paris entre 1339 et 1382, ou encore dans la *Farce nouvelle d'ung mary jaloux qui veult esprouver sa femme* au milieu du XVIe siècle[12]. Le bâton pastoral ne bénéficie donc pas d'un traitement privilégié, mais il demeure cité quand le propos se fait plus laconique.

La crosse est mentionnée car elle est, avec la mitre, l'attribut qui suffit pour identifier l'évêque. Le Ménestrel de Reims, vers 1260, relate les funérailles de Philippe Auguste et décrit le tombeau du roi, « de fin or et d'argent où il est tresgeteiz comme rois ; et sont quarante-huit evesques en quatre costeiz de la tombe, enlevei et figurei comme esvesque, revestu si comme pour chanteir messe, les mitres en chiés et les croces es mains[13] ». Dans les premières années du XVIe siècle encore, dans la *Farce de Maistre Jehan Jenin*, une mère rapporte à son fils les songes qu'elle eut au moment de sa grossesse. Elle lui révèle ainsi qu'elle avait cru entendre « que l'on chantoit Peronnia a haulte voix », l'enfant en concluant qu'il avait vocation à devenir « ung gros chanoine ou ung abbé ou quelque moine ou gros cure », puis qu'au « lendemain des nopces que j'y avois mittrez et croces en mon ventre de bois », le garçon en déduisant « Je seray evesque » avant de s'imaginer cardinal quand elle lui dit s'être vue portant un grand chapeau et de rouge vêtue[14].

L'habit faisant alors le moine, la crosse fait bien l'évêque. Il ne s'agit pas cependant de réduire la crosse au rang de simple « marqueur d'identité », fonction qu'elle partagerait avec les autres attributs épiscopaux et, en particulier, avec la mitre. Dans un des *Miracles de Nostre Dame par personnages* – le *Miracle de l'evesque que l'arcedia le murtrit* déjà évoqué –, dans les décennies médianes du XIVe siècle, l'archidiacre qui

---

10 *Id.*, « On obtient tout avec de l'argent », dans « Chançons royaulx », *Ibid.*, vol. 3, p. 22-23, p. 23.

11 « Miracle de l'evesque que l'arcedia le murtrit », *Miracles de Nostre Dame par personnages*, éd. Gaston Paris et Ulysse Robert, Paris, Firmin-Didot, 1876-1897, 8 vol., vol. 1, p. 105-146, p. 126.

12 « Farce nouvelle d'ung mary jaloux qui veult esprouver sa femme », *Recueil de farces (1450-1550)*, éd. André Tissier, Genève, Droz, 1986-2000, 13 vol., vol. 9, p. 91-126, p. 98-99.

13 *Récits d'un ménestrel…*, *op. cit.*, p. 160.

14 « Farce de Maistre Jehan Jenin, vray prophete, a deux personnages », *Le recueil Trepperel*, éd. Eugénie Droz et Halina Lewicka, Genève, Droz, 1935-1961, 2 vol., vol. 2, p. 63-80, v. 220-221, 228-230 et 232.

a fait disparaître son évêque s'apprête, puisqu'il a été élu, à prendre la place du défunt : ses acolytes l'encouragent à se rendre auprès de l'archevêque qui l'« armera de touz poins, de mittre ou chief, de croce es poins[15] », mais lui se réjouit uniquement d'« avoir briefment la croce[16] ». La crosse n'est pas un attribut comme les autres. La distinction est déjà sensible sous la plume de Jean Renart, dans l'*Escoufle*, vers 1200-1202. En effet, Jean Renart, décrivant l'archevêque qui se prépare pour aller célébrer la messe, note que le prélat fut affublé d'une chasuble, coiffé d'une mitre ornée d'images et que l'évêque du lieu lui remit, enfin, la crosse[17]. L'important n'est pas, ici, la liste des attributs, mais le choix des articles. Seule la crosse bénéficie d'un article défini car elle est, plus que tous les autres et à la différence des autres, le « *sacri regiminis signum* », ainsi que la désigne déjà le Pontifical romano-germanique du Xe siècle[18].

L'INSIGNE DE LA FONCTION

Dans son *Dit de la fleur de lis*, qu'il rédige en 1338, Guillaume de Digulleville fait de la crosse le signe qui permet aux fidèles de reconnaître « les sages pasteurs, les sains et discrés conseillers, et ceux qui ont tout connu et vu des Ecritures, les chevetains de sainte eglise », mais il précise aussi la raison pour laquelle ce « signe » fut « baillé » aux évêques[19]. Il rappelle que Grâce de Dieu « fonda sa belle maison sainte Eglise », qu'elle confia à des pasteurs qui ne purent cependant pas retenir autour d'eux et ensemble leurs ouailles. Celles-ci, s'échappant follement et empruntant de mauvaises voies, furent atteintes de maladies contagieuses ou dévorées par les loups. Grâce de Dieu conseilla donc aux pasteurs déçus et mécontents de prendre des « bastons crocus » et qu'ils préparent de « bons oingnements ». Avec les crosses, dit Grâce de

15 « Miracle de l'evesque… », *op. cit.*, p. 126.

16 *Ibid.*, p. 116.

17 Renart, Jean, *L'Escoufle, roman d'aventure*, éd. Franklin F. Sweetser, Genève, Droz, 1974, v. 202-224.

18 *Le Pontifical romano-germanique*, éd. Cyrille Vogel et Reinhard Elze, Rome, Biblioteca apostolica vaticana, 1963-1972, 3 vol., vol. 1, p. 222.

19 Digulleville, Guillaume de, *Le Dit de la Fleur de Lis*, éd. Frédéric Duval, Paris, Bibliothèque de l'École des Chartes, 2014, v. 827-831 et v. 834.

Dieu, « les lointaines acrocherés et prés de vous les ramerrés, et rassemblerés les disperses en eulz ostant des voies perversez », puis vous leur dispenserez le « medicinable oignement » pour qu'elles puissent, après avoir été rassemblées, être guéries[20].

Le propos du cistercien de Chaalis n'est pas totalement original. Nombre de commentaires latins sur les crosses, laissés par *Honorius Augustodunensis*[21], Hugues de Saint-Victor[22], Innocent III[23] ou encore l'évêque de Mende Guillaume Durand[24], mais aussi plusieurs inscriptions gravées sur les crosses rappellent, aux XIIe-XIIIe siècles, que la partie supérieure du bâton, courbe, doit servir à tirer, attirer les « gentils », les « placides », à réunir, rassembler ceux qui vagabondent. Ainsi la crosse de Bernward, évêque d'Hildesheim en 993, rappelle-t-elle « rassemble par le haut, gouverne par le milieu, frappe par la pointe » (« *Collige per summum, medio rege, punge per primum* »), celle de son successeur, Godehard, élu en 1022, « Maîtrise les opposants, gouverne les fidèles, rassemble les égarés » (« *Sterne resistentes, stantes rege, tolle jacentes* ») et celle d'Othon Ier, offerte par le chapitre d'Hildesheim en 1274, « Rassemble, nourris, aiguillonne : errant, faible, lent ; attire par le premier, gouvene par le milieu, frappe par la pointe ; Nourris le troupeau, guide, enseigne, garde, corrige » (« *Collige, sustenta, stimula : vaga, morbida, lenta : Attrahe per primum, medio rege, punge per imum ; Pasce gregem, norme, doce, serva, corrige forma* »). Les inscriptions des crosses de Richard de Gerberoy, évêque d'Amiens au début du XIIIe siècle, et de Michel de Corbeil, archevêque de Sens, mort quelques années plus tôt, ne livrent pas un discours différent[25]. La mission épiscopale, dans le royaume franc, comme dans l'Empire, demeure la même.

Digulleville se distingue néanmoins par l'attention qu'il porte à la seule partie supérieure de la crosse, au crosseron et, juste en-dessous de celui-ci, à la boîte qui contient le « *medicinable oingnement* » et qui a été,

---

20 *Ibid.*, v. 740-792.

21 Honorius Augustodunensis, *Gemma animæ*, lib. I, cap. 230, PL 172, col. 541-737, col. 610-611.

22 Saint-Victor, Hugues de, *De sacramentis christianæ fidei*, lib. II, cap. 15, *PL* 176, col. 173-618, col. 438.

23 Innocent III, *De sacro altaris mysterio libri sex*, l. I, c. 62, PL 217, col. 763-916, col. 796.

24 Durand, Guillaume, *Rationale divinorum officiorum I-IV*, éd. Anselme Davril et Timothy Thibodeau, Turnhout, Brepols, 1995, l. III, c. 15, p. 215.

25 Favreau, Robert, « L'épigraphie comme source pour la liturgie », *Études d'épigraphie médiévale*, Limoges, Pulim, 1995, 2 vol., vol. 1, p. 385-446, p. 440 *sq.* pour les inscriptions sur les crosses.

sur la suggestion de Raison, intégrée au bâton, entre la partie supérieure, recourbée, et le fût[26]. De ce dernier, comme de la partie inférieure, systématiquement mentionnés dans les commentaires sur les crosses et toujours évoqués quand il s'agit, sur le bâton épiscopal, de rappeler sa mission au prélat, il ne dit rien.

Le discours de Digulleville diffère largement de ceux développés au XIIIe siècle dans *Joseph d'Arimathie* et par le Ménestrel de Reims, qui rappellent, l'un et l'autre, que l'évêque doit recourir autant à la vengeance qu'à la miséricorde. Dans le roman, il est souligné que le prélat doit avant tout accueillir le pécheur, l'inviter à la confession et l'amener à avouer ses péchés « pour l'honneur de Dieu et la honte du diable », mais qu'il doit ensuite – et la partie inférieure du bâton le rappelle – poindre le pécheur, le charger d'un grand fardeau de pénitence afin qu'il expie dans la tristesse ce qu'il a commis dans la joie[27]. Le propos est, quelques décennies plus tard, nettement infléchi. Le Ménestrel de Reims précise bien que l'évêque doit attirer les pécheurs, qu'il doit le faire tant par sa prédication que par son bon exemple, et qu'il doit faire preuve à leur endroit de miséricorde et, donc, alléger sa pénitence afin qu'ils ne sombrent pas dans le désespoir, même s'il faut se garder – la pointe le rappelle – de négliger la pénitence et d'en acquitter le pécheur car s'il en était dispensé, celui-ci ne manquerait pas de pécher à nouveau[28]. La miséricorde ne justifie plus et ne motive plus l'accueil réservé au pécheur. Elle encourage la modération des peines demandées au fidèle ayant avoué ses péchés.

Les deux textes attirent l'attention sur ce que les historiens ont longtemps ignoré ou évoqué très rapidement, focalisés qu'ils étaient sur l'importance du repentir et la pénibilité de l'aveu : les peines de satisfaction[29]. S'il s'agit, dans *Joseph d'Arimathie*, d'en demander peut-être plus que pas assez pour garantir une purgation complète, il convient, au contraire, pour le Rémois, de faire preuve de modération. Si la pénitence

26 Digulleville, Guillaume de, *Le Dit de la Fleur de Lis*, *op. cit.*, v. 854-868.

27 « Joseph d'Arimathie », *op. cit.*, p. 74.

28 *Récits d'un ménestrel…*, *op. cit.*, p. 95.

29 Vincent, Catherine, « Pastorale de la honte et pastorale de la grâce en Occident entre le XIIe et le XVe siècle », *Shame between Punishment and Penance*, dir. Bénédicte Sère et Jörg Wettlaufer, Florence, SISMEL-Ed. del Galluzzo, 2013, p. 157-175, p. 161-164 ; *Ead.*, « La pastorale de la pénitence du IVe concile du Latran : relecture des canons 21, 60 et 62 », *The Fourth Lateran Council, Institutional Reform and Spiritual Renewal*, dir. Gert Melville et Johannes Helmrath, Affalterbach, Didymos Verlag, 2017, p. 143-151.

est indispensable et doit être assez importante ou difficile pour décourager toute récidive, elle doit être mesurée. Le discours rejoint celui des manuels de confesseurs et de la législation synodale, qui invitent à modérer les peines pour « ne pas persister dans les excès de la pénitence tarifée[30] ».

LE SUPPORT DE LA CRITIQUE

La critique aurait pu porter sur les excès de la pénitence exigée. Tel n'est pas le cas. Peut-être est-ce parce qu'étaient offerts d'autres moyens, comme les indulgences, pour remplacer tout ou au moins partie des peines de satisfaction dont on sait qu'elles pouvaient être sources de honte dans la société marquée par l'honneur qu'est la société médiévale[31].

La première critique, sans être la plus fréquente, ni la plus importante, porte sur l'incompétence et, plus spécialement, sur l'inculture de certains prélats. Henri Baude, à la fin du XVe siècle, fait dire à un âne mitré et crossé sortant de la trompe de Faveur « Je ne suis pas encore du tout né, ne sorti de la trompe Faveur ; Et si ne say pas le Domine me, car norry suis de chardons sans saveur ; Mais Fortune, où rien n'y a de seur. Si m'a soufflé en ung bon évesché. Qui est ami de Faveur, frère ou seur, n'est pas bien, sans riens savoir prescher[32] ? ». Eustache Deschamps, un siècle plus tôt, affirme que « qui veult fort latin parler ne doit pas a la court aller », mais précise aussi que « mieulx vault a court que fort latin au temps du pappe Célestin[33] ».

Avec l'incurie, ce peut être aussi, comme dans le *Miracle de l'evesque que l'arcedia le murtrit*, dans les années 1339-1382, la motivation, évidemment mauvaise, qui se voit révélée et critiquée. L'archidiacre qui a fait disparaître son évêque se réjouit d'« avoir briefment la croce » car il sera « de la haulte boce a ceste foiz[34] ». C'est, plus que le pouvoir et l'autorité que manifeste la crosse, la situation sociale qui importe.

30 *Ead.*, « La pastorale de la pénitence… », *op. cit.*

31 *Ead.*, « Pastorale de la honte… », *op. cit.*, p. 164-173.

32 *Les vers de maître Henri Baude*, éd. Jules-Étienne Quicherat, Paris, A. Aubry, 1856, p. 106.

33 Deschamps, Eustache, « Le Miroir de mariage », *op. cit.*, p. 168.

34 « Miracle de l'evesque… », *op. cit.*, p. 116.

Mais surtout, avec l'incurie et au-delà d'elle, ce sont, sans surprise, les conditions d'accession à la charge qui sont dénoncées. Eustache Deschamps poursuit en disant que « dignes sont d'avoir annel et peliçon, mitre, croix et crosse en ses bras qui se scet aidier de do das[35] », note encore que « pour ce que qui de *do das* sert une grant eveschié dessert[36] ». Le « *do das* », « je donne, tu donnes », vise la simonie, dénoncée plus explicitement par Eustache Deschamps dans son « On obtient tout avec de l'argent » : « Argent monte de l'us en sol ceuls qui bas et povres estoient, soit par leurs sens ou par leur dol, et pluseurs chascun jour le voient ; à Romme, a Advignon envoient, mitre et croce ont s'ilz font present[37] ». Le propos est clair. Il n'épargne aucune des obédiences et il perdure. Dans la *Farce nouvelle d'ung mary jaloux qui veult esprouver sa femme*, dans les dernières décennies du XVe siècle, à Colinet qui lui dit « J'ay bonne main pour tenir croce et teste assez pour porter mittre, il ne reste plus que le tiltre », sa tante répond « plus mittre ne croce on ne baille a nully sans couster grant somme ; austre estat vous fault prendre en somme cestuy la ne vous est point propice[38] ».

La critique n'est pas originale. La simonie est le serpent de mer de l'histoire de l'Église et le serpent, en l'occurrence, est ancien. Guillaume de Digulleville, qui dénonce également la simonie, remonte aux origines du phénomène. Il note « Mes le croc li donna Simon de la lettre premeraine de son non et chevetaine » puis précise « De ce crochet et ce Simon, ceste main Simonie a non. C'est une main qui entroduit en la meson de Jhesucrist par fausses breches et pertuis les larrons sans entrer par l'uis, et quant dedens les a menez et de son croc acrochetez, de son crochet croces leur fait et pasteurs des brebis les fait[39] ». Mais, à la différence d'Eustache Deschamps, d'Henri Baude et autres anonymes dont nous connaissons farces ou fabliaux, Guillaume de Digulleville ne se contente pas d'étymologie. Il ne critique pas non plus le seul achat de charges. Il dénonce aussi, voire surtout, la vente des grâces. La singularité de son propos s'explique, il nous semble, par

35 Deschamps, Eustache, « Le Miroir de mariage », *op. cit.*, p. 168.
36 *Ibid.*
37 Deschamps, Eustache, « On obtient tout avec de l'argent », *op. cit.*, p. 23.
38 « Farce nouvelle… », p. 98-99.
39 Digulleville, Guillaume de, *Le Pèlerinage de vie humaine*, éd. Johann-Jakob Stürzinger, Londres, Nichols and sons, 1893, v. 9822-9824 et 9831-9840.

l'importance qu'il accorde, dans son œuvre, au rôle de pasteur, mais aussi, précisément, de dispensateur des grâces qu'est encore celui de l'évêque. Soulignant, en particulier, l'importance de la confession et de la pénitence[40], il se révèle sensible au mauvais exercice de la fonction épiscopale. Cet exercice dévoyé de la fonction épiscopale et pastorale, il le dénonce avec force et clarté. Il use, à cette fin, d'un jeu de mot, faisant de la crosse une croche pour condamner ceux qui « de leur croches par force eslochent Grace de Dieu et la descrochent du throne de sa roiaute par don de temporalite » et font commerce de la « grâce de Dieu », s'en faisant « une heure acheteurs et l'autre foys vendeurs[41] ». Il souligne également le courroux de Grâce de Dieu, dont il a affirmé la valeur et l'importance par ailleurs, « quar bien li semble que pou est prisiee, quant est engagiée pour si pou de chose et bailliee[42] ». Jean Molinet, plus d'un siècle plus tard, dénonce encore ces « pasteurs portant croche au lieu de houlette[43] » : le mal, faute d'être nouveau, caractéristique d'un lieu ou d'un temps, semblerait quasi-incurable, la critique tendant à devenir, même fondée, un *topos*.

Le propos, fondé sur des sources littéraires, est éloigné de la réalité la plus concrète, voire la plus brutale. Point d'évêque molesté. Point d'évêque nominalement mis en cause. Auteurs et œuvres sont divers, mais les constats rejoignent les conclusions de Myriam Soria. L'évêque, dans la littérature, peut être critiqué, mais il n'y a pas contestation de l'institution, dont l'utilité n'est en aucun cas mise en cause. Il n'y a pas non plus négation du pouvoir de lier et de délier dont le prélat est détenteur. La crosse résume volontiers le ministère épiscopal et peut, pour cela, ne pas avoir été brisée, la critique ne portant pas sur ce qu'elle représente. Le bâton pastoral n'en reste pas moins le seul attribut dont la description, l'analyse et le commentaire peuvent se faire acerbes. Considérée comme un crochet, la crosse sert à la dénonciation de la simonie. La critique n'est ni neuve, ni originale. Elle est ancienne. Elle

40 Vincent, Catherine, « *Nova et vetera* : *Le Pèlerinage de l'âme* de Guillaume de Digulleville et les pratiques religieuses du temps », *Le Pèlerinage de l'âme de Guillaume de Digulleville (1355-1358). Regards croisés*, dir. Marie Bassano, Esther Dehoux et Catherine Vincent, Turnhout, Brepols, 2014, p. 101-112, p. 103-106 ; Dehoux, Esther, « Des saints au tribunal. Juges et experts à la cour du paradis », *Ibid.*, p. 185-198, p. 193-194.

41 Digulleville, Guillaume de, *Le Pèlerinage de vie humaine*, *op. cit.*, v. 9845-9850.

42 *Ibid.*, v. 9853-9856.

43 Molinet, Jean, « Le Bergier sans solas », *Les Faictz et Dictz…*, *op. cit.*, vol. 1, p. 209-224, p. 219.

serait bien aussi universelle. Elle porte, ici, sur les modalités d'accession à la charge et sur le mauvais exercice du ministère pastoral.

On notera alors, pour terminer, qu'au prélat confronté à des ouailles peu dociles, voire contestataires, *Honorius Augustodunensis* et, après lui, en reprenant les mêmes formules, Guillaume Durand conseillent de regarder non la pointe de son bâton, mais son crosseron, de considérer sa forme arrondie, afin qu'il se souvienne de la miséricorde et que la colère, provoquée par la faute du troupeau, ne l'emporte pas dans l'esprit du pasteur ou, dit Guillaume Durand, qu'elle ne trouble pas les yeux de l'intelligence[44].

Esther Dehoux
Université de Lille ; CNRS, UMR 8529 – IRHiS

44 Honorius Augustodunensis, *Gemma animæ*, *op. cit.*, col. 611 ; Durand, Guillaume, *Rationale divinorum officiorum…*, *op. cit.*, p. 215.

LA FORMATION DE L'IMAGE DE L'ÉVÊQUE INDIGNE ENTRE DOMINATIONS LOCALE ET GLOBALE

Renaud de Bar, évêque de Metz (1302-1316), Clément V, Henri VII, Metz et les comtes de Bar

Le 29 avril 1308[1], l'ensemble du clergé de Metz s'adresse dans une longue lettre à son évêque, Renaud de Bar, pour manifester de nombreux griefs à son égard[2]. Les termes choisis sont on ne peut plus clairs, puisque ces accusations portent « *super manifestis negligentiis, injuriis, dilapidationibus, oppressionibus, gravaminibus et offensiisi* », expressions qui ne reviennent pas moins de quatre fois dans la première partie de la lettre et qui sont précisées dans la suite[3]. Nous ignorons quel fut l'effet produit sur l'évêque par cette impressionnante liste de 32 griefs, mais il est certain qu'elle a marqué l'historiographie de l'Église de Metz. Dans sa thèse de l'École des chartes de 1954, Michèle Depoux oppose les deux évêques issus de la Maison de Bar, Étienne (1120-1162), fondateur de la principauté épiscopale, à Renaud, son liquidateur, un siècle et demi

1 Pour leur précieux soutiens et apports à la finalisation de cette contribution, je tiens à remercier Hérold Pettiau et Timothy Salemme, maîtres-assistants à l'Université du Luxembourg, ainsi que pour la bibliographie Pierre-Édouard Wagner, conservateur en chef honoraire aux Bibliothèques-Médiathèques de Metz, et Jean-Daniel Mougeot, doctorant à l'Université de Lorraine (CRULH).

2 BNF NAF 22679 (Collection Emmery, Metz), n° 36, scellée de douze sceaux du clergé séculier et régulier, éd. François, Jean – Tabouillot, Nicolas, *Histoire générale de Metz par des religieux bénédictins de la Congrégation de S. Vanne* (= HBM). *Preuves de l'histoire de Metz*, t. II, Nancy, Háner, 1781, p. 290-296. Voir Sauerland, Heinrich Volbert, « Geschichte des Metzer Bistums während des 14. Jahrhunderts », *Jahrbuch der Gesellschaft für lothringische Geschichte und Altertumskunde*, 6, 1894, p. 119-176 (ici p. 141-146), et Pundt, Marianne, *Metz und Trier. Vergleichende Studien zu den städtischen Führungsgruppen vom 12. bis zum 14. Jahrhundert*, Mayence, von Zabern, 1997 (Trierer Historische Forschungen, t. 38), p. 476 et note 115. Voir ci-dessous, p. 104-107 note 60-63.

3 HBM, Preuves, *op. cit.*, p. 290-291. Ces répétitions s'expliquent par la mention des monitions récurrrentes présentées à l'évêque de Metz qui utilisent la même formulation des excès de Renaud de Bar que le texte de la lettre du 29 avril 1308.

plus tard[4]. En 1970, dans l'histoire du diocèse de Metz, Michel Parisse décrit le déclin de la vie religieuse à Metz et brosse un portrait très noir de Renaud de Bar : « Le climat se détériorait ainsi de jour en jour quand Renaud de Bar assuma la charge épiscopale. Il se révéla… seigneur des hommes plus que pasteur des âmes[5] ».

Renaud de Bar, évêque « indigne[6] », menant une « politique désastreuse » entraînant « une période de déclin prononcé[7] » ? Sa fin semble en tout cas l'indiquer, puisque son épiscopat se termine, toujours d'après Michel Parisse, « dans la confusion[8] ». Renaud aurait en effet été empoisonné, en 1316, au monastère de Saint-Vincent[9]. À y regarder de plus près, un jugement aussi sévère ponctué par une punition divine ne trouve pas tout à fait sa confirmation dans l'historiographie ancienne. Ainsi dans le chapitre dédié à Renaud de Bar de sa Chronique rédigée peu avant 1525, le mercier messin Philippe de Vigneulles prétend que celui-ci « gouverna l'éveschié moult paisiblement[10] ». Un siècle plus tard, en 1634, le Cordelier Martin Meurisse, suffragant de l'évêché de Metz fortement engagé dans la Contre-Réforme, note dans son *Histoire des evesques de l'Église de Metz* que « nos historiens remarquent que

4 Depoux, Michèle, *La seigneurie épiscopale de Metz, ses variantes territoriales de 962 à 1415*, Thèse de l'école nationale des Chartes, Paris, 1954, p. 590-592 (p. 544-591 pour l'épiscopat de Renaud de Bar).

5 Parisse, Michel, « L'apogée médiéval de la principauté et du diocèse (1120-1383) », *Le diocèse de Metz*, dir. Henri Tribout de Morembert, Paris, Letouzey & Ané, 1970 (Histoire des diocèses de France), p. 47-67 (ici, p. 57).

6 Depoux, *La seigneurie épiscopale de Metz*, *op. cit.*, p. 590 : « à ce chef indigne, les sujets comme le clergé du diocèse, jugent ne plus devoir obéir ».

7 Hari Arnaud, *Écrire l'histoire des évêques de Metz au Moyen Âge : les « Gesta episcoporum messins » de la fin du* VIII*e* *siècle à la fin du* XIV*e* *siècle*, thèse de doctorat, Univesité de Metz, 2 vols, Metz, 2009-2010, vol. 2, p. 586-594 (ici p. 586).

8 Parisse, « L'apogée médiéval », *loc. cit.*, p. 58. Voir aussi le portrait très défavorable de ce qui reste l'étude la plus fouillée sur Renaud de Bar : Sauerland, « Geschichte des Metzer Bistums », *op. cit.*, p. 147.

9 Parisse, « L'apogée médiéval », *loc. cit.*, p. 58, Sauerland, « Geschichte des Metzer Bistums », *op. cit.*, p 139, rejette la rumeur de l'empoisonnement comme stéréotype.

10 Philippe de Vigneulles, Chronique, éd. Charles Bruneau, *La chronique de Philippe de Vigneulles*, Société d'histoire et d'archéologie de la Lorraine, 1927-1933, 4 t., t. 1, p. 362. Huguenin, Jean-François, *Les Chroniques de la ville de Metz, recueillies, mises en ordre et publiées, pour la première fois*, Metz, Lamort, 1838, p. 36. Voir sur cette chronique, Demarolle, Pierre, *La Chronique de Philippe de Vigneulles et la mémoire de Metz*, Caen, Paradigme, 1993, et Id., « La *Chronique* de Philippe de Vigneulles : une écriture émancipée ? », *Écrire l'histoire à Metz au Moyen Âge*, éd. Mireille Chazan et Gérard Nauroy, Bern (et al.), Peter Lang, 2011 (Recherches en littérature et spiritualité, 20), p. 241-250.

pendant ceste administration & tutelle (= la tutelle du jeune comte de Bar Edouard Ier et le gouvernement du comté de Bar) il (= Renaud) conservoit tousiours un si grand zele pour le bien de son Evesché, qu'il sembloit qu'il ne fut ny chargé ny touché d'autres soings[11] ». Quelques lignes plus loin, il admet cependant certaines difficultés de l'épiscopat de Renaud : « Sa naissance, ses qualitez eminentes, & les rares vertus dont il estoit enrichy n'arresterent point le cours de tout plein de disgraces dont sa seance fut agitée & traversée[12] ».

Il faut évidemment lire ces apparentes contradictions dans le jugement des historiens des Temps modernes dans leur contexte historique respectif. Cette « déconstruction », qu'on pourrait poursuivre jusqu'à l'étude des appréciations des historiens de notre époque, ne sera cependant pas l'objectif de notre étude. Celle-ci portera plutôt sur la formation de l'image négative de l'épiscopat de Renaud de Bar au Moyen Âge, donc à l'époque même de l'évêque messin. Si les sources de cette représentation sont bien connues, leur étude mérite pourtant un complément. D'abord parce qu'elles ont été essentiellement abordées pour leur contenu, donc les aspects de gouvernement pastoral et territorial de l'évêque et du prince ecclésiastique. Ensuite parce que, issue de l'historiographie messine ou placées dans le cadre thématique de l'histoire de la ville et du diocèse de Metz, elles sont forcément très portées sur le contexte urbain ou régional messin[13]. Notre approche sera différente en ces deux points. Pour le premier, l'objectif de cerner la « construction » d'une image nous mènera à considérer davantage les contextes, les auteurs

11 Meurisse, Martin, *Histoire des evesques de l'Eglise de Metz*, Metz, Jean Anthoine, 1634, p. 488.

12 *Ibid.*, p. 488.

13 Citons, parmi les plus importantes, les études de Nicolas, Auguste, « Notice sur Renaud de Bar, 66e évêque de Metz », Mémoires de la Société des Lettres, sciences et arts de Bar-le-Duc, 4, 1874, p. 113-118 ; Sauerland, *op. cit.*, p. 119-176 ; Depoux, *La seigneurie épiscopale de Metz*, *op. cit.* ; Parisse, « L'apogée médiéval », *loc. cit.* ; McCurry, Charles, *Urban society and the Church : Medieval Metz, ca. 1200-1378*, Berkeley, 1985 (rev. et éd. par Thomas N. Bisson à partir d'un brouillon de thèse de doctorat à l'Université de Yale après la mort de l'auteur ; typoscript mis à ma disposition par Pierre-Édouard Wagner) ; Pundt, *Metz und Trier*, *op. cit.* ; Minn, Gisela, *Kathedralstadt und Benediktinerkloster : Die Abtei St. Vinzenz und die Stadt Metz im Mittelalter*, Trèves, 2002 (Trierer historische Forschungen, t. 45), p. 118-123, 155-156 ; Hari, *Écrire l'histoire*, *op. cit.* Je n'ai pas pu me procurer : McCurry, Charles, « *Utilia Metensia* : Local benefices for the Papal Curia, 1212-1370 », *Law, Church and society. Essays in honor of Stephan Kuttner*, éd. Kenneth Pennington – Robert Somerville, Université de Pennsylvanie, 1977, p. 311-323.

et les mécanismes de cette élaboration. Pour le second ensuite, nous essayerons de placer l'histoire messine de la formation de cette image négative, ses origines et ses conséquences dans une échelle plus large : celle de la lutte d'influence entre pouvoirs territoriaux établis entre Meuse et Moselle, mais aussi entre France, Empire et papauté fortement impliqués dans cette région.

En fin de compte, plutôt que de soumettre les accusations portées contre Renaud de Bar à vérification, ce qui s'avère toujours très difficile comme le montrent les jugements divers des historiens[14], il s'agira de mesurer l'impact – ou ses limites – que ces représentations ont eues sur les relations de pouvoir entre l'évêque et la ville ainsi que le clergé, mais aussi sur celles entre la Maison comtale de Bar et les pouvoirs supérieurs à une échelle « suprarégionale ». Sans nier le poids des différentes actions du gouvernement pastoral et territorial de l'évêque, nous aimerions y ajouter la dimension de la formation et de l'usage de l'image de l'évêque. Dans le cas de l'évêque Renaud de Bar, cette approche culturelle du politique nous semble d'autant plus justifiée qu'en opposition à sa représentation comme évêque indigne et hautement contesté, il y a celle, dans le domaine artistique, d'un amateur et commanditaire de manuscrits liturgiques de qualité exceptionnelle[15]. Par ailleurs, dans le cas des accusations contre Renaud de Bar portées devant la Curie pontificale, la réaction modérée de Clément V doit être expliquée, étant donné qu'elle aboutit à une sorte de « réhabilitation » de l'évêque qui avait pourtant été accusé de tous les « excès[16] ». Dans ce

14 Par opposition à Parisse, « L'apogée médiéval », *op. cit.*, p. 57-58, Sauerland, « Geschichte des Metzer Bistums », *op. cit.*, p. 141-142, souligne la partialité des accusations, tout comme Hari, Écrire l'histoire, *op. cit.*, p. 590-591, qui dispose de bons arguments pour se montrer encore plus critique.

15 Voir Stones, Allison, « Les manuscrits de Renaud de Bar et leur influence stylistique », *Écrire et peindre au Moyen Âge. L'écrit et le livre peint en Lorraine*, de Saint-Mihiel à Verdun (*IXe-XVe siècles*). *Actes du colloque de Saint-Mihiel*, dir. Anne-Orange Poilpré avec la coll. de Marianne Besseyre, Turnhout, Brepols, 2014 Culture et société médiévales, t. 27), p. 269-310, et plus récemment : Davenport, Kay, *The Bar Books. Manuscripts for Renaud de Bar, Bishop of Metz (1303-1316)*, Turnhout, Brepols, 2017 (Manuscripta Illuminata, t. 2).

16 Voir Théry-Astruc, Julien, « "Excès" des prélats et gouvernement de l'Église au temps de la monarchie pontificale (vers 1150-vers 1350) : "dilapidation", "simonie", "incontinence", "dissolution" », *Annuaire de l'EHESS. Comptes rendus des cours et conférence 2010-2011*, Paris, EHESS, 2012, p. 621-623, et Id., « "Excès" et "affaires d'enquête". Les procédures criminelles de la papauté contre les prélats, de la mi-XIIe à la mi-XIVe siècle. Première approche », *La pathologie du pouvoir. Vices, crimes et délits des gouvernants*, dir. Patrick Gilli, Leyde – Boston – Tokyo, Brill, 2016 (Studies in medieval and reformation traditions,

sens, notre démarche suivra trois étapes : les causes du conflit opposant l'évêque à la ville et le clergé de Metz (I), l'image de l'évêque contesté qui en résulte et les mécanismes de sa construction (II) et l'analyse de la réaction du pape et de ses motivations qui aboutit au maintien de Renaud de Bar à Metz (III).

L'ÉVÊQUE, PRINCE TERRITORIAL
La politique des comtes de Bar entre France, papauté et Angleterre

Rappelons rapidement le contexte de l'accession de Renaud à la dignité épiscopale[17]. À la suite du décès de l'évêque Gérard de Reninghe (25 janvier 1302), Renaud de Bar, princier du chapitre cathédral de Metz, prévôt de Sainte-Madeleine de Verdun, détenteur d'une douzaine de prébendes dans l'espace du Nord et de l'Est du royaume de France ainsi que dans l'ancienne Lotharingie, est élu par le chapitre-cathédral en septembre 1302. Néanmoins, le pape Boniface VIII se réserve pour lui-même le droit de pourvoir le siège épiscopal en question et entend bien montrer sa suprématie par rapport aux intérêts locaux et à la politique des membres du chapitre cathédral. Il prend soin de ratifier lui-même cette élection le 19 septembre de la même année – ce qui lui permet d'exiger du nouvel élu les services communs et les services menus, les actes mentionnent un total de 8000 florins d'or[18]. Renaud

---

t. 198), p. 164-236. Il est vrai que le nombre de procès diligentés par le pape Clément V est en net recul par rapport à ses prédécesseurs (un peu moins de quatre procès par an). Quelques cas bien étudiés tombent cependant dans les années 1307-1308 (Guichard, évêque de Troyes ; Bernard de Castanet, évêque d'Albi).

17 Sur Metz à l'époque de Renaud de Bar, voir toujours et encore : Schneider, Jean, *La ville de Metz aux XIIIe et XIVe siècles*, Nancy, Georges Thomas, 1950. À compléter éventuellement par Roemer, Florent, *Les institutions de la République Messine*, Metz, Éditions La Serpenoise, 2007, et certainement par les dissertations de Pundt, *Metz und Trier*, *op. cit.*, et Minn, *Kathedralstadt und Benediktinerkloster*, *op. cit.*

18 Sauerland Heinrich Volbert, *Vatikanische Urkunden und Regesten zur Geschichte Lothringens. Erste Abteilung. Vom Anfange des Pontifikats Bonifaz VIII. bis zum Ende des Pontifikats Benedikts XII. (24. Dezember 1294 – 25. April 1342)*, Metz, G. Scibra, 1901 (Quellen zur Lothringischen Geschichte, t. I), t. I, n° 66 du 19 septembre 1302, p. 47-48, n° 67

prend possession de son siège cathédral en novembre 1302[19] ; il est sacré entre février 1303 et février 1304[20].

Renaud est issu de la famille comtale des princes territoriaux de Bar, famille moins remarquée par les historiens que son prestigieux voisin des ducs de Lorraine, mais qui mérite une attention spéciale quant à son rôle politique « international » au début du XIVe siècle[21]. La situation de ses terres à cheval sur le cours supérieur de la Meuse, donc des deux côtés de la frontière entre le royaume de France et l'Empire oblige les comtes de Bar à se positionner par rapport aux grandes puissances qui s'affrontent dans les jeux de pouvoirs entre France, Angleterre et Empire, mais aussi la papauté[22]. La dimension

du 28 décembre 1302, page 49, et n° 69 du 26 janvier 1303, p. 51). Pour comparaison, son frère Thiébaut dut payer 6000 florins d'or comme services pour l'accession au siège épiscopal de Liège.

19 Parisse, « L'apogée médiéval », *op. cit.*, p. 57 et Sauerland, *Bischof Rainald*, *op. cit.*, p. 130.

20 Sauerland, *Vatikanische Urkunden*, *op. cit.*, n°s 74 du 9 février 1303 (*electus Mettensis*) et 91 du 4 février 1304 (*Dei gratia Mettensis episcopus*), p. 53 et 63-64.

21 Voir Margue, Michel, « Les vœux sur les oiseaux : fortune littéraire d'un rite de cour – usages politiques d'un motif littéraire », *Les 'Vœux du paon' de Jacques de Longuyon : originalité et rayonnement*, dir. Catherine Gaullier-Bougassas, Paris, Klincksieck, 2011, p. 255-289 (ici : p. 268-279). Sur la famille de Bar en général, voir Grosdidier de Matons, Marcel, *Les Institutions du Comté de Bar aux XIe, XIIe et XIIIe siècles*, Bar-le-Duc, Contant-Laguerre, 1922 ; Id., *Le Comté de Bar, des origines au Traité de Bruges (vers 950-1301)* ; Paris, Picard, 1922 ; Bichelonne, Françoise, *Édouard Ier, comte de Bar, 1302-1336, et le redressement du comté*, thèse de l'École des chartes, vol. 1-2, Paris 1962 (ici vol. 1, p. 1-30) ; Collin, Hubert, « Le train de vie d'édouard Ier, comte de Bar (1302-1336 »), *Bulletin philologique et historique du comité des travaux historiques et scientifiques*, 1969, Paris, Bibliothèque Nationale, 1972, p. 793-817 ; Poull, Georges, *La Maison souveraine et ducale de Bar*, Nancy, Presses Universitaires de Nancy, 1994 ; Bouyer, Mathias, « Le prince de Bar face au roi de France au XIVe siècle : l'équilibre entre fidélite et affirmation du pouvoir princier », *La Lorraine et la France du Moyen Âge à nos jours : relations, différences et convergences*, Actes du colloque tenu les 13 et 14 octobre 2011 au Conseil Régional de Lorraine, éd. François Roth, Moyenmoutier, edhisto, 2012, p. 11-26 ; Id., *La principauté barroise (1301-1420). L'émergence d'un état dans l'espace lorrain*, Paris, L'Harmattan, 2014, ainsi que les travaux cités ci-dessous en p. 95-96 notes 24 et 26-29.

22 Il manque une bonne synthèse générale sur cette période précédant la guerre de Cent ans, dépassant les frontières de l'historiographie nationale et tenant compte aussi de la politique des puissances régionales au-delà de celle des rois et empereur. Le projet louable d'une analyse transversale de l'année 1308 n'aborde pratiquement pas le sujet ici évoqué : *1308 : Eine Topographie historischer Gleichzeitigkeit*, éd. Andreas Speer et David Wirmer, Berlin – New York, De Gruyter, 2010 (Miscellanea Mediaevalia 35). Voir toutefois la vue large de Jäschke, Kurt-Ulrich, *Europa und das römisch-deutsche Reich um 1300*, Stuttgart – Berlin – Köln, Kohlhammer, 1999.

suprarégionale du champ d'influence des comtes de Bar se manifeste surtout par les liens étroits que ces derniers entretiennent avec la papauté et le roi d'Angleterre[23].

Au tout début du XIVe siècle, les Bar subissent un revers notable lorsque, à la suite d'une défaite militaire, le comte Henri III (1291-1302) doit reconnaître le roi de France comme seigneur-lige pour ses alleux situés à l'ouest de la Meuse, désormais connu sous l'appellation de Barrois mouvant (du roi de France)[24]. Par les dispositions improprement qualifiées de « traité de Bruges » (4 juin 1301), Philippe le Bel impose ainsi au comte de Bar son contrepoids face au roi des Romains et à son alliance anglaise. Le roi de France oblige aussi Henri III à partir en croisade vers l'île de Chypre. En attendant, le comte de Bar part en 1301 avec Charles de Valois en Italie du Sud, où il se bat du côté des Anjou et décède à Naples en septembre 1302[25] – un choc pour la famille de Bar qui, à l'image des Luxembourg après la bataille de Worringen (1288) – laisse un successeur, Édouard Ier, en âge de minorité.

Forte de l'appui du roi de France ou, si l'on veut, sous l'influence de celui-ci, la Maison de Bar ne mit pourtant pas longtemps à se dégager de cette crise. Et c'est dans ce contexte qu'il faut considérer l'accession de Renaud de Bar à l'évêché de Metz et les premières années de son épiscopat. Dans un premier temps, Jean et Renaud, les frères aînés du défunt comte Henri évincèrent les gardiens du comté que leur père avait institués par testament et que le roi d'Angleterre avait pris sous son

23 Éléonore, fille du roi d'Angleterre Édouard Ier épouse en 1294 le comte de Bar Henri III. Ce mariage est à situer dans le contexte de la politique continentale d'Édouard Ier et ses larges implications entre France et Empire. Pour les liens étroits entre la Maison de Bar et le roi d'Angleterre, voir Poull, *La Maison souveraine*, *op. cit.*, p. 246-262, à compléter et corriger par Marchandisse, Alain, « *Tout apparoillié à son bon plaisir*.... Contribution à l'histoire des relations diplomatiques entre l'évêque de Liège Hugues de Chalon et le roi d'Angleterre Édouard Ier à la fin du XIIIe siècle », *Bulletin de la Commission royale d'histoire*, t. 160, 1994, p. 37-66 (ici p. 42-43).

24 Voir Grosdidier de Matons, *Le Comté de Bar*, *op. cit.*, p. 473-509 ; Parisse, Michel, « Philippe le Bel et le Barrois mouvant », *Provinces et États dans la France de l'Est. Le rattachement de la Franche-Comté à la France. Espaces régionaux et espaces nationaux. Actes du Colloque de Besançon (3 et 4 octobre 1977)*, Paris, Les Belles Lettres, 1979 (Cahiers de l'Association interuniversitaire de l'Est, n° 19), p. 233-246. Plus généralement, voir Bouyer, *La principauté barroise*, *op. cit.*, p. 111-113.

25 Petit, Joseph, *Charles de Valois (1270-1325)*, Paris, Picard, 1900, p. 86 ; Favier, Jean, *Philippe le Bel*, Paris, Fayard, 1978, p. 351-352, et Poull, La Maison souveraine, *op. cit.*, p. 257.

commandement[26]. Ils cassèrent ces décisions et s'adjugèrent eux-mêmes le contrôle du fils aîné d'Henri, leur jeune neveu Édouard. Officiellement, Jean exerce alors la mambournie dans le comté de Bar jusqu'en 1311. Renaud de son côté, eut certainement aussi une influence importante sur le jeune comte ; avec son frère il intervint dans les affaires du comté jusqu'en 1304[27]. Certes, aucun acte ne mentionne officiellement Renaud comme tuteur du jeune Édouard, mais nous allons voir que certaines sources montrent que, dans la pratique, un amalgame s'est manifestement opéré entre intérêts épiscopaux et intérêts comtaux.

En montant sur le trône épiscopal messin en 1302-1304, Renaud devient un homme politique influent sur la scène diplomatique suprarégionale – un fait largement négligé jusqu'ici. Dès 1304, Philippe le Bel cherche à entrer en contact avec lui, et s'adresse à cette fin à ses frères : Jean, qui participe à son expédition flamande, et Thiébaut[28]. Le roi de France cherche alors à maintenir son influence sur la famille de Bar et sur les pays mosans et mosellans, contre le roi d'Angleterre, l'empereur et le pape. Car les Bar ne cessent de monter en rang dans cet espace du sud et du centre de l'ancienne Lotharingie.

En effet, entretemps, un troisième frère d'Henri III, Thiébaut de Bar, apparaît sur l'échiquier politique[29]. Bénéficiant de nombreuses prébendes et surtout d'un fort soutien de la part du roi d'Angleterre, et après un premier revers à Metz, en 1297, il se fait élire évêque à Liège et confirmer en tant que tel par Boniface VIII le 13 mars 1303. Thiébaut réside à

26 Grosdidier de Matons, *Le Comté de Bar, op. cit.*, p. 504-506 ; Poull, *La Maison souveraine, op. cit.*, p. 257-258.

27 Grosdidier de Matons, *Le Comté de Bar. op. cit.*, p. 506.

28 Grosdidier de Matons, *ibid.* ; Poull, *La Maison souveraine, op. cit.*, p. 236. Pour l'édition des lettres royales, voir plus loin, note 44.

29 Pour ce qui suit, voir Limbrée, Christian, *Thibaut de Bar, évêque de Liège (ca. 1263-1303-1312)*, mémoire de licence inédit, Université de Liège 1973-1974, et les notices biographiques de Id., « Thibaut de Bar », *Biographie nationale de Belgique*, t. 42, Bruxelles, 1981, col. 703-714, et Parisse, Michel, « Bar, Theobald von », *Lexikon des Mittelalters*, t. 1, Munich-Zurich, 1980, col. 1429. Voir aussi Poull, *La Maison souveraine, op. cit.*, p. 237-240, et Marchandisse, Alain, *La fonction épiscopale à Liège aux XIIIe et XIVe siècles. Étude de politologie historique*, Genève, Droz, 1998 (Bibliothèque de la Faculté de Philosophie et Lettres de l'Université de Liège, t. 272), p. 174-177, 253-254 et 379-381, qui insiste sur le soutien important qu'apporte le roi d'Angleterre Édouard Ier à la carrière ecclésiastique de Thiébaut, décisif aussi pour celui du pape envers Thiébaut, et Id., « Entre défiance et amitié… Des relations politiques, diplomatiques et militaires entre le roi de France et le prince-évêque de Liège au bas moyen-âge (XIIIe-XVe siècles) », *Bulletin de la Commission royale d'histoire*, t. 164, 1998, p. 31-127 (surtout p. 33-34, 53-57 et 75-92).

Rome, probablement dans l'entourage du pape. Criblé de dettes envers l'administration romaine, il doit y régler ses affaires et laisse donc la gestion de l'évêché de Liège à ses frères Jean et Pierre, le premier comme mambour du temporel, le second comme maréchal[30]. À Liège, l'ingérence des comtes de Bar est donc manifeste ; à Metz elle ne l'est pas moins, comme nous le verrons. Ce n'est qu'en novembre 1303 que Thiébaut fait finalement son entrée à Liège. Bien que détenteur d'un épiscopat prestigieux situé en Empire, Thiébaut se soumet volontiers à l'emprise du roi de France. Le 8 septembre 1304 il scelle une alliance militaire avec celui-ci[31]. Jusqu'à l'élection du comte de Luxembourg Henri VII comme roi des Romains, le 27 novembre 1308, Thiébaut adopte une attitude conciliante sans être soumise envers le roi de France, même s'il maintient l'hommage lige à l'empereur. C'est par l'entremise de Thiébaut que Philippe le Bel se rapproche aussi de son frère Renaud de Bar, en sa fonction d'évêque d'Empire. C'est ainsi que le roi pousse Thiébaut et son frère Jean à faire entrer l'évêque de Metz dans cette alliance profrançaise en vue d'une éventuelle reprise du conflit avec la Flandre et pour un soutien précieux en Empire[32]. Rien ne prouve cependant qu'il songeait déjà à la candidature de son frère, Charles de Valois, pour l'élection du roi des Romains.

Que retenir de tout cela ? Deux points majeurs doivent être relevés, me semble-t-il : l'influence croissante du pape et celle du roi de France, auxquels il faudra ajouter une troisième, celle des princes territoriaux.

En premier lieu on peut noter que l'élection de Renaud de Bar inaugure une longue série de cas de nominations de l'évêque qui illustrent la mainmise du pape sur les accessions aux sièges épiscopaux. Michel Parisse souligne l'évolution du XIVe siècle tendant à ce qu'elles passent « totalement entre les mains de la papauté[33] », ce qui eut comme conséquence « que leur contrôle échappait donc au chapitre, qui sous l'autorité du doyen menait une politique personnelle », ce qui pouvait créer un antagonisme entre les deux forces politiques et comme corollaire une lutte pour les ressources financières[34]. Renaud est en effet le premier

---

30 Sur les relations entre Thibaut et ses deux frères, voir Marchandisse, *Fonction épiscopale*, p. 379-380. Sur les dettes contractées par le prélat, *ibid.*, p. 253-254.

31 Édition par Marchandisse, « Entre défiance et amitié », *loc. cit.*, document 6, p. 80-82.

32 Marchandisse, « Entre défiance et amitié », *loc. cit.*, p. 54-56, et document 9, p. 85-88.

33 Parisse, « L'apogée médiéval »; McCurry, *Urban society and the Church*, *loc. cit.*, p. 56.

34 Parisse, Michel, *Austrasie, Lotharingie, Lorraine*, Nancy, La Serpenoise, 1990, (Encyclopédie illustrée de la Lorraine. Histoire illustrée de la Lorraine, vol. 2).

évêque à s'intituler « élu par la grâce de Dieu et du Saint-Siège[35] ». Toutefois, avec les deux frères Renaud et Thiébaut de Bar, l'évolution esquissée par Michel Parisse n'est encore qu'à ses débuts. Boniface VIII procède à la ratification de l'élection du nouvel évêque choisi par le chapitre – dans le cas de Thiébaut il casse même cette élection pour la valider par la suite –, ce qui lui permet d'exiger du nouvel élu les services communs. Sans vouloir nier le rôle joué par le pape, l'élection de l'évêque passait donc aussi par le soutien du chapitre, et la carrière ecclésiastique du candidat. Dans ce sens, c'est l'attribution des prébendes et des charges ecclésiastiques qui jouait un rôle essentiel. Et c'est sur ces deux points que le pape subissait la pression des princes régionaux et de leurs rapports aux rois.

Dans les deux cas de Thiébaut et de Renaud, nous sommes en présence d'hommes jeunes, pourvus très tôt de multiples prébendes, qui viennent seulement de recevoir l'ordination du diaconat (Renaud en 1302 à Rome, juste avant d'être ordonné évêque) et dont l'exercice des charges ecclésiastiques était placé sous le double signe du cumul et de la non-résidence. Pour Renaud de Bar, les cessions de prébendes et les nominations épiscopales qui apparaissent ici à première vue comme initiatives et pressions du Saint-Siège doivent en partie du moins être imputées aux actions des comtes de Bar eux-mêmes[36]. Nous savons en effet que le futur évêque reçut des prébendes et son titre de princier du chapitre cathédral de Metz sur initiative de son frère aîné, le comte de Bar Henri, qui est à Rome notamment en 1298[37] et suivit Charles de Valois en Italie du Sud sur demande du pape. L'influence importante du roi d'Angleterre à la Curie romaine dut également jouer en ce sens, comme le montre le soutien que le roi Édouard Ier procura à son frère Thiébaut, lui assurant des prébendes et le proposant auprès du pape pour la nomination à Liège[38].

Néanmoins, malgré le poids de ces influences externes en amont, c'est le passage désormais obligé par le Saint-Siège qui reste déterminant. La centralisation du pouvoir pontifical trouva en effet dans la distribution

35 Parisse, « L'apogée médiéval », *loc. cit.*, p. 57.

36 Sur l'emprise des Bar sur les élections épiscopales à Metz, voir Parisse, *Austrasie*, *op. cit.*, p. 171-173, qui insiste cependant à raison sur le fait que *la papauté… ne restait pas insensible aux pressions des princes locaux*.

37 Voir Hari, *Écrire l'histoire*, *op. cit.*, p. 587.

38 Poull, *La Maison souveraine*, *op. cit.*, p. 237.

des prébendes et d'autres dignités comme les archidiaconats, voire dans la nomination du chef du diocèse, l'opportunité de rentrées pécuniaires substantielles[39]. Les délais brefs accordés pour le paiement exerçaient une pression énorme sur le candidat élu et l'obligeaient à s'assurer des rentrées nécessaires dans son diocèse, engager des parties du temporel épiscopal ou alors contracter des dettes comme Renaud à Metz avec un prêt de 8000 florins d'or[40]. Bref, il devait recourir à ses ressources comme prince territorial[41], ce qui n'allait pas manquer de susciter des oppositions internes et externes. Dans le cas précis de l'Église de Metz, on peut supposer avec Heinrich Volbert Sauerland que Boniface VIII

39 Sur l'évolution de la politique pontificale de l'attribution des services et bénéfices au XIIIe siècle et sous Boniface VIII, voir en général p. ex. Ganzer, Klaus, *Papsttum und Bistumsbesetzungen in der Zeit von Gregor IX. bis Bonifaz VIII. Ein Beitrag zur Geschichte der päpstlichen Reservationen*, Cologne et al., Böhlau, 1968 (Forschungen zur kirchlichen Rechtsgeschichte und zum Kirchenrecht, t. 9) ; Pennington, Kenneth, *Pope and Bishops. The Papal Monarchy in the Twelfth and Thirteenth Centuries*, Philadelphia, University of Pennsylvania Press, 1984, p. 115-116 et 148-153 ; Paravicini Bagliani, Agostino, *La cour des papes au XIIIe siècle*, Paris, Hachette, 1995, p. 114-118 ; Théry, Julien, « Le triomphe de la théocratie pontificale, du IIIe concile du Latran au pontificat de Boniface VIII (1179-1303) », *Structures et dynamiques religieuses dans les sociétés de l'Occident latin (1179-1449)*, dir. Marie Madeleine de Cevins et Jean-Michel Matz, Rennes, Presses Universitaires de Rennes, 2010, p. 17-31 (ici, p. 27). Aperçu historiographique de la question par Smith, Thomas W., « The Development of Papal Provisions in Medieval Europe », *History Compass*, t. 13, fasc. 3, 2015, p. 110-121, qui permet une vue plus critique insistant sur le rôle des pétitionnaires face à la faim de pouvoir et de revenus du pape et de son entourage.

40 Voir aussi Salemme, Timothy, « Simone da Marville, un giurista e diplomatico tra il Papato e' l'Impero († ante 1326) », *Reti Medievali Journal*, 2020, t. 21(2), p. 181-220 (ici p. 195-196), en ligne : https://doi.org/10.6092/1593-2214/6868 (consulté le 14/05/2021), avec l'hypothèse d'un intervention pontificale en vue de la promotion de Simon de Marville, homme de confiance de Boniface VIII, au rang de « thésaurier » de la cathédrale de Metz peu avant septembre 1302 pour veiller au bon déroulement du paiement des provisions. Le *magister* lorrain Simon de Marville détenait un canonicat à Metz depuis 1300 au moins.

41 Sur l'évêque comme prince territorial, voir pour Metz les études citées en notes 4 et 17, ainsi que Parisse, Michel, « Remarques sur le destin des assises territoriales de l'évêché de Metz », *Die alte Diözese Metz / l'ancien diocèse de Metz. Referate eines Kolloquiums in Waldfischbach-Burgalben vom 21. bis 23. März 1990*, éd. Hans-Walter Herrmann, Sarrebruck, 1994 (Veröffentlichungen der Kommission für saarländische Landesgeschichte und Volksforschung, t. 19), p. 73-84. Pour les cas liégeois et trévirois, qui nous intéressent ici indirectement, voir Marchandisse, *Fonction épiscopale*, et Burgard, Friedhelm, « *bischoff und grebe* – Bischof und Graf zugleich. Zur Ausbildung des Trierer Kurstaates bis zur Mitte des 14. Jahrhunderts », *Entstehung und Konsolidierung der Territorien. Symposion zum 65. Geburtstag von Wilhelm Janssen am 30. Sept. und 1. Okt. 1998 in Bonn = 56. Arbeitstagung des Instituts für geschichtliche Landeskunde der Rheinlande*, dans : *Rheinische Vierteljahrsblätter* t. 63, 1999, p. 70–89.

contribua p. ex. à organiser le remboursement des dettes épiscopales auprès de banquiers romains en obligeant l'abbaye de Gorze à acheter sa liberté face aux pressions du prédécesseur de l'évêque Renaud, ce qui permit à ceux-ci de payer les services à la Curie romaine[42]. Voilà un cas concret illustrant parfaitement l'éclosion des tensions internes à l'Église messine à la suite des demandes financières croissantes de la papauté.

En second lieu, il faut insister sur la position très forte de Philippe le Bel en Lorraine et plus au nord, vers Luxembourg et Liège où il utilise la famille de Bar pour tenter de maîtriser les ducs de Lorraine, rivaux de longue date des comtes de Bar. Le roi de France ne pouvait que profiter de la « renaissance » de la puissance des Bar après les avoir en partie soumis en 1301. Un exemple concret permet de montrer à quel point son action englobait toute la famille de Bar et doit donc nous amener à ne plus distinguer entre princes laïques et princes ecclésiastiques de la Maison de Bar dont les intérêts et actions politiques se trouvaient parfois étroitement mêlés. En récompense de son traité d'alliance militaire avec le roi de France, Philippe le Bel promit en 1304 à Thiébaut le château et la châtellenie de Gondrecourt entre Bar et Nancy, un peu plus au sud. Pour les obtenir, l'évêque de Liège devait cependant d'une part s'entendre avec Jean de Bar[43], administrateur du comté de Bar et le plus fidèle soutien de Philippe le Bel dans la Maison de Bar, et d'autre part, veiller avec Jean à ce que leur frère Renaud, rende au plus vite hommage au roi de France. Si cet hommage se concrétisait, Thiébaut pouvait garder Gondrecourt, ou alors, le céder en fief à son frère, l'évêque de Metz[44].

Il convient de nuancer cependant quelque peu ces avancées du roi de France en direction du Barrois, de Metz et de Liège et en général de l'espace germanique sur la frontière occidentale de l'Empire. Les membres de la famille des comtes de Bar pratiquaient en effet aussi leur propre politique en recherchant le soutien des Grands. Favorables

42 Sauerland, *Bischof Rainald von Bar*, *op. cit.*, p. 132-133.

43 Ce personnage, dont l'activité politique, diplomatique et militaire fébrile à l'image d'autres cadets de famille laïques comme Waléran de Luxembourg, frère d'Henri VII, ou les frères Guy et Henri de Dampierre, est moins connue, mériterait une étude approfondie. Voir provisoirement Poull, *La Maison souveraine*, *op. cit.*, p. 231-235. Jean de Bar a également été mambour (lieutenant) de son frère Thiébaut à Liège, lors de l'absence de ce dernier dans son diocèse (Marchandisse, *Fonction épiscopale*, *op. cit.*, p. 379 et 470).

44 *Infra*, note 28. *Cf.* Hari, *Écrire l'histoire*, *op. cit.*, p. 588.

au roi d'Angleterre, puis à Philippe le Bel et ensuite, comme nous le verrons, à Henri VII, ils suivirent une politique louvoyante marquée de changements de cap entre Angleterre, France et Empire, politique si caractéristique des États princiers frontaliers comme la Flandre au nord et la Savoie au sud.

À cette liste, il faut aussi ajouter les comtes de Luxembourg, dont les liens avec la maison royale de France étaient également très étroits[45]. En 1304, au moment de l'installation de Renaud de Bar à Metz, les Luxembourg, le comte Henri VII et son frère Baudouin, futurs empereur et archevêque de Trèves, subissent encore l'influence de la politique française sur la frontière occidentale de l'Empire où les comtes de Bar jouent un rôle influent. Toutefois, cette relative « soumission » sur l'échiquier diplomatique international va peu à peu changer dans les années qui viennent. Le 14 novembre 1305, nous trouvons le comte Henri et son frère Baudouin comme membres remarqués de l'entourage de Philippe le Bel à Lyon, lors de l'installation du pape Clément V[46]. Cette présence, et l'intérêt que le pape porte aux Luxembourg ainsi qu'il le notera lui-même plus tard[47], annonce un soutien pontifical croissant au fur et à mesure où s'étend le conflit entre Clément V et Philippe le Bel. Là encore, comme pour les Bar, l'évolution des relations avec le roi de France et la papauté n'est ni linéaire, ni facile à saisir. En 1305, lors de leur hommage à Philippe le Bel, Henri et Baudouin auraient demandé l'aide du roi de France et celle du roi d'Angleterre pour convaincre le pape de nommer Baudouin sur le siège épiscopal de Mayence devenu vacant – sans succès à ce moment[48]. Mais les

45 Pour ce qui suit, voir Dietmar, Carl D., *Die Beziehungen des Hauses Luxemburg zu Frankreich in den Jahren 1247-1346*, Cologne, 1983 (Kölner Schriften zu Geschichte und Kultur, t. 5), p. 73-92 ; Margue, Michel et Pauly, Michel, « Luxemburg vor und nach Worringen. Die Auswirkungen der Schlacht von Worringen auf die Landesorganisation sowie die Territorial- und Reichspolitik der Grafen von Luxemburg », *Jahrbuch für westdeutsche Landesgeschichte*, 16, 1990, p. 111-174 (ici p. 111-112, 156-174) ; Margue, Michel, « Jean de Luxembourg et les rois de France », *Un itinéraire européen. Jean l'Aveugle, comte de Luxembourg et roi de Bohême 1296-1346*, dir. Id., Bruxelles, Crédit Communal et Cludem, 1996 (Publications du Cludem, t. 12), p. 51-57.

46 Dietmar, *Die Beziehungen*, *op. cit.*, p. 70 ; Menache, Sophie, *Clement V*, Cambridge, University Press, 1998, p. 17.

47 *Nova Alemanniae. Urkunden, Briefe und andere Quellen, besonders zur deutschen Geschichte des 14. Jahrhunderts* [...], éd. Edmund E. Stengel, vol. 2.I, p. 22-23, n° 67 du 11 janvier 1309.

48 Dietmar, *Die Beziehungen*, *op. cit.*, p. 70.

Luxembourg revinrent à la charge à Trèves, lorsque l'archevêque Thierry de Nassau décéda le 23 novembre 1307. Le 12 février 1308, le pape confirma l'élection du chapitre cathédral trévirois et consacra Baudouin à Poitiers le 10 mars 1308, après l'avoir ordonné prêtre la veille de sa consécration[49]. L'accession à un siège du collège électoral d'Empire fut la première étape d'une montée en rang de la Maison de Luxembourg. Le pape y gagnait des alliés en Empire, alors que Philippe le Bel, certain d'avoir encore avancé un pion en terre d'Empire, allait bientôt y trouver au contraire un pouvoir qui s'émancipait de son contrôle[50]. Avant de revenir à cette échelle « internationale », regardons d'abord dans le détail le contexte messin.

L'ÉVÊQUE CONTESTÉ
L'élaboration de la *diffamatio* de l'évêque par la communauté messine

Dès le début de son épiscopat, Renaud de Bar entre dans un vif conflit avec la ville et le clergé de Metz, rompant l'équilibre qui s'était établi dans les relations entre l'évêque et la cité – et en particulier ses élites communales et ecclésiastiques – depuis le second tiers du XIIIe siècle[51]. À cette époque, les évêques, dont le territoire s'articule autour des trois noyaux de la Sarre au nord-est, du Saulnois au sud-est et encore plus au sud vers les Vosges, résident de plus en plus souvent

49 Pour la datation correcte, voir les arguments de Heinz, Andreas, « Balduin von Luxemburg – Erzbischof von Trier », *Balduin aus dem Hause Luxemburg. Erzbischof und Kurfürst von Trier 1285-1354*, Luxembourg, éditions Saint-Paul, 2009, p. 11-85, (ici p. 13-14). Le chapitre cathédral était partagé entre deux candidats, Baudouin de Luxembourg et Émichon de Sponheim ; le pape trancha en faveur du premier, probablement sous la pression du roi de France.

50 À ce sujet, il faut compléter les vues plus « classiques » de Wenck, Carl, *Clemens V. und Heinrich VII. Die Anfänge des französischen Papstthums*, Halle, Niemeyer, 1882 ; Dietmar, *Die Beziehungen*, *op. cit.*, p. 67-77 ; Pauly, Michel, « Balduin von Trier, der Luxemburger », *Balduin aus dem Hause Luxemburg*, *op. cit.*, p. 175-197 (ici p. 182-186), par l'argumentation très fine de Jäschke, Kurt-Ulrich, *Europa und das römisch-deutsche Reich um 1300*, *op. cit.*, p. 104-109, qui voit dans le pape Clément V le principal protagoniste de la candidature de Henri VII contre celle de Charles de Valois.

51 Pundt, *Metz und Trier*, *op. cit.*, p. 383-313, 434-437.

en dehors de Metz, à Vic-sur-Seille au centre du Saulnois et de ses riches salines[52]. Ils restent pourtant seigneurs en titre de la ville et peuvent influencer la désignation du maître-échevin et celle des Treize. Mais comme dans beaucoup de cités épiscopales à cette époque, le centre du diocèse n'occupe plus un rôle stratégique primordial dans la principauté. Les évêques de Metz préfèrent vivre en bonne entente avec leur ville et ses milieux financiers et laissent le terrain ecclésiastique urbain aux chanoines de la cathédrale[53]. Or, en tentant de regagner de l'influence en ville pour des raisons économiques, Renaud de Bar ne s'aventure pas seulement à rompre cette entente précaire, mais il finit aussi par se mettre à dos à la fois citains et clercs – ceci malgré leurs intérêts souvent divergents, tant entre ces deux forces politiques qu'au sein de celles-ci.

Un premier conflit aurait éclaté au grand-jour peut-être dès 1303 ou plus probablement en 1306[54], lorsque le nouvel évêque voulut mettre la main sur le patrimoine d'un archidiacre décédé sans laisser de testament et qui avait été saisi par la ville. Cet épisode est révélateur d'une des causes majeures des tensions entre l'évêque et la cité : le souci des dirigeants urbains d'éviter qu'un part important des richesses de la ville ne passe dans les mains de l'Église et plus particulièrement de l'évêque[55]. Le conflit, dont les détails ressortent de sources peu fiables[56], s'enflamma, devenant une question de principe : Renaud se serait apprêté à entrer dans la cité avec une forte suite armée, ce que les bourgeois, secondés par le comte de Luxembourg, lui auraient interdit. Un premier affrontement militaire non loin de la ville, à Praiel, aurait été évité de justesse

52 Renaud de Bar établit à Vic sa cour de justice, son administration et sa chancellerie, faisant de Vic le centre de la principauté épiscopale et de la cour de l'évêque. Pour le nord du temporel épiscopal, Hombourg-Haut jouait ce rôle central (*cf.* Giuliato, Gérard, « Les résidences fortifiées des évêques de Metz en Lorraine au Moyen Âge », *Habitats princiers et seigneuriaux en Lorraine médiévale*, Nancy, Presses Universitaires de Lorraine, p. 79-114, 2009, ici p. 85-86. Vic fut la première destination de son « Umzug » après sa consécration à Metz, Hombourg sa troisième. Voir le très complet catalogue d'exposition Laffite, Jean-Daniel, *Le château des évêques de Metz à Vic-sur-Seille. 15 ans de recherches archéologiques*, Metz, Éditions Serpenoise, 2009 (p. 35 pour l'époque de Renaud de Bar et la carte de la principauté épiscopale p. 56).

53 Hari, *Écrire l'histoire*, *op. cit.*, p. 585-586.

54 Pundt, *Metz und Trier*, *op. cit.*, p. 473-474.

55 McCurry, *Urban society and the Church*, *op. cit.*, p. 104-109.

56 Je ne m'attarderai pas dans ce contexte limité sur cette question. Voir en dernier lieu, l'interprétation à mon avis judicieuse de Pundt, *Metz und Trier*, *op. cit.*, note 111 p. 473-474.

à ce moment[57]. Ce n'est cependant que plus tard que l'alliance entre la ville de Metz et son nouveau protecteur, le comte de Luxembourg, peut être fondée sur une base documentaire certaine : le 29 juin 1307, quand Henri, comte de Luxembourg, le futur empereur Henri VII, et son frère Waléran concluent avec la cité de Metz un traité d'alliance contre l'évêque Renaud, « contre ses freires et contre les hoirs de Bair[58] ».

Le conflit s'était en effet envenimé en 1307. Le 28 juin, donc juste un jour avant l'alliance de la cité de Metz avec les Luxembourg – ce qui ne relève évidemment pas du hasard, sous les sceaux de l'archiprêtre de Magny Drogon, les seize curés de cet archiprêtré notifient un premier appel au Saint-Siège datant probablement du 8 juin 1307[59]. Il était adressé par les trois archiprêtres du pays messin au nom desdits curés. Ils y évoquent l'état de guerre qui sévit dans le diocèse, guerre qui oppose « l'évêque, ses vassaux et ses amis d'une part, à la cité et les citains de Metz d'autre part[60] ». Dans cet appel à la Curie pontificale contre l'évêque Renaud et ses officiaux, un ensemble de trois plaintes étaient citées qui manifestent le recul de l'autorité épiscopale et l'opposition violente de son clergé officiant en ville et dans ses environs immédiats. Ainsi, le clergé des trois archiprêtrés refusait dorénavant de payer et de collecter les « demandes démesurées et intolérables ainsi que les aides exagérées » (« *graves et intolerabiles precarias et immoderata subsidia* ») que l'évêque exige de leur part « sans raison valable » (« *absque causa rationabilii* »). Il refusait également d'obéir aux injonctions répétées de l'évêque de se rendre à Vic, « dans la place forte ou château de l'évêque » (« *apud episcopum opidum sive castrum* »), à cause de l'état d'insécurité dans lequel

57 Philippe de Vigneulles, *Chronique*, *op. cit.*, t. 1, p. 363.

58 Édition incomplète d'après l'original, dans : HBM, Preuves, *op. cit.*, p. 286. Mention dans : Jacques d'Esch, *Chronique*, éd. par Georg Wolfram, *Die Metzer Chronik des Jaique Dex (Jacques D'Esch) über die Kaiser und Könige aus dem Luxemburger Hause*, Metz, G. Scriba, 1906 (Quellen zur lothringischen Geschichte, t. IV). p 10 et 18 ; *Cf.* Wampach, Camille, *Urkunden- und Quellenbuch zur Geschichte der altluxemburgischen Territorien bis zur burgundischen Zeit*, tome VII, Luxembourg, Éditions Saint-Paul, 1949 (dorénavant : UQB), n° 1109 du 29 juin 1307, p. 169.

59 D'après Jean François et Nicolas Tabouillot, l'original de ce recours au pape se serait trouvé dans les *Archives de l'Hôtel-de-Ville* à Metz, daté du 8 juin 1307 (HBM, Preuves, *op. cit.*, p. 284 note [a]).

60 Acte du 3 juin 1307, BNF, NAF 22679, n° 28. Édition dans HBM, Preuves, *op. cit.*, p. 284-286. Analyse en partie erronée – notamment pour la datation – par Sauerland, *Rainald*, *loc. cit.*, p. 140-141, Depoux, *La seigneurie épiscopale de Metz*, *op. cit.*, p. 548-549, et Pundt, *Metz und Trier*, *op. cit.*, p. 475.

se trouve le pays. Enfin, il refusait de transmettre les ordres de l'évêque les invitant à intervenir contre des citains de Metz ou autres fidèles de leurs doyennés, et d'annoncer des sentences d'excommunication proférées sans avertissement préalable, prétextant que ces actions les mettraient en grand danger.

Ces griefs ainsi qu'un appel analogue montrent clairement que la ville de Metz a déjà échappé à l'autorité et plus particulièrement à la juridiction de l'évêque et que le clergé messin s'est rallié au camp bourgeois, se retranchant en ville pour échapper aux razzias des troupes épiscopales et barroises. Pour rassembler leurs doléances et les mettre par écrit afin de les soumettre au pape, le clergé s'est réuni dans la cathédrale sous la direction des trois archiprêtres de la ville et du pays messin immédiat. Les monitions qui auraient selon les procédures dû être soumises d'abord à l'évêque, ne l'ont pas été à cause de l'état de guerre. Voilà probablement la raison pour laquelle aucune enquête envers Renaud de Bar n'a été lancée en 1307 du côté de la papauté.

L'image que le clergé donne de son évêque dans cet appel au pape est celle d'un évêque rapace, injuste et semant la discorde et la violence militaire et spirituelle à l'aide de ses vassaux et de l'excommunication non-justifiée. La terminologie choisie est on ne peut plus expressive – « nous craignons les guerres annoncées, les périls de guerre et les dépradations sur les routes » (« *timemus etiam guerras notorias et guerrarum discrimina et depredationes viarum* ») –, les protestations du clergé non moins incisives. Elle témoigne non seulement, comme l'ont souligné les analyses antérieures, d'une grande indignation et d'une solidarité au sein du clergé dans l'opposition à l'évêque, mais aussi d'une action concertée, structurée et clairement destinée à la Curie pontificale.

Deux jours plus tard, le 10 juin, un second acte qui témoigne des mêmes caractéristiques montre que l'opposition à l'évêque s'est très vite considérablement élargie[61]. En effet, au clergé du diocèse pratiquement dans sa totalité se joint dès à présent la ville de Metz pour adresser au pape une liste d'une trentaine de plaintes contre l'évêque de Metz, destinées à demander sa destitution. Cette initiative connue par un long acte notarial émane apparemment des autorités communales, « maître échevin, Treize Jurés et toute la communauté de la cité de Metz », mentionnés

61 BnF, NAF 22679, n° 27. Édition dans HBM, Preuves, *op. cit.*, p. 284-286. Analyse par Pundt, *Metz und Trier*, *op. cit.*, p. 475-476 et note 114.

comme auteurs de l'acte avant le princier, les abbés et abbesses du diocèse et les prévôts des chapitres et collégiales ainsi que certains curés. Par l'acte notarié en question, les membres du clergé reconnaissent la teneur d'une première plainte (« *querimonia* ») envoyée au pape, dont trois notaires publics donnent la transcription. On y apprend que les deux notaires impériaux et le notaire pontifical furent chargés de se rendre auprès des dignitaires ecclésiastiques pour faire appliquer leurs sceaux, ceux des autorités communales ayant été appendus dans l'officine du notaire pontifical – dans la maison d'Arnoul dit « Parchemin » (« *in curia domus Arnoldi dicti Parchamin* ») – dont l'acte précise qu'il est scribe des Treize Jurés. L'acte notarié est souscrit par les trois notaires, le premier se déclarant responsable de la rédaction du document, les deux autres jouant le rôle de souscripteurs. Rédigé de toute évidence sur initiative de la communauté urbaine, il témoigne de l'unité du clergé et de la ville dans leur démarche visant à destituer l'évêque. L'acte du 10 juin 1307 contient les mêmes griefs que ceux qui seront déposés l'année suivante, à quelques exceptions près, dont la bienveillance de l'évêque à l'égard de son frère Érard, seigneur de Pierrepont, lorsque celui-ci mit la main sur des prébendes canoniales, le refus de laisser au chapitre les revenus des salines et l'autorisation épiscopale à son vassal Waléran de Deux-Ponts (1282-1309) de construire un château à Bourgaltroff sur les terres relevant du chapitre au sud-est de Metz. Ces plaintes se retrouvent d'ailleurs dans un acte émanant uniquement des chanoines du 9 octobre 1307[62].

L'ensemble de ces « monitions » furent enfin notées le 29 avril 1308 dans une vaste action collective du clergé messin pour être portées à l'évêque, absent depuis plus d'une année et demie de sa cité de Metz, « à cause des périls sur les routes » (« *propter viarum discrimina* »), par deux chapelains messins en leur fonction de « mandataires » (« *procuratores* »). Cette fois-ci, le clergé est seul, puisqu'il s'agit de lancer en bonne et due forme la procédure pour diffamation publique auprès du pape. On y trouve comme signataires une liste impressionnante de douze hauts dignitaires ecclésiastiques, membres du clergé de la ville et des environs immédiats : le doyen et le chapitre cathédral, les abbés et abbesses des communautés régulières, les doyens et chapitres des collégiales urbaines

62 Depoux, *La seigneurie épiscopale de Metz*, *op. cit.*, p. 549-550.

et l'archiprêtre ainsi que les curés de la ville et des faubourgs[63]. Ne font défaut que les ordres mendiants[64]. Un an après les premières demandes adressées au pape, demandes qui sont probablement restées sans réponse parce qu'elles n'avaient pas abouti à la procédure par la diffamation publique sur laquelle nous reviendrons ci-dessous, c'est donc l'ensemble du clergé qui revient à la charge. L'action donne d'ailleurs lieu à toute une série d'écrits complémentaires à celui du 29 avril, afin de respecter la procédure exigée avant de s'adresser au pape : une monition identique, mais sans témoins présentée à l'évêque en son château de Hombourg, le 2 mai 1308, trois autres en présences de témoins, au même endroit, les 3, 4 et 5 mai, ainsi qu'une procuration datée du 7 mai à deux docteurs en droit pour poursuivre cette affaire devant la cour pontificale[65]. Toutes ces pièces ont le même contenu que les premières lettres rédigées à cet effet, celles du 29 avril de la même année[66], qui nous servira de guide pour l'analyse des plaintes déposées.

Les reproches adressés globalement à l'évêque sont graves et présentés avec insistance, ainsi que je l'ai mentionné en introduction. On peut les regrouper en cinq catégories :

- La majorité des points concerne la mauvaise gestion du temporel de l'église messine; celle-ci se résume dans les qualificatifs de « dilapidateur, destructeur, voleur de biens, tant mobiliers qu'immobiliers, de l'église de Metz » (« *dilapidator, dissipator et substractor bonorum, tam mobilium quam immobilium ecclesiae metensis* ») (*item* 1, 5, 6, 10). Sont en particulier relevées la négligence à exiger les hommages des vassaux (11, 12, 13, 14, 15) et l'aliénation de biens du chapitre cathédral;

63 BNF, NAF 22679, n° 36. Édition dans HBM, Preuves, *op. cit.*, p. 290-296, où il manque la fin de la dernière ligne qui mentionne les ratures faites dans le texte lors de la rédaction. Analyse par Sauerland, *Rainald*, *loc. cit.*, p. 142-146, et Pundt, *Metz und Trier*, *op. cit.*, p. 476 et note 115.

64 Le fait que les Mendiants se tiennent à l'écart du conflit est analysé par McCurry, *Urban society and the Church*, *op. cit.*, p. 118-124.

65 Voir la liste des documents des Archives de l'Hôtel-de-Ville de Metz mentionnés par François et Tabouillot dans RBM, Preuves, *op. cit.*, p. 290, note (a). Celle équivaut aux documents provenant de la collection du comte Emmery, dont l'inventaire est fait par Auguste Prost, dans *Mettensia. Mémoires et documents publiés par la Société nationale des Antiquaires de France*, t. I., Paris, Klincksiek, 1897, p. 123-145 (ici p. 142, n°s 12 et 13).

66 Supra deux notes plus haut.

- Une seconde catégorie se rapporte aux brutalités exercées sur ordre de l'évêque par ses hommes, notamment les faits de guerre, les pillages, les emprisonnements arbitraires et les rançons. Ils créent un climat d'insécurité générale dont souffrent en particulier les veuves et les orphelins, les gens d'église et les pauvres ainsi que les commerçants et les pèlerins (3, 26, 28, 31, 32) ;
- Est mentionnée ensuite sa cupidité qui l'amène à se procurer de l'argent par tous les moyens : par les exactions, les redevances et impositions illégitimes, la confiscation de biens de clercs décédés, la vente des offices communaux (les Treize Jurés et les échevins), le recours à des financiers lombards et étrangers (8, 16, 17, 18, 19, 20, 21, 22, 23, 24, 25, 27, 30) ;
- Les auteurs de la lettre lui reprochent ensuite d'employer à son service des guerriers ou vassaux du comté de Bar au détriment des biens et des intérêts messins (1, 4, 7, 28, 29) ;
- Enfin un dernier sujet de plainte a trait à la négligence de ses devoirs pastoraux : son absence prolongée de la cité, l'arrêt du culte dans la ville, les effets néfastes du blocus de la ville sur l'état des églises de la ville et sur la situation matérielle du clergé, le déplacement de l'officialité à Vic, les excommunications injustifiées (introduction, 2, 5).

La liste des plaintes ainsi regroupées se présente comme un curieux amalgame, entre des accusations formulées de manière très générale et des doléances très précises. On y voit une nette disproportion entre les préoccupations visant l'évêque pour ses fonctions ecclésiastiques, finalement peu présentes, et d'autres relevant du domaine du prince territorial. Cet amalgame montre une fois de plus, qu'aux yeux des contemporains, les deux aspects du pouvoir épiscopal ne sont pas à séparer. Tel est le cas général, mais cela vaut a fortiori pour le cas spécifique de Renaud de Bar où les deux types de griefs apparaissent aux yeux des plaignants comme intimement liés : c'est parce que l'évêque mène une politique territoriale agressive que le service liturgique et plus généralement le soin des âmes ne peut plus être assuré à Metz et dans les campagnes environnantes. Il y a là un parallélisme avec les plaintes antérieures des bourgeois qui font le même lien, mais dans un autre registre, à savoir le commerce et les finances. Pour les deux adversaires de l'évêque, le but commun était évidemment aussi de mieux impressionner le pape, qui devait être touché par l'image très noire de la vie religieuse à Metz.

Si du point de vue du contenu, l'inventaire des plaintes contre l'évêque semble avoir été constitué de manière désordonnée, tel n'est pas le cas sur le plan de la démarche suivie. L'enquête est menée de manière méthodique sur base de témoignages provenant des dignitaires ecclésiastiques séculiers et réguliers, du clergé paroissial et des autorités communales. La rédaction finale n'est pas le résultat d'une synthèse par thèmes, mais se veut au contraire exhaustive et foisonnante, touchant tous les aspects du « gouvernement » épiscopal, ce qui correspond à son caractère publique et diffamatoire recherché. Il semble d'ailleurs qu'il y ait eu des rétractations postérieures au scellement de l'acte final. En effet, dans la liste des auteurs de l'acte mentionnés dans la suscription, une institution religieuse a été grattée, rature que l'on retrouve aussi dans la corroboration au même endroit. Le scribe a d'ailleurs pris soin de mentionner que ces ratures ont été approuvées par les sigillants[67].

Les ratures sur le document final semblent indiquer qu'il y a eu de la part de l'évêque des pressions sur les institutions religieuses contactées par les plaignants. Que certains dirigeants des communautés religieuses aient été obligés de témoigner contre Renaud sous la contrainte paraît se confirmer dans le cas de l'abbé Jacques de Saint-Symphorien, qui le 9 octobre 1307 avouait devant l'évêque Renaud avoir été pressé et menacé par le maître-échevin et les Treize Jurés de la ville de Metz de signer les lettres incriminant l'évêque :

> Révérend père et seigneur, en votre présence et celle de tous les présents, librement mu par ma conscience, je vous confie que, une certaine lettre dans laquelle se trouvaient et étaient contenus des manquements et des crimes contre vous, que j'ignorais complètement et que j'ignore être vrais, mais que je crois fermement être contraire au vrai, je fus forcé à apposer mon sceau à cause d'une crainte pour mon propre corps et d'un péril réel violent pour mon monastère qui serait imposé par la justice séculière de Metz, vu que cette justice séculière, si je refusais de sceller cette lettre, m'imposerait ainsi qu'à mes amis des punitions et amendes, et proféra d'atroces menaces, en disant « si tu refusais de sceller cette lettre, un tel malheur et dommage serait réuni sur vous et les vôtres que vous ne pourriez pas l'endurer. » C'est

67 La dernière ligne du document, cachée par le rebord où sont fixés les sceaux, n'a pas été transcrite dans HBM, *Preuves*, *op. cit.*, p. 296. Nous pouvons encore lire à la fin : *Item rasuras inter verba 'sigilla nostra' et verba 'et nos' approbamus. Datum ut supra.*

> ainsi que, craignant que des menaces terribles et des amendes pécunières me soient imposées ainsi qu'à mes amis, je fus forcé de sceller la dite lettre comme annoncé ; sur tout cela, j'implore avec humilité votre paternité, qu'elle daigne m'excuser[68].

Il faut cependant noter que cet acte notarié qui fait cas de cette pression exercée sur l'abbé est daté de Pont-à-Mousson, principale place commerciale des comtes de Bar depuis le dernier tiers du XIIIe siècle[69]. Il se peut donc bien que l'abbé de Saint-Symphorien fût forcé par l'évêque de se distancer publiquement dans un environnement barrois de sa première plainte de 1307 contre l'évêque Renaud. Face aux éléments réunis de force ou de gré pour lancer l'enquête contre l'évêque de Metz, l'évêque utilisait donc les mêmes moyens pour rassembler les données d'un dossier qui devrait lui servir pour se disculper. En effet, libéré de la pression barroise, l'abbé de Saint-Symphorien apparaît bien le 29 avril 1308 parmi les souscripteurs de l'acte de « diffamation » générale du clergé messin contre Renaud.

L'hypothèse d'une large entreprise destinée à rassembler les preuves de la procédure juridique de la « mauvaise renommée » (« *diffamatio* ») contre l'évêque est aussi confirmée par les formules adaptées utilisées de manière récurrente dans l'acte telles que « comme il est clamé ouvertement sur toutes ces choses dans la cité et le diocèse de Metz, comme il est dit publiquement dans la cité et les diocèse de Metz » (« *prout super omnibus hiis est publica vox civitate et dyocesi Metensi*, *prout communiter dicitur*

68 *Reverende pater et domine, coram vobis et omnibus hic astantibus, mero motu consciencie mee confiteor, quod quandam litteram, in qua continebantur et continentur defectus et crimina contra vos, que penitus ignorabam et ignoro esse vera, sed contrarium credo firmiter esse verum, sigillare fui coactus propter metum proprii corporis michi illatum per justiciam secularem Mettensem, et periculum reum mei monasterii manifeste veemens, utpote quia predicta secularis justicia, primum cum ipsam litteram sigillare recusarem, mulctas et penas peccuniarias michi ac amicis meis imposuit, michique minas atroces intulit, dices « Si recusaveritis, istam litteram sigillare, tot mala atque dampna vobis et vestris conveniet, quod ea non poteritis sustinere ». Timens itaque terrores minas et penarum pecuniariarum inflictiones michi et amicis meis impositas, predictam litteram, ut premittitur, sigillavi coactus ; super quibus paternitatem vestram humiliter imploro, quatinus me super hiis excusatum habere velitis* ; Marichal, Paul, *Le cartulaire de l'évêché de Metz, dit le « Troisième registre des fiefs »*, Paris, Klincksieck, 1903 (Mettensia IV), n° 102, p. 263-265 (ici p. 263-264).

69 Marichal, *Cartulaire de l'évêché de Metz*, *op. cit.*, p. 263. Pour donner une forme publique à la déposition de l'abbé de Saint-Symphorien, l'évêque Renaud avait fait réunir dans cette place centrale des comtes de Bar autour du notaire apostolique et impérial, clerc de Metz, les témoins suivants : le doyen du chapitre de Verdun, l'avoué de Verdun, et le garde du sceau de la *curia* épiscopale (p. 264-265).

in civitate et dyocesi Metensi ») ou du même type insistant sur le double caractère de la « *vox communis et publica.* » Cette formulation juridique qui revient à 21 reprises à la fin de la trentaine de points d'accusation prépare la procédure juridique désormais bien connue par les recherches de Julien Théry de l'accusation devant la Curie pontificale par le recours à la *vox* ou *fama communis* ou *publica*, la commune renommée dans la cité de Metz et tout le diocèse, comme preuve judiciaire[70]. Ce recours à la formule affirmant le caractère public des faits dénoncés est d'ailleurs formellement et globalement introduit en début d'acte :

> … que ce même Révérend Père, le seigneur Renaud, évêque de Metz, au sujet des négligences manifestes, injustices, dilapidations, oppressions, torts et offenses écrites ci-dessous dont ce même Révérend Père fut autrefois et est encore accusé de mauvaise renommée par des hommes bons et dignes, que désormais il s'abstienne de commettre ces mêmes négligences, injustices, dilapidations, oppressions, torts et offenses, qu'il les corrige et répare[71]…

Cette même formule de la diffamation publique revient à la fin de l'acte, après l'énumération de la longue série de griefs :

> Sur tous ces points et sur chacun d'eux le même seigneur évêque a été incriminé depuis longtemps et l'est encore et par des gens biens et dignes et sur ces points il existe une voix publique et une « renommée[72] ».

L'ordre chronologique du mouvement de révolte contre l'évêque semble donc pouvoir être restitué ainsi. Face à la pression politique et financière de l'évêque, une première opposition organisée par la cité éclate peut-être dès 1306, avec une bataille rangée évitée de justesse. L'évêque tente de réagir en faisant excommunier les bourgeois, mais le clergé urbain refuse de suivre son ordre. Au début de l'été 1307, le pays messin est en situation de guerre latente. Les seize curés de l'archiprêtré de Magny lancent début juin un premier appel au Saint-Siège qui

70 Théry, Julien, « Fama : l'opinion publique comme preuve judiciaire. Aperçu sur la révolution médiévale de l'inquisitoire (XIIe-XIVe siècles) », *La preuve*, éd. Bruno Lemesle, Rennes, Presses Universitaires de Rennes, 2003, p. 119-147.

71 *Quod idem Reverendus Patrem Dominus Renaldus Metensis Episcopus ab infra scriptis manifestis negligentiis, injuriis, dilapidationibus, oppressionibus, gravaminibus et offensis, super quibus ipse Reverendus Pater jamdudum fuit et est apud bonos et graves publice diffamatus, deinceps abstineat easdem negligentias, injurias, dilapidationes, oppressiones, gravamina et offensas corrigat et emendet* […].

72 *Super quibus omnibus et singulis idem Dominus Episcopus jamdudum fuit et est apud bonos et graves diffamatus et super premissis est publica vox et fama* : HBM, *Preuves*, *op. cit.*, p. 295-296.

n'aboutit pas, les admonitions préalables n'ayant pas pu être apportées à l'évêque retranché dans ses châteaux ou villes fortifiées. Très vite, l'ensemble du clergé du diocèse se joint à la ville de Metz – à présent forte du soutien du comte de Luxembourg – pour rassembler tous les griefs contre l'évêque. Le 10 juin 1307, une première série de plaintes est envoyée au pape. Cet appel a dû rester lettre morte, probablement parce qu'il ne remplissait pas dans sa formulation les critères nécessaires pour lancer une enquête au moyen du recours à la *fama publica*. Il se peut également que l'évêque recueillit de son côté des preuves tendant à le disculper, en montrant que les plaintes déposées contre lui avaient été extorquées de force. Fin avril 1308 le clergé diocésain seul – comme il se doit – fait donc rédiger en bonne et due forme la liste des griefs, en mentionnant à chaque fois la preuve des accusations sur le mode de la *fama* publique. Début mai, l'évêque est averti par trois fois. Finalement, le 7 mai, procuration est donnée à deux docteurs en droit messins pour déposer le dossier d'accusation devant la Curie pontificale.

L'ÉVÊQUE RÉHABILITÉ
Diplomatie pontificale entre Bar, Luxembourg et Avignon

Le processus d'élaboration de l'image d'un ennemi commun résulte donc d'une action soigneusement orchestrée entre toutes les composantes de la cité et du diocèse, si on fait abstraction des ordres mendiants. À partir du moment où la contestation générale du gouvernement du diocèse ne fait aucun doute, il convient de trouver une réponse à deux constats étroitement liés : le caractère construit de cette opposition générale unissant ville et clergé urbain et des campagnes environnantes ainsi que la réponse tout aussi chargée d'un poids symbolique du pape.

Avant de tenter une réponse à ces deux questions, revenons-en brièvement aux causes du conflit messin. Parmi les études ayant tenté de saisir les origines et les mécanismes de ce qui est représenté dans les sources comme un véritable état de guerre, Marianne Pundt a focalisé son analyse sur les ingérences répétées de l'évêque dans la gestion communale de la ville – notamment au niveau financier et judiciaire – face à une politique de plus en plus agressive de consolidation voire d'extension de l'autonomie d'une commune consciente de son pouvoir économique, politique et militaire[73]. Michel Parisse explique le ralliement assez exceptionnel de l'ensemble du clergé urbain et des communautés religieuses à la cause de la cité par le phénomène global de la sécularisation du clergé[74]. Dans le même sens, tout en étant un plus précis, Charles McCurry montre à quel point le clergé est devenu une institution urbaine qui s'identifie à la lutte de la cité contre le pouvoir d'un prince territorial concurrent[75]. Arnaud Hari ramène le conflit messin « à la montée des tensions entre les citains et les princes voisins, dont ils sont souvent les créanciers[76] ». Toutes ces interprétations sont certainement fondées. Toutefois, la majorité des points évoqués dans les « monitions » de 1307 et 1308 ne semblent être, comme je l'ai avancé plus haut, ni dans le seul registre de politique urbaine, ni uniquement dans celui de la gestion de l'Église de Metz. Elles se situent à un degré supérieur : la politique territoriale de l'évêque et des comtes de Bar.

L'étude de l'évolution des États princiers au début du XIVe siècle dans nos régions a montré que leur capacité à s'imposer face aux voisins tourne autour de trois points : leur besoin croissant en ressources en particulier financières, la modernisation de leur gestion, l'intégration des différents acteurs politiques et socio-économiques – noblesse, hommes nouveaux, clergé et villes – dans la principauté, et enfin leur capacité à pratiquer une politique et diplomatie subtile entre les « grandes puissances », ce que l'historiographie allemande a appelé une « Schaukelpolitik[77] ». Le parfait exemple d'un prince territorial ecclésiastique gagnant à tous ces niveaux, pour l'époque et la région qui nous concerne, est celui du frère d'Henri VII de Luxembourg, Baudouin, archevêque de Trèves (1307-1354), puissant prince d'Empire[78].

73 Pundt, *Metz und Trier*, *op. cit.*, p. 473 et 482.

74 Parisse, *L'Apogée*, *op. cit.*, p. 57.

75 McCurry, *Urban society and the Church*, *op. cit.*, p. 108.

76 Hari, *Écrire l'histoire*, *op. cit.*, p. 588.

77 Margue, Michel et Pauly, Michel, « The territorial principalities in Lotharingia », *The Origins of the German Principalities, 1100-1350*, éd. par Graham A. Loud et Jochen Schenk, Abingdon, Routledge, 2017, p. 220-238.

78 Burgard, Friedhelm, *Familia Archiepiscopi. Studien zu den geistlichen Funktionsträgern Erzbischof Balduins von Luxemburg (1307–1354)*, Trèves, Trierer Historische Forschungen e. v., 1991

À la différence de son collègue trévirois, l'évêque de Metz est perdant sur tous les terrains évoqués : la gestion de sa principauté ne semble pas efficace, adaptée aux avancées de l'époque ; ses besoins financiers sont très élevés par rapport aux rentrées en déclin ; son effort en vue d'intégrer clergé et ville dans son « État » s'avère être un désastre, et sa politique extérieure vouée à l'échec. Certes les évêques, à l'image des autres princes territoriaux, ont tenté de réorganiser l'administration de leur comté en se faisant aider d'un, voire de deux baillis et de prévôts, mais la gestion elle-même ne semble pas se moderniser comme à Trèves sous l'archevêque Baudouin. Sur le plan des ressources, l'évêque a dû affermer biens, monnaie et salines, et continuait à perdre une grande partie des fiefs messins, notamment les châteaux comme on le voit bien dans les plaintes de 1307 et 1308[79]. Les besoins en numéraire sont importants chez Renaud, notamment à cause du coût de sa nomination par le pape et de ses activités de mécène comme commanditaire de manuscrits enluminés d'une valeur artistique remarquable[80]. Pour remédier à cette évolution néfaste, Renaud reçoit des vassaux barrois, accapare les ressources de l'abbaye épiscopale de Gorze, mais – à l'inverse du comte de Luxembourg – ne peut compter sur les prêts des banquiers messins. Il se met donc à exercer une pression financière dans tous les domaines, perçue comme illégitime et intolérable, étant donné sa nouveauté et la brutalité qui l'accompagne.

(Trierer Historische Forschungen, t. 19), et Id., Balduin von Luxemburg (um 1285–1354) Kurfürst, Bischof und Landesherr, article en ligne sur www.regionalgeschichte.net,URL : urn:nbn:de:0291-rzd-009690-20201212-4 (dernière consultation le 15 mai 2021), avec la bibliographie complémentaire. Voir aussi les trois recueils d'articles : Heyen, Franz-Josef et Mötsch, Johannes (éd.), *Balduin von Luxemburg. Erzbischof von Trier – Kurfürst des Reiches. 1285–1354*, Mayence, Verlag der Gesellschaft für mittelrheinische Kirchengeschichte, 1985 (Quellen und Abhandlungen zur mittelrheinischen Kirchengeschichte, t. 53) ; *Balduin aus dem Hause Luxemburg. Erzbischof und Kurfürst von Trier 1285-1354*, Luxembourg, éditions Saint-Paul, 2009 ; Nolden, Reiner (éd.), *Balduin von Luxemburg. Erzbischof und Kurfürst von Trier (1308-1354)*, Trèves, Stadtbibliothek und Stadtarchiv, 2010.

79 Voir l'aperçu de Parisse, Michel, « Remarques sur le destin des assises territoriales de l'évêché de Metz (8e-13e s.) », *Die alte Diözese Metz. L'ancien diocèse de Metz. Referate eines Kolloquiums in Waldfischbach-Burgalben vom 21. bis 23. März 1990*, éd. Hans-Walter Herrmann, Sarrebruck, Kommission für saarländische Landesgeschichte und Volksforschung, 1993 (Veröffentlichungen der Kom. f. saarländische Landesgeschichte und Volksforschung, t. 19), p. 73-83 (ici p. 80-83), ainsi que Schneider, Jean, « Bourgeois et officiers épiscopaux. La fin de l'avouerie et de la ministérialité épiscopale à Metz (XIIIe-XIVe siècles) », *Annuaire de la Société d'Histoire et d'Archéologie de Lorraine*, t. 48, 1947, p. 75-94.

80 Voir *supra*, p. 92, note 15 et p. 93, note 18.

Quant à sa capacité d'intégration, tant au niveau politique que sur le plan religieux, l'image est désastreuse. Plusieurs actions avancées dans les plaintes de 1307-1308 sont élevées au rang symbolique très fort : la fuite à Vic et son absence à Metz, l'installation de sujets barrois dans l'administration et l'armée, l'incapacité à garantir la paix, l'essor économique et le bon déroulement du culte. La présence barroise est perçue comme particulièrement intolérable, puisqu'il s'agit de l'image de « l'étranger », le rival, figure de repoussoir dans la construction identitaire messine auquel l'évêque est désormais associé.

Les causes du conflit sont un des terreaux de la représentation si négative que les « Messins » (au sens large du terme) se sont faits de leur évêque, et du caractère commun et englobant de celle-ci. La raison technique du processus d'élaboration de cette image en est un autre, décisif. L'adhésion de pratiquement toutes les forces politiques et religieuses de la cité et du pays messin à ce processus réside cependant dans la procédure juridique de la plainte devant la Curie pontificale. Les mécanismes devant aboutir à une enquête pour diffamation ont, semble-t-il, été entamés à l'initiative du clergé, mais l'enquête a été ensuite menée et mise dans sa forme écrite par les autorités communales. Cette coopération était au niveau juridique absolument indispensable par le fait que la *fama* est devenue un thème privilégié du droit qui « reçoit une fonction cruciale dans la procédure inquisitoire, nécessitant la *vox communiter* au niveau de la cité comme du diocèse[81]. Comme nous l'avons vu plus haut, c'est par cette enquête et son rapport écrit, rendus publics à Metz mais aussi dans tout le diocèse, que se répand l'image de l'évêque indigne dans un mélange de plaintes fondées sur des faits réels (ou du moins rapportés comme tels) et des accusations stéréotypées à caractère davantage symbolique. La *fama* était représentative de l'opinion majoritaire circulant à Metz, mais elle ne peut être assimilée à la réalité des faits, dont elle n'émet qu'une version subjective, intéressée voire manipulée. Il revenait maintenant à l'autorité pontificale de vérifier sa consistance, si elle entendait lui donner une suite. Celle-ci permettait alors de passer par les différentes étapes du procès inquisitoire, « une progression méthodique, par interrogatoire des témoins jusqu'au plus près possible de

81 Théry, « Fama : l'opinion publique comme preuve judiciaire », *loc. cit.*, p. 121.

la vérité des faits[82] ». Or, c'est ici qu'intervient évidemment l'aspect politique de la question, qui va bien au-delà du cadre messin.

Qu'en est-il dès lors de notre deuxième questionnement, la réaction du pape ? Dans l'état actuel des recherches – mais qu'il faudrait approfondir dans les archives pontificales – celle-ci n'aboutit ni à une enquête ni *a fortiori* à une condamnation. Comme dans de nombreux cas de la même époque, la *diffamatio* n'a probablement pas été validée par le pouvoir judiciaire pour pouvoir déclencher un procès dans laquelle elle aurait valu comme preuve. Le pape avait ici un pouvoir décisionnel absolu. Sans procédure préliminaire, Renaud de Bar restait officiellement de bonne « renommée » ou réputation, malgré l'« énormité[83] » des accusations. Comme le souligne Julien Théry, la mauvaise ou bonne réputation du prélat devenait ainsi une « affaire d'État », c'est-à-dire de « relations de pouvoir[84] », entre la communauté et son évêque, mais aussi au niveau du jeu de pouvoirs supra-régionaux. C'est ici que nous situons dans l'actuel état de nos connaissances la réaction du pape à l'égard de l'accusation contre le prélat messin, plus précisément dans le camp des membres de la maison comtale de Luxembourg.

Depuis 1305, comme il l'avancera lui-même plus tard, Clément V[85] avait appris à apprécier les frères Henri et Baudouin, qui lui étaient apparus dans l'entourage du roi de France. Princes francophiles en bons termes avec le roi de France, mais dont les terres patrimoniales se situaient en Empire et qui échappaient quelque peu à l'emprise de Philippe le Bel, les Luxembourg constituaient pour Clément V une ouverture vers l'Empire en même temps qu'une échappatoire contre l'omniprésent roi de France. Le pape pouvait leur offrir son soutien sans provoquer la méfiance de Philippe le Bel. Les faveurs du pape envers les Luxembourg se concrétisent le 10 mars 1308 à Poitiers, lorsque

82 *Ibid.*, p. 145, qui en explique les différentes étapes.

83 Voir sur cette notion Théry, Julien, « *Atrocitas/Enormitas*. Pour une histoire de la catégorie d'"énormité" ou "crime énorme" du Moyen Âge à l'époque moderne », *Clio@Themis. Revue en ligne d'histoire du droit*, 4, 2011 en ligne : https://publications-prairial.fr/cliothemis/index.php?id=90 (consulté le 05/07/2022).

84 *Ibid.*, p. 146 et 147.

85 L'étude classique sur Clément V demeure celle de Sophia Menache, *Clement V*, Cambridge University Press, 1998, p. 16-18 et p. 152-154, qui doit cependant être revue pour des aspects importants de la diplomatie pontificale entre France et Empire. Avec Timothy Salemme, nous comptons revenir sur ces points dans une étude à paraître sous peu. Toujours utile : Wenck, *Clemens V. und Heinrich VII*, *op. cit.*

Clément V consacra Baudouin archevêque de Trèves. Quelques jours plus tôt, Henri VII avait déjà reçu du pape le canonicat et la prébende à Trèves laissés vacants par la consécration de son frère Baudouin pour son *clericus et familiaris* Pierre d'Aix[86], qui était issu de la puissante famille messine d'origine « luxembourgeoise » des d'Aix ou d'Esch[87]. Cette nomination d'un Messin issu de l'entourage du comte de Luxembourg est à mettre en relation avec le prêt que le comte de Luxembourg reçut à cette époque à Metz pour financer sa politique en vue de l'élection comme roi des Romains.

Désormais homme de confiance du pape, le nouvel archevêque dont la province métropolitaine comprenait aussi le diocèse de Metz, se vit confier le « dossier messin ». Dès avant son départ de Poitiers, le 30 mars 1308, Baudouin reçut l'autorisation de nommer une personne de confiance pour exercer la mission de visitation dans les cités et les diocèses de sa province, et de lever une taxe à cet effet[88]. Parmi les trois nominations du même jour, se trouvaient les abbés de l'abbaye du Münster à Luxembourg et de l'abbaye d'Echternach dans le comté du même nom[89]. On peut voir dans l'insistance du pape à pousser Baudouin de Luxembourg à organiser au plus vite ces visitations un moyen subtil pour s'informer aussi sur les premières plaintes du clergé messin contre leur évêque de l'année 1307. Cette supposition se concrétisa le 30 septembre 1308, lorsque l'archevêque Baudouin chargea deux chanoines messins et son clerc, maître Henri Bouchard de Luxembourg, de mener à bien le « *visitationis negotium... de statu, vita et conversatione ministrantium et presidentium in ecclesiis, monasteriis, ceterisque locis ecclesiasticis* » de la cité et du diocèse de Metz en se référant à la lettre pontificale du 30 mars de la même année[90]. La visitation qui visait donc surtout l'état de la vie religieuse dans l'ensemble du diocèse, était-elle une réponse pontificale qui permettait de protéger l'évêque en détournant l'enquête de sa personne pour mettre en doute l'intégrité des plaignants et donc le bien-fondé de leurs accusations, ou, au contraire, devait-elle leur

86 Sauerland, *Vatikanische Urkunden*, *op. cit.*, n° 130 du 27 février 1308, p. 86.

87 Voir Lazzari, Antoine, *Une histoire messine de la dynastie impériale des Luxembourg : les « Chroniques » de Jacques Dex (vers 1439)*, Thèse de doctorat inédite, Université du Luxembourg, 2020, p. 100-137.

88 Sauerland, *Vatikanische Urkunden*, *op. cit.*, n° 133 du 30 mars 1308, p. 87.

89 *Ibid.*, n° 134.

90 *Ibid.*, n° 139, p. 88-89. Transcription complète dans HBM, *Preuves*, *op. cit.*, p. 296-297.

permettre de leur donner la parole et de prouver la responsabilité de l'évêque pour le déclin de la vie religieuse à Metz et dans l'évêché ? En d'autres termes, s'il y avait un lien très probable avec les événements de 1306-1308 à Metz, le pape entendait-il ménager Renaud ou au contraire entamer une enquête sous forme d'une visitation ?

En l'absence de documents plus explicites, nous penchons pour la première hypothèse, en nous appuyant sur l'analyse du contexte politique international. C'est dans ce domaine en effet que semble s'esquisser un revirement favorable à Renaud de Bar après le printemps 1308. Ce revirement au niveau local, il faut le mettre en lien avec la chronologie des événements politiques et diplomatiques à l'échelle globale, où s'opère un revirement parallèle. Ici s'impose le retour au moment choisi par le clergé et la ville de Metz pour s'unir et déclarer la guerre à l'évêque, moment qui correspond comme nous l'avons remarqué à la date de l'alliance de la ville avec le comte de Luxembourg, le futur empereur Henri VII. Deux documents témoignent de cette alliance. D'une part, l'acte du 29 juin 1307 qui mentionne bien l'état de guerre entre « *cil de la citeit de Mes... contre... Signour Renalt de Bair, Eveske de Mes, contre ces freires et contre les hoirs de Bair elalz lours ajuwes et lours aidansi* », et où le comte et son frère Waléran s'engagent à aider la ville de Metz[91]. On notera que l'ensemble du clan barrois y est décrit comme étant engagé du côté de l'évêque. D'autre part, une brève chronique du règne d'Henri VII, intégrée dans les chroniques de Jacques d'Esch vers 1430, qui mentionne l'aide apportée par l'empereur (!) aux bourgeois de Metz dans la guerre qu'ils menaient contre « *les Berrois et aultrez de lor malz vaillans*[92] ». Ces témoignages sont clairs : le comte de Luxembourg soutenait en 1307 la ville de Metz contre ses rivaux de Bar, ce qui permit à la cité de se positionner en force contre son évêque. Henri se fit monnayer chèrement ce soutien, ce qui lui permit de financer son élection comme roi des Romains, puis le début de son expédition italienne[93]. En

91 Supra, note 58.

92 Jacques d'Esch, *Chronique*, *op. cit.*, p. 10.

93 Voir Pundt, Marianne, « Metzer Bankiers im Spätmittelalter : Die Familie Le Gronnais (1250-1350) », *Hochfinanz im Westen des Reichs 1150-1500*, éd. Friedhelm Burgard, Trèves, Trierer Historische Forschungen e.V., 1996 (Trierer Historische Forschungen, t. 31), p. 153-177, et Reichert, Winfried, « Bischofsmitra, Wenzelskrone und Kaiserdiadem. Zur Finanzierung der luxemburgischen Herrschaft in Trier, Böhmen und im Reich zu Beginn des 14. Jahrhunderts, », *Liber Amicorum necnon Amicarum für Alfred Heit. Beiträge zur mittelalterlichen Geschichte und geschichtliche Landeskunde*, éd. Friedhelm Burgard, Trèves,

échange, les Messins ne manquèrent pas de se vanter d'être des « faiseurs d'empereur[94] ».

Si l'alliance luxembourgeoise est donc probablement un élément décisif dans l'action énergique de la ville et du clergé de Metz contre leur évêque, la politique du comte fut peut-être aussi responsable de son non-aboutissement. En effet, comme nous l'avons vu, le 8 mars 1308, Henri se trouve à Poitiers, auprès du pape Clément V, où se prépare la consécration de son frère Baudouin comme archevêque de Trèves, deux jours plus tard[95]. C'est dans l'entourage du pape qu'il se réconcilie aussi avec le jeune comte de Bar qui, contre un dédommagement substantiel, lui prête hommage pour certaines terres[96]. La réconciliation avec la famille de Bar orchestrée dans l'entourage pontifical, suivie de l'élection d'Henri VII comme roi des Romains à la fin de la même année, amena les Barrois dans le camp luxembourgeois. Le rang éminent que Thiébaut de Bar, évêque de Liège, joua dans l'entourage d'Henri VII en Italie est bien connu[97]. Il y laissa d'ailleurs sa vie, au combat pour la cause impériale.

Les détails et les objectifs de l'orchestration de la paix entre les deux maisons lotharingiennes de Luxembourg et de Bar, devront encore faire l'objet de recherches complémentaires, à situer dans un cadre territorial plus vaste, en Lotharingie, mais aussi en relation avec la politique pontificale face à Philippe le Bel. Ce n'est pas dans le cadre limité de cette étude

1996 (Trierer Historische Forschungen, t. 28), p. 63-85, particulièrement p. 81-84 pour Metz.

94 Voir ci-dessus, notes 58 et 91.

95 Supra, note 49.

96 UQB nº 1163 du mois de mars 1308.

97 Supra, note 29. Voir Margue, Michel, « Der Kaiser und sein Bischof. Kaiser Heinrich VII. und seine "besten Ritter" im Epos der Voeux de l'épervier (kurz nach 1313) », *Ein Eifler für Rheinland-Pfalz : Festschrift für Franz-Josef Heyen zum 75. Geburtstag am 2. Mai 2003*, éd. Johannes Mötsch, Mayence, Gesellschaft f. Mittelrheinische Kirchengeschichte, 2003 (Quellen und Abhandlungen zur mittelrheinischen Kirchengeschichte), p. 253-278, et Id., « *Hanrey de Lucembour emperour plus eureus que August et meilleur que Trayan.* Konstruktion und Rezeption des Kaiserbildes Heinrichs VII. in der maas-moselländischen Literatur zum Italienzug », *Europäische Governance im Spätmittelalter. Henrich VII. von Luxemburg und die großen Dynastien Europas – Gouvernance européenne au bas Moyen Âge. Henri VII de Luxembourg et l'Europe des grandes dynasties, Actes des XV*[es] *Journées lotharingiennes. 14-17 octobre 2008*, éd. Michel Pauly, Luxembourg, CLUDEM, 2010 (Publications du CLUDEM, t. 27 = Publications de la Section historique de l'Institut Grand-Ducal, t. 124), p. 131-179 (ici p. 161-177).

que nous pourrons nous étendre à ce sujet. Il convient simplement ici de considérer la position de Clément V puisqu'elle permettrait d'expliquer sa réaction face aux accusations des Messins contre leur évêque. En réconciliant les familles comtales de Bar et de Luxembourg, le pape se ménageait un allié essentiel dans son projet de créer en Empire un pouvoir capable de contenir les projets d'expansion de Philippe le Bel. Les Luxembourg réussirent en effet à refouler l'avancée française dans l'espace mosan-mosellan, en visant la couronne impériale avec le soutien venant autant de la Maison de Bar que de la ville de Metz. Mais il fallait pour cela que le pape – aidé par l'archevêque Baudouin – réussisse à faire rentrer dans le rang l'évêque de Metz Renaud, sans qu'il ne perde la face, donc sans enquête pontificale ni procédure judiciaire, mais sans non plus cautionner son attitude conflictuelle envers la ville de Metz. C'est ainsi que les sources ne mentionnent plus de conflit majeur entre les Messins et leur évêque. Renaud rentra dans le rang, et garda son évêché jusqu'à sa mort.

CONCLUSION

Au début du XIVe siècle, l'accusation d'un évêque auprès de la Curie par des chanoines pour la *fama* de ses mauvaises actions était devenue affaire courante. Il en était de même au niveau des moines portant plainte contre leur abbé. Comme l'accusation d'un clerc par les laïques était interdite, le cas de Renaud de Bar prend cependant une envergure plus large, étant donné qu'elle regroupe le clergé séculier et le clergé régulier ainsi que la communauté urbaine dans une démarche commune et bien organisée. Analysée maintes fois pour le contenu de ses accusations, elle doit être entièrement revue par l'étude de la démarche et du vocabulaire juridique employé, dont la portée a jusqu'ici échappé aux historiens. Celle-ci montre avant tout la première étape d'un processus juridique bien établi à cette époque, l'enquête et la mise par écrit rassemblant les nombreux éléments énumérant les mauvaises actions du prélat indigne du ministère qui lui avait été confié par le pape, ainsi que d'autres tout aussi « énormes » qui se situent bien au-delà du domaine ecclésiastique.

Ce changement de perspective donne alors aux atrocités citées et à la mauvaise réputation de l'évêque un autre sens.

En effet comme les éléments de la *diffamatio* de l'évêque relèvent comme dans bon nombre de dénonciations d'autres prélats du domaine des crimes stéréotypés, la *fama* publique les colportant prend le pas sur leur description. L'objectif du clergé diocésain et de la ville de Metz était certainement de donner le coup de grâce au prélat si détesté et à l'emprise croissante de la Maison de Bar sur le pays messin. Leur alliance avec la Maison de Luxembourg, contractée au même moment où les éléments de l'enquête sont rassemblés, les confortait dans leur chance de succès. Le long procès pontifical en cours contre Bernard de Castanet, évêque d'Albi, à la même époque (1307-1308) et qui aboutit finalement au déplacement de l'évêque d'Albi au Puy-en-Velay, ainsi que d'autres du même genre, laissaient présager une issue favorable.

La décision de soumettre ou non le cas de *diffamatio* de Renaud de Bar à enquête et la faculté d'évaluation de celle-ci conféraient au pape un pouvoir important, de nature politique. Davantage que d'expliquer les causes du conflit entre le prélat et ses opposants, il nous importait donc de voir pour quelles raisons la dénonciation du clergé messin amena le pape à choisir la voie de confier l'enquête sur le terrain à l'archevêque de Trèves Baudouin de Luxembourg. Ce faisant, il fallait quitter la dimension locale pour entrer dans celle, à plus large échelle, de la diplomatie et des alliances qui caractérisent l'année 1308, année cruciale pour les affaires de l'Empire aussi bien qu'au niveau des relations entre le roi Philippe le Bel et le pape Clément V. Ici se rejoignent le local et le global, le sort de l'évêque réputé indigne et les effets de la politique agressive de Philippe le Bel envers la papauté et les princes territoriaux de la frange est de l'Empire. L'alliance entre les comtes de Luxembourg et ceux de Bar qui furent réconciliés à Poitiers dans l'entourage du pape dans une action visant à limiter le pouvoir du roi de France mena à l'élection d'Henri VII de Luxembourg comme roi des Romains et accessoirement, à l'abolition de l'infamie de Renaud de Bar après enquête par son métropolitain, l'archevêque de Trèves Baudouin, de la même Maison de Luxembourg. Pour les comtes de Bar, le frère de l'évêque de Metz s'engagea à participer à l'expédition italienne d'Henri VII soutenue à ses origines par Clément V et probablement à ses vagues projets de croisade voulus également par le pape.

Quant à Renaud de Bar, il se fit une nouvelle image, pour rentrer dans l'historiographie comme un évêque qui, même s'il décéda selon les rumeurs de mort violente, gouverna « *l'éveschié moult paisiblement*[98] ».

Michel MARGUE
Université du Luxembourg

98 Philippe de Vigneulles, *Chronique*, *op. cit.*, p. 362 (déjà cité ci-dessus en introduction, p. 90 note 10).

TROISIÈME PARTIE

L'ÉPISCOPAT ENTRE MODÈLE IMPÉRIAL ET MODÈLE PASTORAL (XIVe-XVe SIÈCLE)

LA FIGURE DE L'ÉVÊQUE INDIGNE DANS LE PROCÈS ÉPISCOPAL D'UTRECHT (1423-1448)

« Mais ce fait [qu'il y eut des hommes d'une intelligence et d'une moralité insigne avant l'arrivée du Christ] aussi conduit à la même conclusion et est de nature à devoir augmenter notre piété et notre amour et non pas à nous induire à l'incrédulité, car plus nous reconnaissons notre indignité, plus nous devons reconnaître et admirer la munificence de Dieu, mais nous ne devons pas l'admirer au point de la nier[1]. »

INTRODUCTION
Construire l'indignité dans le procès

La législation canonique prêta de multiples visages à l'évêque indigne. Ce fut le cas du canon 26 adopté au concile de Latran IV (1215), puis porté au *Liber extra* (1234)[2]. Ce canon prescrit au prélat de vérifier à la fois la « procédure d'élection » (*electionis processum*) et la « personne de l'élu » (*personam electi*) avant de confirmer l'élection. Il s'agissait d'éviter la désignation de « prélats indignes » (*indigni [...] prelati*). Ainsi l'élection régulière devint-elle un critère de la dignité épiscopale.

---

1 Francesco Petrarca, « À un ami qui doute de la foi catholique » (29 mars 1353 ?), trad. André Longpré, *Lettres familières*, l. 16, n° 4, Paris, Les Belles Lettres, 2005 (Les classiques de l'humanisme), p. 42-51, ici p. 44.

2 X, 1, 6, 44 [Latran IV, c. 26] éd. Emil Friedberg, *Corpus iuris canonici*, 2 t., Leipzig, Tauchnitz, 1879 et 1881, t. 2, col. 89-90, ici col. 89. Sur la législation électorale de Latran IV, Delivre, Fabrice, « Une constitution électorale. Théories et pratiques au miroir de *Quia propter* », *The fourth Lateran council and the* ius commune, éd. Atria Larson et Andrea Massironi, Turnhout, Brepols, 2018 (*Ecclesia militans*, 7), p. 111-146.

Les dispositions juridiques définirent les qualités exigibles des évêques (âge, connaissances, mœurs, etc.) avec plus de rigueur encore que pour les simples prêtres[3]. La hiérarchie des pouvoirs ecclésiastiques s'accompagnait d'exigences croissantes. Le dimorphisme entre clercs et laïcs s'en trouvait justifié, sur lequel reposait le gouvernement pastoral comme sa contestation[4]. L'idéal pastoral de l'évêque digne de gouverner clercs et fidèles du diocèse dessinait, en creux, le contre-modèle du pasteur indigne. Les qualités exigées des candidats à l'épiscopat ne constituèrent pas seulement la norme comportementale, sur le plan éthique et gouvernemental, du bon pasteur. Elles devinrent des droits opposables, susceptibles d'être invoqués contre ceux qui ne les remplissaient pas. Sur la scène judiciaire, le défaut de l'un ou l'autre de ces critères pouvait fonder l'incapacité juridique de ceux qui exerçaient l'épiscopat ou y prétendaient, en particulier s'ils n'avaient pas obtenu de dispense pontificale. Saisies dans le droit et la procédure canoniques, les qualités de l'évêque digne prenaient des effets que seule la grâce souveraine du pape pouvait suspendre.

Plus encore que le défaut d'âge ou de connaissances, les crimes, actes violents et homicides scellaient l'indignité de l'évêque comme du prétendant à l'épiscopat. Dans le Décret de Gratien compilé vers 1140, l'indigne est assimilé au meurtrier paradigmatique, Caïn, qui, loin de s'en repentir, nia son crime[5]. Repoussoir ecclésial, le clerc indigne était reconnu comme tel par le corps social et il encourrait l'indignation divine[6]. Le partage entre dignité et indignité se jouait dans le lien à Dieu, comme l'illustre la lettre de Pétrarque « À un ami qui doute de la foi catholique » citée en exergue.

D'emploi courant – en témoignent les quatre-vingt-seize occurrences de l'adjectif *indignus* dans le Décret de Gratien – l'indignité connut une conceptualisation, semble-t-il, assez faible et tardive dans la doctrine

3 Par exemple, Grat., D. 23 c. 2 [Collection dite IVe concile de Carthage, c. 1] éd. Emil Friedberg, *op. cit.*, t. 1, col. 79-80, ici col. 79.

4 Foucault, Michel, *Sécurité, territoire, population. Cours au Collège de France (1977-1978)*, éd. Michel Senellart, Paris, Gallimard-Seuil, 2004, « Leçon du 1er mars 1978 », p. 195-232, ici p. 206 et 212-214.

5 Grat., *De Poen.*, D. 1 c. 47 [Ambroise, *De Paradiso*, c. 14] éd. Emil Friedberg, *op. cit.*, t. 1, col. 116.

6 X, 2, 15, 1 [Alexandre III aux prieur et frères de Gysburne, 1159] éd. Emil Friedberg, *op. cit.*, t. 2, col. 298.

canonique[7]. Cette notion reste absente des glossaires et répertoires juridiques du Moyen Âge. On la cherche en vain dans les célèbres *Marguerites* de Martin le Polonais (m. 1278) ou dans le répertoire minutieux que le juriste bolonais Antonio Corseti établit, deux siècles plus tard, à partir des foisonnants commentaires doctrinaux du Panormitain[8]. Dans le *Dictionnaire de droit canonique et de pratique bénéficiale* publié en 1761, le canoniste gallican Philippe-Toussaint Durand de Maillane consacra, pour sa part, un court article aux « indignes[9] ». L'auteur y subsume l'indignité dans la catégorie plastique des incapacités juridiques de tenir des bénéfices ecclésiastiques. Les indignes désignent ainsi les clercs dont l'incapacité relevait de la sphère du crime, qu'ils en fussent reconnus coupables par jugement ou simplement soupçonnés. Et l'article recense trente-six incapacités entraînant l'indignité[10]. Y figurent, entre autres, hérétiques, schismatiques et simoniaques, sorciers, faussaires et excommuniés, concubinaires ou parjures, etc. Dans sa notice comme par le système de renvois, Durand de Maillane signale la porosité entre l'indignité, l'infamie et l'irrégularité[11].

La question de la capacité et de la dignité des évêques s'est posée avec une acuité particulière à la fin du Moyen Âge. L'Église latine était alors en proie à de profondes divisions : d'abord le Grand Schisme d'Occident (1378-1417), puis la contestation conciliaire de la monarchie pontificale (1417-1449)[12]. Dans ce contexte conflictuel, clercs et princes prirent l'habitude de choisir leur obédience : papes romain ou avignonnais, puis papauté ou concile général[13]. Or les marges occidentales de l'Empire se

7 Reuter, Timothy et Silagi, Gabriel, *Wortkonkordanz zum Decretum Gratiani*, t. 3, Munich, Monumenta Germaniae Historica, 1990 (Hilfsmittel, 10/3), « *Indignus* », p. 2254-2256.

8 Martin Le Polonais, *Margarita Decreti seu tabula Martiniana Decreti*, Paris, Jean Petit, 1500 (?). Antonius Corsetus Siculus, *Repertorium [...] ad Nicolai abbatis Panormitani commentari super decretalium et clementinarum libros, item ad consilia et questiones [...]*, Venise, Juntas, 1588.

9 Durand de Maillane, Philippe-Toussaint, *Dictionnaire de droit canonique et de pratique bénéficiale conféré avec les maximes et la jurisprudence de France*, 2 t., Avignon, Jean-Baptiste Bauche, 1761, « Indigne, indignité », t. 2, p. 43-44.

10 *Ibid.*, « Incapables », t. 2, p. 26-28. Sur cette notion selon le Code de 1917, Naz, Robert, « Inhabilité » dans *Dictionnaire de droit canonique*, t. 5, Paris, Letouzey, 1953, col. 1361-1363.

11 *Ibid.*, « Infamie » et « Irrégularité », t. 2, p. 71-75 et p. 110-122.

12 Müller, Heribert, *Die kirchliche Krise des Spätmittelalters. Schisma, Konziliarismus und Konzilien*, Munich, Oldenbourg, 2012 (Enzyklopädie deutscher Geschichte, 90).

13 D'Avray, David L., *Medieval religious rationalities. A Weberian analysis*, Cambridge, Cambridge university press, 2010, p. 48.

trouvaient au contact des obédiences qui s'étaient formées dès le début du schisme, entre le royaume de France, favorable à Clément VII, et la partie orientale de l'Empire, fidèle à Urbain VI. Les tentatives successives pour résoudre le schisme stimulèrent les débats réformateurs et contribuèrent à redéfinir l'idéal pratique du bon pasteur[14]. Les conciles réunis pour faire l'unité, puis réformer l'Église entendirent restaurer les élections épiscopales. Ce fut une préoccupation essentielle du concile de Bâle (1431-1449), qui légiféra à plusieurs reprises sur ce point[15]. La réforme se comprenait alors comme limitation de la souveraineté pontificale, les droits des chapitres électeurs devant contenir l'interventionnisme bénéficial du pape, la multiplication des réserves et autres grâces jugées abusives. En pleine affirmation institutionnelle, les Églises nationales dénonçaient la papauté pourvoyeuse d'évêques indignes. Ce fut en particulier le cas de l'Église du royaume de France, dans le long préambule de la Pragmatique Sanction de Bourges (7 juillet 1438), qui transposait en droit royal vingt-quatre décrets bâlois, dont deux sur les élections[16].

Nombreux furent les conflits qui opposèrent des prétendants à un même évêché : l'un désigné par le pape, l'autre élu par le chapitre. Pour contrer les nominations pontificales, les chapitres canoniaux invoquèrent la législation réformatrice des conciles et ils en appelèrent à ceux-ci. S'opposant au pape qui prétendait le dissoudre, voulant réformer l'Église par le rétablissement des élections épiscopales, le concile de Bâle (1431-1449) reçut de tels appels et il s'érigea en tribunal souverain de l'Église latine[17]. Ces litiges se concentrèrent dans les zones de contact

14 Sère, Bénédicte, « *Bonus pastor animam suam dat pro ovibus suis* (Jn 10, 11). Le thème du Bon Pasteur au cœur des débats du Grand Schisme » dans *Apprendre, produire, se conduire : le modèle au Moyen Âge (45ᵉ congrès de la Shmesp, Nancy-Metz, 22-25 mai 2014)*, Paris, Publications de la Sorbonne, 2015 (Histoire ancienne et médiévale, 139), p. 125-139.

15 Concile de Bâle, décrets *Sicut in construenda* (12ᵉ session, 13 juillet 1433), *Licet dudum* (23ᵉ, 24 mars 1436) et *Magna nobis* (38ᵉ, 30 octobre 1439) éd. Joachim W. Stieber, *Conciliorum oecumenicorum generaliumque decreta*, Turnhout, Brepols, 2013 (*Corpus christianorum*), t. 2/2, p. 891-895, 979-980 et 1092-1094.

16 Charles VII, Pragmatique Sanction de Bourges (7 juillet 1438) éd. Jürgen Miethke et Lorenz Weinrich, *Quellen zur Kirchenreform der grossen Konzilien des 15. Jahrhunderts*, Darmstadt, Wissenschaftliche Buchgesellschaft, 2002, t. 2, n° 26, p. 412-441, ici p. 416 et 418.

17 Stieber, Joachim W., *Pope Eugenius IV, the council of Basel and the secular and ecclesiastical authorities in the Empire. The conflict over supreme authority and power in the Church*, Leyde, Brill, 1978 (Studies in the history of christian thought, 13) ; Helmrath, Johannes, *Das Basler Konzil, 1431-1449. Forschungsstand und Probleme*, Cologne, Böhlau, 1987 (Kölner

entre obédiences, en particulier dans les diocèses gascons et les marges occidentales du Saint Empire romain germanique[18]. Ce dernier espace présente la particularité d'être intégré au puissant « système de l'Église impériale » (*Reichskirchensystem*) qui caractérisait l'Empire germanique depuis sa refondation ottonienne[19]. Le contrôle des principautés ecclésiastiques y suscita des rivalités particulièrement âpres, comme l'étude pionnière d'Erich Meuthen l'a montré à propos de Trèves[20].

La présente étude concerne, non pas la contestation de l'évêque par des tiers, mais la contestation entre évêques ou, du moins, entre prétendants à l'épiscopat dans les Anciens Pays-Bas travaillés par le projet politique de l'État bourguignon. Comment les conflits et procès épiscopaux qui s'y développèrent contribuèrent-ils à dessiner le contre-modèle social de l'évêque indigne ? Le litige de l'évêché d'Utrecht, qui dura vingt-cinq ans, de 1423 à 1448, constitue le terrain de l'étude, en particulier les procédures menées au concile de Bâle entre l'été 1432 et l'été 1436. La principauté ecclésiastique d'Utrecht devint alors un enjeu disputé dans la construction territoriale de la Grande Principauté bourguignonne, par laquelle Philippe le Bon entendait notamment contrôler le comté de Hollande et étendre son influence au duché de Gueldre[21]. Les ambitions

---

historische Abhandlungen, 32), p. 188-193 ; Müller, Heribert, *Frankreich, Burgund und das Reich im späten Mittelalter. Ausgewählte Aufsätze*, éd. Gabriele Annas, Peter Gorzolla, Christian Kleinert et Jessika Nowak, Tübingen, Mohr Siebeck, 2011 (Spätmittelater, Humanismus, Reformation, 56), p. 215-263 ; Sudmann, Stefan, *Das Basler Konzil. Synodale Praxis zwischen Routine und Revolution*, Francfort-sur-le-Main, Peter Lang, 2005 (TraditionReform-Innovation. Studien zur Modernität des Mittelalters, 8), p. 46-138.

18 Maillard-Luypaert, Monique, *Papauté, clercs et laïcs. Le diocèse de Cambrai à l'épreuve du Grand Schisme d'Occident (1378-1417)*, Bruxelles, Publications des facultés universitaires Saint-Louis, 2001 (Publications des facultés universitaires Saint-Louis, 88), p. 389-399; Labarthe, Hugues, *Un espace-frontière au défi d'une crise internationale (Grand Schisme d'Occident – Gascogne, vers 1370-1430)*, dir. Michelle Fournié et Hélène Millet, université Toulouse 2, 2009 (non consulté); Schaller-Hauber, Dorothea M., *Der Strassburger Bistumsstreit. Ein Beispiel zum Bischofswahlrecht des Domkapitels im Spätmittelalters*, Ostfildern, Jan Thorbecke, 2011.

19 Reuter, Timothy, « The Imperial Church system of the Ottonian and Salian rulers : a reconsideration », *The journal of ecclesiastical history*, t. 33/3 (juillet 1982), p. 347-374. Sur la réforme de ce système, voir la contribution de Christine Barralis.

20 Meuthen, Erich, *Das Trierer Schisma von 1430 auf dem Basler Konzil. Zur Lebengeschichte des Nikolaus von Kues*, Munster, Aschendorff, 1964 (Buchreihe der Cusanus-Gesellschaft, 1).

21 Sur la construction étatique bourguignonne, Schnerb, Bertrand, *L'État bourguignon, 1363-1477*, Paris, Perrin, 1999 ; Lecuppre-Desjardin, Élodie, *Le royaume inachevé des ducs de Bourgogne (XIVe-XVe siècles)*, Paris, Belin, 2016 (Histoire). Sur la volonté princière de choisir l'évêque d'Utrecht, Prevenier, Walter et Blockmans, Wim, *Les Pays-Bas bourguignons*, trad. Alain Dierkens, Anvers, Fonds Mercator, 1983, p. 206, 209, 220 et

du prince bourguignon se heurtèrent à de puissants lignages aristocratiques, locaux ou originaires de la moyenne vallée du Rhin. Rattachant Utrecht à la province de Cologne, la géographie ecclésiastique renforçait l'intégration de cette principauté à l'Empire germanique[22]. La longueur, l'âpreté du conflit tiennent aux vives tensions qui divisaient l'espace politique entre l'autorité impériale, le duc de Bourgogne et les grandes familles aristocratiques, mais aussi aux dissensions de l'Église latine entre la papauté, l'autorité conciliaire et les puissants princes ecclésiastiques.

Pour comprendre comment ces procès mobilisèrent le contre-modèle pastoral de l'évêque indigne, il convient d'esquisser, à gros traits, le long et complexe conflit épiscopal d'Utrecht, qui opposa Rudolf von Diepholz à Sweder van Culemborg, puis Walram von Moers. Sur le fondement de la riche documentation conservée des procès conciliaires, je montrerai comment chaque partie souleva l'incapacité juridique de la partie adverse pour faire valoir ses droits. L'argumentation juridique sur l'incapacité permit de réintroduire la question du choix des personnes au centre des débats judiciaires.

LE COMPLEXE CONFLIT RELATIF À L'ÉVÊCHÉ D'UTRECHT (1423-1448)

Sans prétendre élucider, ici, tous les ressorts et les enjeux de conflits emboîtés, dégageons les principales phases de la contestation. Le litige remonte à la vacance du siège d'Utrecht, ouverte par la mort de l'évêque Friedrich von Blankenheim (10 octobre 1423)[23]. Un mois plus tard,

---

242-246 ; Toussaint, Joseph, *Les relations diplomatiques de Philippe le Bon avec le concile de Bâle (1431-1449)*, Louvain, Bibliothèque de l'université, 1942 (Université de Louvain, recueil de travaux d'histoire et de philologie, 3e série, 9), chap. 6.

22 Grosse, Rolf, *Das Bistum Utrecht und seine Bischöfe im 10. und frühen 11. Jahrhundert*, Cologne, Böhlau, 1987 (Kölner historische Abhandlungen, 33).

23 Eubel, Conrad, *Hierarchia catholica medii aevi et recentioris aevi sive summorum pontificum, SRE cardinalium, ecclesiarum antistitum series e documentis tabularii praesertim Vaticani collecta, digesta, edita*, 2 t., Munster, 1898 et 1901 rééd. 1913-1914, t. 1, p. 491. Friedrich von Blankenheim avait été le candidat du parti clémentiste au siège de Strasbourg, avant d'être transféré à Utrecht par Boniface IX (7 juillet 1393) ; Schaller-Hauber, Dorothea M., *op. cit.*, p. 25-28 et 122-124.

le 9 novembre 1423, les chanoines désignèrent Rudolf von Diepholz, issu d'une famille comtale de la moyenne vallée du Rhin et chanoine de l'église métropolitaine de Cologne[24]. Dans le diocèse d'Utrecht, la procédure électorale impliquait cinq chapitres : ceux de la cathédrale Saint-Martin et de quatre collégiales – Saint-Sauveur (Oudmunster), Saint-Pierre, Saint-Jean et Notre-Dame[25]. Techniquement, cette désignation était une « postulation » (*postulatio*) : les chanoines électeurs avaient choisi un candidat inéligible, qui devait obtenir une dispense du pape. À ce stade du conflit, il n'était guère question de l'indignité du postulé. L'inéligibilité ne le rendait nullement indigne, comme le précise l'Hostiensis dans sa *Somme dorée*. Synthétisant les dispositions du titre du *Liber extra* sur la postulation (X, 1, 5, 1-6), il distingue bien la postulation, consécutive à un défaut, de l'indignité, induite par le vice[26].

Sollicité par le collège électoral, Martin V (1417-1431) ne confirma toutefois pas le candidat des chanoines. Après avoir envisagé un transfert, il nomma le prévôt d'Utrecht, Sweder van Culemborg, le 6 février 1425[27]. Le litige opposait ainsi un prétendant élu par les chanoines au bénéficiaire d'une provision pontificale, selon une configuration courante dans la première moitié du XVe siècle. Portés par les projets réformateurs des conciles, les chapitres défendaient leurs droits électoraux. De manière plus inhabituelle, la rivalité nourrit une véritable guerre, qui causa la partition de l'espace diocésain. De puissants pouvoirs s'y affrontaient : Sweder van Culemborg était soutenu par une minorité de chanoines et, surtout, le duc de Bourgogne Philippe le Bon qui convoitait l'héritage de sa cousine Jacqueline de Bavière (comtés de Hainaut, Hollande et Zélande, seigneurie de Frise) ; Rudolf von Diepholz réunissait, pour sa part, la majorité des chanoines, la cité d'Utrecht et ceux qui voulaient freiner l'hégémonie bourguignonne. Il s'agissait notamment des anciens

24 Instrument de la postulation de Rudolf von Diepholz (9 novembre 1423) dans Bâle, Universitätsbibliothek [désormais UB], E I 7, fol. 10-30v. Sur le procès épiscopal d'Utrecht, Post, Reinier R., *Geschiedenis der Utrechtsche Bisschopsverkiezingen tot 1535*, Leipzig, Duncker und Humblot, 1933 (Bijdragen van het Instituut voor middeleeuwsche geschiedenis der Rijks-Universiteit te Utrecht, 19), p. 134-163 ; Sudmann, Stefan, *op. cit.*, p. 76-82.

25 van den Hoven van Genderen, Bram, *De heren van de Kerk. De kanunniken van Oudmunster te Utrecht in de late middeleeuwen*, Zutphen, 1997, « Summary. The Lords of the Church. The Canons of Oudmunster in Utrecht in the later Middle Ages », p. 683-706.

26 Henri de Suse dit Hostiensis, *Summa aurea*, l. 1, *De postulatione prelatorum*, n° 1 éd. Venise, Jacobus Vitalis, 1574, col. 90-96, ici col. 90-91.

27 Martin V, lettre (6 février 1425) dans Bâle, UB, E I 8, fol. 298-300.

partisans de la comtesse de Hollande et de la famille d'Egmont, à la tête du duché de Gueldre[28].

Pour imposer son candidat, le pape Martin V désigna une commission d'enquête contre les « rebelles » (*rebelles*) au printemps 1425. Au terme de l'enquête, Sweder van Culemborg fut admis au chapitre, le 22 février 1425. Mais l'état de guerre persistait et la cité d'Utrecht finit par expulser le candidat pontifical, au début de l'année 1427, pour se placer sous la protection de son rival[29]. À Utrecht, Martin V ne put imposer son candidat auquel son successeur conserva d'abord sa faveur. La politique bourguignonne connut un revirement : pour mieux renforcer son influence, Philippe le Bon retira son soutien à Sweder van Culemborg au profit du candidat de la cité, Rudolf von Diepholz. Il sut convaincre Eugène IV (1431-1447) de rallier son nouveau choix, et obtint la nomination d'une seconde commission d'enquête, désormais favorable au candidat d'Utrecht.

Contre le second procès pontifical, Sweder van Culemborg fit appel au concile de Bâle, le 14 juillet 1432[30]. Par sa tenue, sa résistance à la papauté, le concile offrait de nouvelles possibilités de recours aux justiciables qui souhaitaient contester une décision pontificale. Lorsqu'elle fut soumise à l'assemblée conciliaire, l'affaire d'Utrecht avait atteint un degré de complexité inhabituel : elle opposait un candidat pourvu, désormais condamné par le pape, à un candidat postulé par le chapitre, par la suite reconnu par le pape. Les rebondissements géopolitiques, en particulier le revirement bourguignon, avaient brouillé les légitimités. Espérant résoudre le conflit, le 10 décembre 1432, Eugène IV transféra Sweder van Culemborg à Césarée en Palestine, puis il pourvut Rudolf von Diepholz de l'évêché d'Utrecht[31]. Le conflit s'en trouvait à nouveau

28 Denys, Catherine et Paresys, Isabelle, *Les Anciens Pays-Bas à l'époque moderne, 1404-1815*, Paris, Ellipses, 2007 rééd. 2016 (Le monde, une histoire ; Mondes modernes), p. 7-9 ; Van Winter, Johanna Maria, « Das Bistum Utrecht zwischen Geldern und Holland » dans *Herzogtum Geldern*, dir. Johannes Stinner et KarlHeinz Tekath, 2 t., Geldern, Verlag des Historischen Vereins für Geldern und Umgegend, 2001 (Veröffentlichungen des Historischen Vereins für Geldern und Umgebung, 100 ; Veröffentlichungen der Staatlichen Archive des Landes Nordhrhein-Westfalen, Ausstellungskataloge Staatlicher Archive, 30), t. 1 : *Gelre – Geldern – Gelderland. Geschichte und Kultur des Herzogtum Geldern*, p. 113-116, ici p. 116.

29 Instrument (3 janvier 1427) dans Bâle, UB, E I 7, fol. 56-57 et 178-183v.

30 Appel de Sweder van Culemborg au concile de Bâle (14 juillet 1432) dans Bâle, UB, E I 8, fol. 204-215.

31 Eubel, Conrad, *op. cit.*, t. 2, p. 113.

reconfiguré : un candidat pourvu, puis transféré par le pape, s'opposait dès lors à un candidat postulé, puis pourvu par le pape. Contre ce coup de majesté pontificale, le concile affirma sa souveraineté : il cassa la lettre pontificale, le 30 janvier 1433, sans pouvoir publier sa décision à Utrecht, toujours acquise à Rudolf von Diepholz[32]. Alors que le procès conciliaire semblait tourner à sa faveur, Sweder van Culemborg mourut à Bâle durant l'été 1433[33].

Minoritaires, les chanoines d'Utrecht qui soutenaient le défunt refusèrent de reconnaître son adversaire. Ils se réunirent dans le sud-ouest du diocèse, à Dordrecht, et désignèrent Walram von Moers, le 10 novembre 1433[34]. Issu d'une famille comtale de la moyenne vallée du Rhin, ce nouveau prétendant bénéficiait du puissant soutien de l'archevêque de Cologne Dietrich von Moers (1414-1463), son frère aîné. Celui-ci l'ordonna prêtre, puis il admit sa désignation[35]. Cette décision s'inscrit dans la stratégie familiale des Moers pour contrôler l'espace ecclésiastique rhénan dans les années 1420-1450[36]. Un second procès d'Utrecht s'ouvrit à Bâle au printemps 1434. Il opposait désormais deux candidats postulés à dix ans d'intervalle, alors que la principauté d'Utrecht restait divisée par la guerre diocésaine. Rudolf von Diepholz contrôlait toujours Utrecht, avec le soutien des élites urbaines, du duc de Bourgogne et de son allié, le duc de Clèves. Walram von Moers tenait, quant à lui, la partie orientale du diocèse avec l'appui de l'archevêque de Cologne, du duc de Gueldre et de l'empereur Sigismond (1433-1437).

32 Concile de Bâle, lettre cassant le transfert (30 janvier 1433) dans Bâle, UB, E I 8, fol. 242v-247 et 475-477v.

33 À la nouvelle du décès de son adversaire, Rudolf von Diepholz obtint d'Eugène IV la confirmation de sa provision (Eugène IV, lettre (11 octobre 1433) dans Bâle, UB, E I 7, fol. 279-v).

34 Procès-verbal de la postulation de Walram von Moers (10 novembre 1433) dans Bâle, UB, E I 8, fol. 89-91.

35 Procès-verbal de la consécration de Walram von Moers (8 décembre 1433) dans Bâle, UB, E I 7, fol. 289v. Dietrich von Moers, admission de la postulation (5 mars 1434), *ibid.*, fol. 70-73v.

36 Droege, Georg, *Verfassung und Wirtschaft in Kurköln unter Dietrich von Moers (1414-1463)*, Bonn, Röhrscheid, 1957 (Rheinisches Archiv, 50), p. 42-43 et 45-63. Sur les alliances conclues par les Moers, Paravicini, Werner, *Moers, Croy, Burgund. Eine Studie über dem Niedergang des Hauses Moers in der zweiten Hälfte des 15. Jahrhunderts. Wilhelm Ebel zum 70. Geburstag*, Bonn, Röhrscheid, 1978 (Annalen des historischen Verheins für den Niederrhein, 179).

Le soutien de l'archevêque de Cologne fut sans doute déterminant, tant ce prélat était influent au concile[37]. Il explique, semble-t-il, l'échec des projets de pacification que le concile conçut à la demande de l'empereur et du pape[38]. Il pesa sur la sentence que le concile rendit en faveur de Walram von Moers, le 3 juillet 1436[39]. Cette sentence ne clôt pas le conflit, loin s'en faut[40]. Rudolf von Diepholz continua de contrôler Utrecht et la majeure partie du diocèse jusqu'à sa mort en 1455[41]. Walram von Moers conserva, pour sa part, le soutien du concile de Bâle et il fut créé cardinal par Félix V, le 12 avril 1440[42]. Il revendiqua l'évêché d'Utrecht jusqu'en 1448, date à laquelle il rallia Eugène IV, avant de succéder à son parent, Heinrich von Moers, comme évêque de Münster (1450-1456)[43]. En dépit des privations prononcées par Eugène IV, son aîné Dietrich von Moers conserva le contrôle de la province de Cologne jusqu'à sa mort en 1463[44]. La rivalité entre les Moers et les Diepholz se poursuivit dans le diocèse d'Osbnabrück dans les années 1450[45]. Durant plus de vingt-cinq ans, le conflit épiscopal d'Utrecht divisa le clergé et l'espace diocésains en profondeur[46]. Son importance fut telle qu'Enea

---

37 Droege, Georg, *op. cit.*, p. 28-30 et 54-57.

38 Projet de pacification de plusieurs conflits épiscopaux (hiver 1434) dans Bâle, UB, E I 6, fol. 210-212 éd. Erich Meuthen et Hermann Hallauer, *Acta Cusana. Quellen zur Lebensgeschichte des Nikolaus von Kues*, Hambourg, F. Meiner, 1976, t. 1/1, nº 230a, p. 159-160. Le pape demanda au concile d'obtenir que l'archevêque de Cologne renonçât à soutenir les droits de son frère, en vain : Eugène IV, lettre (20 septembre 1434) dans Bâle, UB, E I 7, fol. 236v-237v.

39 Concile de Bâle, sentence dans le procès d'Utrecht (3 juillet 1436) éd. Giovanni Domenico Mansi, *Sacrorum concoliorum nova et amplissima collectio [...]*, Venise, Antonio Zatta, 1788, t. 29, col. 414-415. Cette sentence fut rendue sur le fondement du rapport présenté par les juges commis ; Juan de Segovia, *Historia gestorum generalis synodi Basiliensis*, l. 10, c. 13, éd. Ernest Birk, *Monumenta conciliorum generalium seculi decimi quinti*, Vienne, Österreichische Akademie der Wissenschaften, 1872, t. 2, p. 897-898.

40 Débouté de ses droits à l'évêché d'Utrecht, Rudolf von Diepholz fit appel de la sentence conciliaire au Siège apostolique durant l'été 1436 ; procès-verbal de l'assemblée générale du concile de Bâle (12 octobre 1436) dans Pierre Brunet, protocole conciliaire, éd. Johannes Haller, *Concilium Basiliense*, Bâle, Helbing und Lichtenhahn, 1903, t. 4, p. 297-300, ici p. 299.

41 Eubel, Conrad, *op. cit.*, t. 2, p. 253.

42 *Ibid.*, t. 2, p. 9.

43 *Ibid.*, t. 2, p. 194.

44 Eugène IV le priva le 26 janvier 1446, puis le 24 janvier 1448, pour conférer l'archevêché de Cologne à Adolphe de Clèves, fils mineur du duc de Clèves ; *ibid.*, t. 1, p. 198 et t. 2, p. 132.

45 *Ibid.*, t. 2, p. 208. Droege, Georg, *op. cit.*, p. 42-44.

46 Procès entre Pierre Passert et Lambert Vlieger, chanoines d'Utrecht (1431-1432) dans Bâle, UB, E I 7, fol. 32-44 et 205-225 ; E I 8, fol. 93-98v. Appel d'Évrard Lakespreen

Silvio Piccolomini l'évoqua dans l'ouvrage dédié à Frédéric III en 1458 et, par la suite, intitulé *Sur l'Europe*[47]. Les procès d'Utrecht constituaient bien un élément d'analyse de la géopolitique européenne.

L'INCAPACITÉ JURIDIQUE DANS LES DOSSIERS DE RUDOLF VON DIEPHOLZ

Des procès instruits au concile de Bâle, une abondante documentation est conservée à la bibliothèque de l'université de Bâle : trois volumineux manuscrits comportent près de mille deux cents feuillets d'écritures judiciaires[48]. Il s'agit de dossiers composés par les défenseurs des parties, pour soutenir les droits de leur client. Les pièces de procédure y sont rassemblées selon une double logique chronologique et typologique. Les trois manuscrits datent du second procès conciliaire : le premier (E I 8) fut composé dès l'ouverture de celui-ci, au printemps 1434 ; le deuxième (E I 6) dans les années 1434-1435 ; le troisième (E I 7) principalement dans la première moitié de l'année 1436. Les deux premiers manuscrits (E I 8 et 6) conservent des pièces des procès antérieurs : du premier procès conciliaire de 1432-1433, mais aussi des deux enquêtes pontificales réalisées de 1425 à 1427, puis en 1431-1432. La procédure d'appel assura la transmission des pièces. Les parties firent aussi le lien : Rudolf von Diepholz fut impliqué dans les deux procès successifs ; contre lui, la majorité des chanoines soutint Sweder van Culemborg, puis Walram von Moers. La continuité des acteurs favorisa le remploi de pièces et arguments d'un procès à l'autre. Les procédures se sédimentèrent dans les dossiers, formant des strates judiciaires qui furent travaillées par les forces telluriques du débat contradictoire.

---

au concile de Bâle contre la provision pontificale du décanat de cette église en faveur de Gérard Brant (17 novembre 1433), E I 8, fol. 93-98v. Les registres d'audience conservés de la Rote conciliaire mentionnent 9 affaires du diocèse d'Utrecht : Gilomen, Hans-Jörg, *Die Rotamanualien des Basler Konzils. Verzeichnis der in den Handschriften der Basler Universitätsbibliothek behandelten Rechtsfälle*, Tubingen, De Gruyter, 1998 (Deutschen Historischen Institut in Rom), n° 466-474, col. 870-893. L'une de celles-ci se réfère au procès épiscopal : *ibid.*, n° 472, col. 878-887, ici col. 882.

47 Enea Silvio Piccolomini, *De gestis sub Friderico III* dit *De Europa* (1458), c. 36, § 121 éd. Adrian van Heck, Cité du Vatican, Biblioteca apostolica Vaticana, 2001 (Studi e testi, 398), p. 142.

48 Bâle, BU, E I 6-8.

Parmi les trois cent vingt-et-unes pièces de procédure conservées dans les trois manuscrits, quatre-vingt-cinq furent produites par les défenseurs de l'un des trois prétendants à l'évêché d'Utrecht. Conçues par les procureurs ou les avocats des parties, elles prennent la forme d'articles, introduits par l'adverbe *Item*, voire numérotés. En dépit de cette présentation homogène, les pièces des défenseurs revêtent des fonctions procédurales diversifiées : les « informations » (*informationes*) présentent les faits ; les « articles » (*articuli*) avancent des éléments factuels ou juridiques sur le litige dans son ensemble ou sur une question particulière dont les défenseurs entendent apporter la preuve ; souvent rédigées par un avocat, les « allégations » (*allegationes*) se distinguent des articles par une argumentation de nature juridique, qui s'inspire plus directement des « conseils » (*consilia*) que des universitaires pouvaient donner[49].

Les pièces sont rarement datées et la conservation lacunaire des comptes rendus d'audience empêche de les situer dans le déroulement procédural. Elles sont munies de titres et souvent annotées, ce qui permet d'attribuer les dossiers constitués à l'une ou l'autre partie et de cerner ainsi la stratégie judiciaire adoptée. Les trois manuscrits comportent, pour la plupart, des pièces composées pour la défense de Rudolf von Diepholz ou annotées par ses défenseurs, procureurs et avocats. Parmi ceux-ci, il convient de citer l'avocat consistorial Francesco della Croce, dont Martin Steinmann a identifié la main italienne dans les différents manuscrits[50]. C'est pour l'essentiel le point de vue de la partie perdante que livrent les dossiers conservés.

Dans le second procès épiscopal d'Utrecht, les défenseurs de Walram von Moers invoquèrent abondamment « l'incapacité juridique » (*inhabilitas*)

49 Sur les conseils conservés aux archives d'Utrecht, Meuthen, Erich, « Konsilien Kölner Professoren zum Utrechter Bistumsstreit, 1425-1426 » dans *Menschen und Strukturen in der Geschichte Alteuropas. Festschrift für Johannes Kunisch zur Vollendung seines 65. Lebensjahres, dargebracht von Schülern, Freunden und Kollegen*, éd. Helmut Neuhaus et Barbara Stollberg-Rilinger, Berlin, Duncker und Humblot, 2002 (Historische Forschungen, 73), p. 1-17.

50 Bâle, UB, E I 6, fol. 277-288, 299-306 et 340-341 ; E I 7, fol. 328-329 ; E I 8, fol. 482-490. Steinmann, Martin, *Beschreibungen E I 1-10*, inventaire dactyl. Sur Francesco della Croce, Meuthen, Erich, « Rota und Rotamanuale des Basler Konzils, mit Notizen über den Rotanotar Johannes Wydenroyd aus Köln » dans *Römisches Kurie. Kirchliche Finanzen. Vatikanisches Archiv. Studien zu Ehren von Hermann Hoberg*, dir. Erwin Gatz, t. 2, Rome, Università Gregoriana, 1979 (*Miscellanea historiae pontificiae*, 46), p. 473-518, ici p. 507-508 ; Belloni, Cristina, *Francesco della Croce. Contributo alla storia della Chiesa ambrosiana nel Quattrocento*, Milan, NED, 1995 (Archivio ambrosiano, 71), p. 55-59.

de la partie adverse[51]. Plusieurs pièces entendent ainsi démontrer que Rudolf von Diepholz était « incapable » de devenir évêque, les défenseurs employant les deux adjectifs latins *inhabilis* et *incapax*. Une série de vingt-neuf articles, numérotés en chiffre romains, concerne exclusivement l'incapacité juridique de Rudolf von Diepholz[52]. Sur cette question, l'avocat Francesco Bossi rédigea pour Walram von Moers un long avis qui, structuré en trois parties subdivisées en points, occupe vingt-quatre folios denses[53]. Le réseau lexical de l'incapacité juridique y est omniprésent : aux trente-trois occurrences de l'adjectif *inhabilis*, il faut ajouter le comparatif *inhabilitissimus* (1 occurrence) ; les substantifs *inhabilitas* (28) et son dérivé *inhabilitatio* (2) sont complétés par le verbe *inhabilitare* (1). Au total, l'avis comporte cinquante-cinq mentions de l'incapacité, soit plus de deux par folio en moyenne.

À l'article 5 de la deuxième partie, l'avocat soulève le défaut de lettres, qui rendrait la partie adverse incapable d'accéder à l'épiscopat :

> Le cinquième fondement sera brièvement expédié en droit, parce que le défaut notable d'instruction le [Rudolf von Diepholz] rend incapable d'une église cathédrale, *c. Cum in cunctis De elec.* [X, 1, 6, 7], c. final *De etate et qualitate* [X, 1, 14, 15] [...]. Ni la réhabilitation ou la dispense du pape, ni le procès [de l'évêque] de Mâcon [...] ne s'étendent à ce défaut naturel, qui n'est pas encouru par quelque sentence ou censure [...]. Il n'est pas non plus excusé de ce défaut par celui que la partie adverse s'efforce d'amener, même si son instruction suffisante était prouvée par la lettre d'un baron, [...] parce qu'ils [ses défenseurs] demandèrent une attestation de l'instruction de Rudolf à un laïc illettré, comme si un aveugle jugeait des couleurs, et en cela ils sont pris en flagrant délit de déshonneur[54].

51 Je traduis *inhabilitas* par « incapacité », car « inhabilité » prend en français une connotation de maladresse étrangère au latin ; le mot « inaptitude » paraît trop connoté par la langue militaire.

52 Articles dénonçant l'incapacité juridique de Rudolf von Diepholz (1434-1436), § 1-29 dans Bâle, UB, E I 8, fol. 3946v. Ces articles sont introduits ainsi : « Ces articles font suite aux susdits articles qui traitent de l'incapacité du seigneur Rudolf » (*Isti articuli sequuntur ad predictos articulos qui loquuntur de inhabilitate domini Rodolphi*).

53 Francesco Bossi, avis pour Walram von Moers (1434-1436) dans Bâle, UB, E I 6, fol. 174-187 copié dans Paris, Bibliothèque nationale de France [désormais BnF], ms. lat. 1519, fol. 290-315.

54 *Quintum fundamentum breve est expeditum in jure, quia notabilis defectus literature reddit quem [Rodolphum de Diepholt] inhabilem ad ecclesiam cathedralem*, c. Cum in cunctis De elec. [X, 1, 6, 7], c. fi[nali] De etate et qualitate [X, 1, 14, 15] [...]. *Nec rehabilitatio sive dispensatio pape aut processus [episcopi] Matisconensis* [...] *non autem se extendunt ad istum defectum naturalem, quemquis non incurrit per aliquam sententiam vel censuram* [...]. *Nec ab hoc defectu ipsum excusat illud quod pars adversa nititur adducere, videlicet quod sit probata ejus*

L'article récuse les preuves apportées par Rudolf von Diepholz à propos de sa connaissance des lettres, au motif que le témoin serait un laïc illettré, véritable « aveugle » érigé en juge « des couleurs ». Il réfute également l'argument selon lequel le pape aurait dispensé Rudolf von Diepholz avant de le nommer évêque d'Utrecht en 1432. Ce « défaut naturel » ne pouvait, selon lui, être surmonté par la grâce pontificale. Le pouvoir de dispense avait nourri d'importants débats doctrinaux sur l'autorité du pape dès le XIIIe siècle[55]. Il se trouve ici discuté sur le terrain concret d'un tribunal ecclésiastique.

Pour contrer ces allégations, les défenseurs de Rudolf von Diepholz invoquèrent, eux aussi, l'incapacité juridique de Walram von Moers, mais de manière plus timide. L'information qu'ils produisirent ne mobilise le réseau lexical de l'incapacité qu'à quatre reprises[56]. Les dossiers conservés révèlent une forte dissymétrie dans l'argumentation sur l'incapacité : ce sont principalement les défenseurs de Walram von Moers qui la développèrent contre Rudolf von Diepholz.

L'INDIGNITÉ CRIMINELLE DE RUDOLF VON DIEPHOLZ

Les procureurs et avocats de Walram von Moers ne se contentèrent pas de souligner que Rudolf von Diepholz était incapable, car dépourvu des qualités requises. Ils tentèrent d'introduire des accusations d'ordre criminel dans le procès épiscopal instruit en matière civile. La forte

sufficientia in literatura per literam unius baronis, [...] *quia etiam a laico et illiterato quesiverunt attestationem literature Rodolphi, ut cecus de coloribus judicaret, et in hoc deprehenditur turpitudo ipsorum* (*ibid.*, 2e partie, 5e fondement dans Paris, BnF, ms. lat. 1519, fol. 290-315, ici fol. 302v-303).

55 Pennington, Kenneth, *Pope and bishops. The papal monarchy in the twelfth and thirteenth centuries*, Philadelphie, University of Pennsylvania press, 1984, p. 141-153 ; Boureau, Alain, « Le vœu monastique et l'émergence de la notion de puissance absolue du pape (vers 1270), *Les cahiers du Centre de recherches historiques*, t. 21, 1998 : *Pour une histoire comparée du vœu* [mis en ligne le 20 avril 1998] : http://ccrh.revues.org/2508 (consulté le 05/07/2022) ; Marmursztejn, Elsa, *L'autorité des maîtres. Scolastique, normes et société au XIIIe siècle*, Paris, 2007, Les Belles Lettres (Histoire), p. 113-130.

56 Information pour Rudolf von Diepholz (1434-1436) dans Bâle, UB, E I 6, fol. 145-148v copié dans Paris, BnF, ms. lat. 1519, fol. 248-255v. Y figurent les termes *inhabilis* (2 occurrences), *inhabilitatio* (1) et *inhabilitare* (1).

conflictualité dont l'évêché était l'enjeu, la véritable guerre qui en divisait le territoire pouvaient impliquer des actes violents et nourrir de telles accusations. Les défenseurs de Walram von Moers produisirent trente-six articles dits « criminels » (*articuli criminales*)[57]. Ils entendaient ainsi démontrer que la partie, incapable en droit, l'était aussi du fait des crimes commis. Les articles accusaient Rudolf von Diepholz d'avoir commis ou commandité diverses exactions, dont l'incendie du monastère de Marienweerd, la décapitation d'un clerc et l'empoisonnement de son premier adversaire, Sweder van Culemborg[58]. Ce flot accusatoire devait construire la « non-idonéité » (*inydoneitas*) de la partie adverse.

En réponse à ces accusations, les défenseurs invoquèrent le pouvoir pontifical de dispense, en vertu duquel le pape aurait levé, en 1432, l'excommunication et l'irrégularité encourues, avant de conférer l'évêché litigieux à Rudolf von Diepholz :

> Et [sur le fait] que l'adversaire allègue que le seigneur Rudolf était incapable et excommunié lors de sa provision, je dis que celui-ci était pleinement capable, sous le coup de nulle excommunication, irrégularité ou infamie. S'il en encourut par le passé, celles-ci furent toutes levées avant sa provision, et il en fut suffisamment dispensé par le pape pour le bien de la chose publique et la paix des hommes de l'église d'Utrecht, ce qu'il [le pape] peut faire en tout cas selon la remarque de la glose sur le c. *Literas De resti. spo.* [X, 2, 13, 13]. Alléguer l'irrégularité ou l'excommunication précédente est donc sans effet. Ne valent pas non plus les crimes invoqués par la partie adverse, parce que, même si ces crimes étaient prouvés, à savoir les homicides et autres, sauf les crimes d'hérésie et de simonie, ils ne rendraient pourtant pas la provision nulle ; au contraire, l'homicide est capable d'un titre ecclésiastique, comme Je[an] d'And[ré] et Inno[cent IV] le remarquent sur le c. *Cum nostris De conces. preben.* [X, 3, 8, 6][59].

57 Articles criminels contre Rudolf von Diepholz (1434-1436), § 51-86 dans Bâle, UB, E I 8, fol. 162-185v. Ces articles sont introduits ainsi : « *Item*, nouveaux développements pour constater et clairement démontrer l'incapacité et la non-idonéité dudit Rudolf, intrus » (*Item, ultra premissa ad videndum et clare demonstrandum inhabilitatem et inydoneitatem dicti Rodolphi, intrusi*).

58 Articles criminels contre Rudolf von Diepholz, § 51, 53 et 64, *ibid.*, fol. 162-163v, 164v-165 et 169v-170. Sur l'usage criminel du poison par des clercs, Collard, Franck, *Le Crime de poison au Moyen Âge*, Paris, PUF, 2003 (Le nœud gordien), p. 109-111.

59 *Et quod adversarius allegat dominum Rodolphum tempore provisionis fuisse inhabilem et excommunicatum, dico quod ipse omnino fuit habilis, nulla excommunicatione aut irregularitate irretitus vel infamia represus. Sed ubi dudum in eo talia fuissent, omnia hec, priusquam provisio fieret, sublata fuerunt, et cum eo extitit per papam propter bonum rei publice et pacis hominum ecclesie Trajectensis sufficienter dispensatum, quod utique fieri potuit* juxta not[ata] per glo[sa] in c. Literas De resti. spo. [X, 2, 13, 13]. *Ergo irregularitatem vel excommunicationem precedentem*

Selon l'argumentation, « l'homicide » (*homicida*) n'entraînait pas, à la différence de l'hérésie ou la simonie, d'incapacité juridique quant à la dignité épiscopale. Et les défenseurs justifiaient la dispense pontificale qui accompagnait la provision par « le bien de la chose publique et la paix des hommes de l'église d'Utrecht ». Le Décret de Gratien précisait pourtant que l'évêque désigné ne devait pas être criminel[60]. Le processus de criminalisation de l'homicide resta très progressif et non systématique, les dispositions juridiques incriminantes étant rarement suivies, et les décisions judiciaires restant peu répressives[61]. Quoi qu'il en fût, l'homicide était bien tenu pour infâme, en particulier lorsque la victime ou le criminel était un clerc. À ce sujet, les défenseurs de Walram von Moers avaient allégué la décrétale *Cum nostris*, dont les exceptions ne valaient pas, selon la réponse de la partie adverse, pour un tel crime[62]. L'homicide réitéré de clercs était socialement reconnu comme incompatible avec la dignité épiscopale, et l'argumentation s'avérait difficile sur ce point.

Pour défendre Walram von Moers, Francesco Bossi alluma un contre-feu, en soulevant la suspicion d'hérésie qui pesait, selon lui, sur Rudolf von Diepholz :

> Quatrième fondement : il semble sans aucun doute qu'il [Rudolf von Diepholz] soit rendu incapable, et même très incapable. En effet, il ne fait aucun doute

---

allegare frustra est. Nec obstant crimina per partem adversam deducta, quia et si hujusmodi crimina, videlicet homicidia et alia, excepto crimine heresis et symonie, probata fuissent, tamen non redderent provisionem nullam, imo et homicidia capax est tituli ecclesiastici, ut not[atur] in c. Cum nostris De conces. preben. [X, 3, 8, 6] per Jo[hannem] And[ree] et Inno[centium IV] (information pour Rudolf von Diepholz dans BnF, ms. lat. 1519, fol. 253-v).

60 Grat., D. 25 d. p. c. 3 et c. 6 et D. 81 d. a. c. 1 et c. 1 éd. Emil Friedberg, *op. cit.*, t. 1, col. 92-94 et 281. Cette interdiction valait tout spécialement pour les crimes susceptibles d'être punis de la peine de mort (Grat., D. 61 c. 18 éd. *ibid.*, t. 1, col. 233). Sur la notion canonique d'homicide, Kuttner, Stephan, *Kanonistische Schuldlehre von Gratian bis auf die Dekretalen Gregors IX., systematisch auf Grund der handschriftlichen Quellen dargestellt*, Cité du Vatican, Biblioteca apostolica Vaticana, 1935 (Studi e testi, 64), p. 67, 75, 186-187, 198, 227, 336, 359-360 et 374.

61 Carbasse, Jean-Marie, « *Ne homines interficiantur.* Quelques remarques sur la sanction médiévale de l'homicide » dans *Auctoritates xenia Raoul C. van Caenegem oblata. De auteurs van de rechtsontwikkeling. La formation du droit et ses auteurs. Law making and its authors. Die Auktoren der Rechtsentwicklung*, éd. Serge Dauchy, Jos Monballyu et Alain Wijffels, Bruxelles, Académie royale des sciences, des lettres et des beaux-arts de Belgique, 1997 (*Iuris scripta historica*, 13), p. 165-185 ; Rousseau, Xavier, « La répression de l'homicide en Europe occidentale (Moyen Âge et Temps modernes) », *Genèses*, 19/1 (1995) : *Incriminer*, p. 122-147.

62 X, 3, 8, 6 [Innocent III aux évêques de Bâle et de Belley, 1201] éd. *ibid.*, t. 2, col. 490-492.

> que celui qui a vécu en suspect d'hérésie – comme celui-ci le fut dénoncé publiquement par des lettres apostoliques – s'il ne s'est pas disculpé, puis a été excommunié – comme celui-ci le fut en raison de sa rébellion – et s'il persévère pendant un an – comme il l'a fait non pas un an, mais pendant des années et des années – il doit alors être tenu pour hérétique, c. *Excommunicamus § Qui autem De hereticis* [X, 5, 7, 13 § 2], c. *Cum contumacia Eodem titulo* du Sexte [VI, 5, 2, 7]. Il ne fait donc aucun doute que Rudolf devait et doit être tenu pour hérétique et traité comme tel, ce qui le rend incapable de toute dignité ecclésiastique, c. *Excommunicamus § Credentes De hereticis* [X, 5, 7, 13 § 5], c. *Quicumque § Heretici* [VI, 5, 2, 2], c. *Statutum De hereticis* du Sexte [VI, 5, 2, 15], et cela est très remarquable. Ni la dispense ou la réhabilitation du pape, ni le procès [de l'évêque] de Mâcon ne peuvent le soulager, parce qu'ils sont nuls, comme cela est dit plus haut[63].

Excommunié dès 1426 et absout au nom du pape en 1432, Rudolf von Diepholz serait demeuré plus d'un an en état d'excommunication et il pourrait, à ce titre, être suspecté d'hérésie[64]. Plus encore que le défaut de lettres ou l'homicide, la suspicion d'hérésie créait une puissante incapacité juridique, exprimée par le superlatif de supériorité absolu « très incapable » (*inhabilissimum*). Suspecté d'hérésie, Rudolf von Diepholz serait, selon l'analyse, incapable de prétendre à l'épiscopat et, s'il y avait un temps accédé, il s'en trouverait déchu[65].

---

63 *Quartum fundamentum : sine dubio videtur ipsum [Rodolphum de Diepholt] reddere inhabilem, imo inhabilissimum. Nam non est dubium quod ille qui habitus est suspectus de heresi – sicut iste qui suspectus de heresi fuit publice per literas apostolicas denunciatus – si se non purgaverit, et postea excommunicatur – sicut iste fuit propter ejus rebellionem excommunicatus – et perseveret per annum – sicut nedum per annum sed annos per annos perseveravit – tunc tanquam hereticus est censendus,* c. Excommunicamus § Qui autem De hereticis [X, 5, 7, 13, § 2], c. Cum contumacia Eodem titulo Libro VI° [VI, 5, 2, 7]. *Non est dubium ergo quod iste Rodolphus fuit et est censendus hereticus et pro heretico habendus, qui efficitur inhabilis ad omnes dignitates ecclesiasticas,* c. Excommunicamus § Credentes De hereticis [X, 5, 7, 13 § 5], c. Quicumque § Heretici [VI, 5, 2, 2], c. Statutum De hereticis Libro VI° [VI, 5, 2, 15], *et hoc est notissimum. Nec ab hoc potest eum relevare dispensatio sive rehabilitatio pape aut processus [episcopi] Matisconensis, quia nulli sunt, ut supra dictum est* (Francesco Bossi, avis pour Walram von Moers [1434-1436], 2e partie, 4e fondement dans Paris, BnF, ms. lat. 1519, fol. 301v-302).

64 X, 5, 7, 13 § 2 [concile de Latran IV, c. 3] et VI, 5, 2, 7 [Alexandre IV aux inquisiteurs] éd. Emil Friedberg, *op. cit.*, t. 2, col. 787-789, ici col. 787-788 et col. 1071.

65 « Quatrièmement, il est à remarquer que Rudolf, ses complices et ceux qui le suivent, par leur esprit endurci et au mépris des clefs, soutinrent ainsi les sentences et censures, [portées] tant par le droit que par les hommes, durant plusieurs années, les méprisant et les violant. C'est pourquoi il ne fait aucun doute qu'ils doivent être tenus pour suspects d'hérésie, et même hérétiques, et deux souverains pontifes les déclarèrent en tout, les nommèrent et réputèrent tels. Après quoi ils persévérèrent plusieurs années dans leur opiniâtreté, ni ne se soucièrent de se disculper, c'est pourquoi ils doivent être indubitablement tenus

Construite par l'homicide et par l'hérésie, l'indignité tendait à constituer, dans l'argumentation judiciaire, une limite à la grâce du pape. Contrairement à l'excommunication, l'irrégularité, l'incapacité et l'infamie, qui étaient susceptibles d'absolution, dispense, réhabilitation et restitution, l'indignité criminelle échappait, semble-t-il, au pouvoir pontifical de grâce. Cette stratégie judiciaire rejoignait la réforme de l'Église « en sa tête » (*in capite*) par laquelle le concile de Bâle entendait limiter la souveraineté pontificale. Les débats du procès épiscopal d'Utrecht actualisent, en creux, le contre-modèle de l'évêque indigne : candidat du pape, dépourvu de toute légitimité électorale, bénéficiaire de grâces pontificales (provisions, absolutions et dispenses) tenues pour abusives.

CONCLUSION
L'indignité épiscopale, un contre-modèle au fondement de la décision judiciaire ?

Les défenseurs de Walram von Moers présentèrent la partie adverse comme incapable de prétendre à l'épiscopat, tant de droit et que par les différents crimes imputés. Cette stratégie judiciaire montre à quel point les parties et leurs défenseurs maîtrisaient les dispositions canoniques et leurs effets procéduraux. Elle permettait, surtout, d'amener le concile à dépasser la complexe question des droits, pour se prononcer sur la capacité des prétendants à bien exercer le pouvoir épiscopal. Les débats contradictoires sur l'incapacité replaçaient ainsi la question des acteurs au cœur du procès. Par-delà l'intrication des droits que les postulations

pour hérétiques et traités comme tels, démis de tout honneur et toute dignité de droit, et rendus absolument incapables d'en obtenir à l'avenir. » (*Quarto, notandum est quod ipse Rodolphus et sui complices et sequaces animo indurato et in contemptum clavium hujusmodi sententias et censuras, tam juris quam hominis, pluribus annis sustinuerunt, illas contemnendo et prophanendo. Propter quod non dubium de heresi suspecti, imo heretici sunt censendi, et tales utique ipsos declararunt duo summi pontifices et pro talibus nominarunt atque reputarunt. Post quod etiam pluribus annis in sua pertinacia perseverarunt nec curarunt se expurgare, propter quod indubie pro hereticis sint habendi et habiti sicque ab omni honore et dignitate ipso jure dejecti et ad obtinendum prorsus inhabiles facti in futurum*; Francesco Bossi, avis pour Walram von Moers, 1re partie, 4e fondement dans Paris, BnF, ms. lat. 1519, fol. 290v).

canoniales et provisions pontificales successives rendaient difficile à trancher, les deux procès conciliaires poursuivent le long processus de désignation épiscopale. Après le collège électoral d'Utrecht, la cour métropolitaine et le Consistoire du pape, le concile de Bâle ouvrait un nouveau lieu pour choisir l'évêque. En cela, il contribua à redéfinir les normes sociales qui régissaient la dignité épiscopale et le bon gouvernement pastoral.

La stratégie judiciaire de l'incapacité a-t-elle porté ? Le 3 juillet 1436, le concile de Bâle reconnut Walram von Moers comme évêque d'Utrecht, mais la sentence reste dépourvue de toute motivation. Outre l'incapacité de son adversaire, Walram von Moers a sans doute bénéficié de son engagement pour la cause conciliaire. Dans le conflit d'autorité entre Eugène IV et l'assemblée bâloise, les débats judiciaires prirent une tonalité ecclésiologique. Les défenseurs de Walram von Moers adoptèrent une ecclésiologie conciliaire, affirmant la primauté juridictionnelle de l'assemblée sur le pape et citant la législation réformatrice de Constance et Bâle[66]. Cette stratégie se trouvait à la fois confortée par l'autorité du prince-électeur Dietrich von Moers, l'un des principaux soutiens du concile de Bâle dans l'Empire, et intégrée au projet hégémonique des Moers à l'échelle de la province ecclésiastique de Cologne. À Bâle dans les années 1430-1440, être reconnu digne de l'épiscopat impliquait, dans une certaine mesure, de professer l'ecclésiologie conciliaire et soutenir la cause de l'assemblée[67]. Dans la rhétorique judiciaire du concile, la figure

66 « Dans les choses qui sont spécialement prohibées par les décrets des sacrés conciles ou qui sont spécialement mandées, le pape ne peut pas contrevenir ; le texte dit ainsi au c. *Sunt quidem* XXV q. I [Grat., C. 25 q. 1 c. 6] [...]. De ces éléments, il apparaît que [sur le fondement] d'une provision très récente, il ne peut réclamer son droit, parce qu'elle fut faite au préjudice du seigneur Walram, incorporé [au concile], et alors que le litige y était pendant entre Walram et Rudolf, parce que, lorsque le litige est pendant, le pape, inférieur, ne peut sans nul doute se mêler de cette église. » (*In his autem que specialiter sunt prohibita per decreta sacrorum conciliorum aut specialiter sunt mandata, papa contravenire non potest* ; *ita dicit textus* in c. Sunt quidem XXV q. I [Grat., C. 25 q. 1 c. 6] [...]. *Ex istis autem patet quod ex novissima provisione non potuit sibi jus queri, quia fuit facta in prejudicium domini Walrami, incorporati, et lite hic pendente inter Walramum et Rodolphum, quia lite apud concilium pendente, sine dubio papa, inferior, non potuit se de illa ecclesia se intromittere ;* Francesco Bossi, avis pour Walram von Moers, 3e partie dans Paris, BnF, ms. lat. 1519, fol. 307 et 311).

67 Sur l'évolution conjointe du paradigme de l'hérésie pontificale, Rosenblieh, Émilie, « La violation des décrets conciliaires ou l'hérésie du pape : le procès d'Eugène IV (1431-1447) au concile de Bâle, d'après le manuscrit latin 1511 de la Bibliothèque nationale de France », *Revue belge de philologie et d'histoire. Belgisch tijdschrift voor filologie en geschiedenis*, t. 87/3-4, 2009 : *Procès et canons contre les hérésies au Moyen Âge : approches comparées*, p. 545-568.

polémique de l'évêque indigne était assignée au pape, par les grâces suspendant l'ordre juridique commun, par l'appartenance au milieu curial et par l'adhésion au projet politique de la papauté.

Émilie Rosenblieh
Université de Bourgogne
Franche-Comté, Besançon ;
Centre Lucien Febvre

LE MODÈLE DU PRINCE-ÉVÊQUE EST-IL SOLUBLE DANS LA RÉFORME DE L'ÉGLISE AU XVe SIÈCLE ?

L'exemple des archevêques de Trèves

Cinq prélats se succédèrent officiellement sur le siège de Trèves entre 1388 et 1503, durant ce que l'on peut qualifier de long XVe siècle[1]. Durant cette période, dans un contexte de crise de l'Église (Grand Schisme, crise conciliaire, appels généraux à la réforme), un certain nombre de réformateurs critiquent les prélats, particulièrement dans l'Empire, considérant qu'ils négligent leur tâche pastorale et se consacrent trop aux affaires temporelles. Or les archevêques de Trèves sont justement les archétypes des princes-évêques d'Empire. D'où une question logique : font-ils l'objet de critiques accrues concernant leur mode de vie et leurs actions ? Ce contexte de réforme nourrit-il des résistances à leur autorité ?

Pour cerner ce que l'on attend à l'époque d'un archevêque trévirois et les éléments de son action ou de sa vie qui constituent – ou non – des objets de critiques, nous nous appuierons essentiellement sur le texte des *Gesta Treverorum* édité par Joannes H. Wyttenbach et Michael F. J. Müller, qui constitue la version la plus développée du texte[2]. Rédigées a priori dans l'entourage des prélats, les *vitae* rassemblées dans les *Gesta* ont, pour le XVe siècle, été compilées en au moins deux temps, et nous sont parvenues en différentes versions[3]. Une première continuation des *Gesta* antérieurs (dont la partie la plus ancienne remonte à la fin du XIe siècle)

1 Werner von Falkenstein (1388-1418) ; Otto von Ziegenhain (1418-1430) ; Raban von Helmstatt (1430-1439), dont le siège fut en réalité contesté jusqu'en 1438 par Ulrich von Manderscheid, élu par les chanoines de la cathédrale et tenu par eux pour archevêque pendant plusieurs années ; Jacques de Sierck (1439-1456) ; Jean de Bade (1456-1503).

2 Wyttenbach, Joannes Hugo, et Müller, Michael Franciscus Josephus, *Gesta Trevirorum integra lectionis varietate et animadversionibus illustrata*, Trèves, Lintz, t. 2, 1838, p. 295-351 (désormais cités « *Gesta* »).

3 Tout ce qui suit est tiré de Müller, Markus, *Die spätmittelalterliche Bistumsgeschichtsschreibung. Überlieferung und Entwicklung*, Köln-Weimar-Wien, Böhlau, 1998, p. 156-173.

couvre la période allant de 1388 à 1439 et nous a été transmise en deux versions courtes et une version longue[4]. La tradition en est très problématique. Contrairement aux *vitae* de la fin du XIVe siècle, celles-ci n'ont vraisemblablement pas été rédigées par un chanoine de la cathédrale, le texte étant par moments assez critique envers le chapitre. Les variantes entre les versions révèlent que les *vitae* éditées par Wyttenbach et Müller ont fait l'objet d'un ou plusieurs remaniements au cours du XVe siècle : la fin de la *vita* de l'archevêque Werner a visiblement été reconstituée a posteriori et la *vita* est donc lacunaire (on passe directement de 1402 à sa mort en 1418) ; le texte de la *vita* de Raban a quant à lui fait l'objet d'une réorganisation[5]. La continuation suivante, qui couvre les pontificats de Jacques de Sierck et Jean de Bade a été transmise, pour sa version longue, par un manuscrit copié à la fin du XVe siècle dans le monastère de chanoines réguliers d'Eberhards-Clausen (congrégation de Windesheim) fondé à l'initiative de Jacques de Sierck. La *vita* de cet archevêque y est en fait constituée de la juxtaposition de deux *vitae* : une courte *vita* (I) défavorable à l'archevêque[6], que l'on retrouve dans tous les manuscrits, puis une *vita* plus longue[7] (I-II), elle-même formée de la fusion de la *vita* courte avec une *vita* plus détaillée (II) émanant d'un partisan de l'archevêque[8].

Pour analyser ces textes, nous brosserons dans un premier temps un rapide tableau du contexte réformateur et de la position de princes d'Empire des archevêques de Trèves. Nous verrons dans un deuxième temps dans quelle mesure la description de ces prélats correspond ou non aux modèles réformateurs. Puis nous reviendrons, pour finir, sur les motifs de critiques explicites des prélats trévirois.

---

4 La version longue est celle éditée par Wyttenbach et Müller. La version courte I est éditée dans Martène, dom Edmond, et Durand, dom Ursin, *Veterum scriptorum et monumentorum historicorum, dogmaticorum, moralium amplissima collectio*, Paris, Montalant, t. IV, 1729, col. 436-452 et dans Hontheim, Johann Nikolaus von, *Prodromus Historiae Trevirensis Diplomaticae & Pragmaticae…*, Augsbourg, 1757, t. II, p. 847-850. La version courte II est transmise par deux manuscrits inédits : StadtB. Trier, 1353/132.8°, fol. 84[r]-262[r] et 1353/130.4°, fol. 1[v]-135[r]. Ces textes sont aussi très proches de ceux du *Chronicon quadripartitum* II (StadtB. Trier 1343/94.4°, fol. 61[r]-111[r]) et du *Chronicon quadripartitum* III (StadtB Trier 1388/149.4°, fol. 26[r]-50[v]), qui en sont des versions résumées et contenant quelques menues variantes.

5 Müller, *Die spätmittelalterliche…*, *op. cit.*, p. 170.

6 *Gesta*, p. 326-328.

7 *Ibid.*, p. 328-336.

8 Müller, *Die spätmittelalterliche…*, *op. cit.*, p. 273-283. La *vita* II est éditée *ibid.*, p. 494-498. La *vita* I-II fusionnée ne se trouve que dans le manuscrit d'Eberhards-Clausen.

Au début du XVe siècle, les critiques s'amplifient dans la Chrétienté occidentale contre les évêques qui n'assurent pas leur rôle pastoral, dans le contexte des réflexions générales sur la crise et la nécessaire réforme de l'Église. Nombre de théologiens, des plus orthodoxes comme Jean Gerson aux plus sulfureux comme Jean Hus, mettent alors en avant le rôle de guide spirituel et d'exemple que devrait jouer l'évêque dans la communauté chrétienne, en s'appuyant sur un idéal remontant à l'Antiquité chrétienne, qui avait été remis au premier plan par les réformateurs du XIIe siècle. Le modèle épiscopal par excellence est ainsi celui du « Bon Pasteur », le Christ lui-même, venu propager la Bonne Nouvelle, appliqué à l'épiscopat par la *Règle pastorale* de Grégoire le Grand, le *Décret* de Gratien, les textes de Bernard de Clairvaux et bien d'autres[9]. Il est l'objet d'un célèbre sermon de Jean Gerson au concile provincial de Reims en 1408, dans la province voisine de celle de Trèves, dans lequel le prédicateur, dans un ample mouvement ternaire, incite les prélats à nourrir leur troupeau « *verbo predicationis docte [...] exemplo conversationis sancte [...] subsidio caritatis pie*[10] » (« par la parole de la prédication savante, par l'exemple de la sainte manière de vivre, par l'aide du pieux amour chrétien »).

L'on voit aussi, en contrepoint, se multiplier les textes dénonçant les vices qui accablent le clergé, parmi lesquels figurent en bonne place le comportement et les défaillances multiples – supposées ou réelles – des évêques, en particulier leur absentéisme. Le problème semblait particulièrement prégnant, ou du moins particulièrement ressenti, dans l'Empire. Un traité consacré à ce sujet est diffusé lors du concile de Constance, en 1417, par Job Vener, ancien protonotaire du roi Robert de Bavière et secrétaire du comte palatin qu'il avait accompagné à Constance et accessoirement official de l'évêque de Spire Raban von Helmstatt, futur archevêque de Trèves. Intitulé *De l'élection indue et désordonnée des prélats*

9 Fontaine, Jacques, « L'évêque dans la tradition littéraire du premier millénaire en Occident », in *Les Évêques normands du XIe siècle*, dir. Pierre Bouet, Pierre et François Neveux, Caen, Presses universitaires de Caen, 1995, p. 43-44 ; Gaudemet, Jean, « Patristique et Pastorale. La contribution de Grégoire le Grand au "Miroir de l'évêque" dans le Décret de Gratien », in *Études d'histoire du droit canonique dédiées à Gabriel Le Bras*, Paris, Sirey, 1965, t. I, p. 129-139 ; Pascoe, Louis B., *Jean Gerson : principles of church reform*, Leyde, Brill, 1973 ; Id., *Church and reform : bishops, theologians and canon lawyers in the thought of Pierre d'Ailly (1351-1420)*, Leyde, Brill, 2005 ; Brown, Dorothy Catherine, *Pastor and laity in the theology of Jean Gerson*, Cambridge, Cambridge University Press, 1987, chap. 3.

10 Gerson, Jean, *Œuvres complètes*, éd. Palémon Glorieux, t. V, Paris, 1963, p. 125.

transgresseurs en Allemagne et de ce qu'il faut empêcher à l'avenir, ce texte dresse un sombre tableau de l'épiscopat germanique[11] :

> Et après cela on déplore le lamentable état actuel des évêques dans toutes les régions, car aucun n'est complètement idoine, les uns ne s'occupent pas du culte, les autres sont toujours en guerre et en armes, et la plupart n'exercent jamais, ou rarement, en personne les *pontificalia*, ni ne font les célébrations liturgiques, ni ne prêchent, ni ne visitent comme ils y sont tenus, mais ils confient l'essentiel de leur office à des détenteurs de titres, y compris à des personnes de peu d'importance et des officiaux ou vicaires, et ils font en personne ce qui est accessoire et devrait être fait par d'autres ou, mieux encore, devrait être oublié. Jour et nuit ils s'appliquent aux plaisirs et aux affaires profanes et séculières et ils ne se souviennent même pas qu'ils sont consacrés par la profession qu'ils ont faite. De ce fait, la foi tiédit, la *caritas* se détériore, l'espoir du salut est enlevé aux Chrétiens et des scandales infinis s'ensuivent.

Les mêmes discours ressurgissent lors du concile de Bâle (1431-1449) et donnent lieu à la publication de plusieurs décrets de réforme, dont l'application est pour le moins partielle au cours du siècle, mais dont les thématiques sont régulièrement reprises par les réformateurs[12].

Qu'en est-il des archevêques de Trèves ? Incontestablement, ce sont des princes temporels. C'est intrinsèque à leur fonction : l'archevêque de Trèves, qualifié du titre d'« archichancelier de Gaule » est l'un des sept princes-électeurs d'empire. Il est donc amené à avoir un rôle majeur dans la vie politique de l'empire germanique, comme en témoigne par exemple, à l'orée du XVe siècle, la déposition du roi des Romains Wenceslas par les princes-électeurs en 1399[13]. Ceux-ci sont amenés

11 *De indebita et inordinata eleccione prelatorum preteritorum in Alamania et de precavenda futura : Avisamentum per magistrum Job [Vener]*, édité in *Quellen zur Kirchenreform im Zeitalter der großen Konzilien des 15. Jahrhunderts.* Erster Teil – *Die Konzilien von Pisa (1409) und Konstanz (1414-1418)*, éd. Jürgen Miethke et Lorenz Weinrich, Darmstadt, Wissenschaftliche Buchgesellschaft, 1995, p. 468-470.

12 Les décrets du concile de Bâle sont édités dans Alberigo, Giuseppe et Melloni, Alberto (dir.), *Conciliorum* œcumenicorum *generaliumque decreta. Editio critica*, II – *The General Councils of Latin Christendom*, II/2 – *From Basel to Lateran V (1431-1517)*, Turnhout, Brepols, 2013. Voir par exemple Maillard-Luypaert, Monique et Cauchies, Jean-Marie (éd.), *De Pise à Trente : la réforme de l'Église en gestation. Regards croisés entre Escaut et Meuse. Actes du colloque international de Tournai, 19-20 mars 2004*, Bruxelles, Centre de recherches en histoire du droit et des institutions, 2004.

13 Sur la participation de l'archevêque de Trèves, voir Ruthe, Edgar, *Werner III. von Falkenstein, Kurfürst und Erzbischof zu Trier (1388–1418) und das Reich (bis zu Ruprechts Tode)*, Halle, Wilhelm Hendricks, 1911.

à se déplacer fréquemment auprès de l'empereur, que ce soit pour les réunions des diètes ou pour diverses négociations. L'apogée au XVe siècle de la puissance politique du prince-électeur de Trèves se situe durant l'épiscopat de Jacques de Sierck (1439-1456) qui, par son intelligence et son expérience de la diplomatie, acquise au service du duc de Lorraine René d'Anjou, devint le moteur de ce que les historiens appellent le « conciliarisme rhénan » des années 1440[14]. Est désignée par ce terme la politique mise en œuvre par quatre princes-électeurs (le duc de Saxe, le comte palatin, les archevêques de Cologne et de Trèves), ralliés au concile de Bâle et au roi de France Charles VII, pour contrer l'expansion bourguignonne et s'affirmer sur la scène internationale, indépendamment de l'empereur.

L'archevêché de Trèves est aussi doté d'un temporel très important, constituant une véritable principauté, ce qui amène ses détenteurs à avoir une ample activité de princes temporels au niveau régional. Nous pouvons citer à titre d'exemple la *vita* du premier archevêque du XVe siècle, Werner von Falkenstein (1388-1418) : le passage des *Gesta Treverorum* qui lui est consacré ne traite que de guerres et d'affaires financières, commençant par les revendications sur le trésor archiépiscopal émises par son oncle, Philipp von Falkenstein, qui se vante de l'avoir fait élire, et terminant par le siège du château de Proneck par le prélat[15]. Ce n'est que dans les pièces d'archives copiées à la suite de ce récit que l'on voit brièvement transparaître d'autres facettes de l'action archiépiscopale[16].

Enfin, les archevêques de Trèves appartiennent aussi à l'élite de par leurs origines sociales : tous issus de la noblesse (même s'il ne s'agit pour certains que de familles de chevaliers), destinés à l'état ecclésiastique dès leur jeune âge, ils ont tous fréquenté l'université et leurs carrières ecclésiastiques sont soutenues par leurs réseaux familiaux. Les deux premiers prélats du XVe siècle, Werner von Falkenstein et Otto von Ziegenhain, sont ainsi apparentés à l'archevêque précédent, Kuno von Falkenstein (1362-1388), qui était l'oncle du premier et le grand-oncle

14 Miller, Ignaz, *Jakob von Sierck, 1398/99-1456*, Mayence, Gesellschaft für Mittelrheinische Kirchengeschichte, 1983 ; Müller, Héribert, « Les pays rhénans, la France et la Bourgogne à l'époque du concile de Bâle. Une leçon d'histoire politique », *Francia*, n° 30-1, 2003, p. 107-133.

15 *Gesta*, p. 295-299.

16 *Ibid.*, p. 299-311.

du second[17]. Tout comme Jacques de Sierck et Jean de Bade, ils appartiennent à des familles implantées dans la province ecclésiastique de Trèves et des membres de leur proche parentèle (oncles, frères) peuplent les chapitres cathédraux de la province et des diocèses rhénans, la famille de Raban von Helmstatt étant plutôt implantée dans le diocèse de Spire et le Palatinat[18]. Deux d'entre eux ont notamment des parents évêques de Metz[19]. L'accession au siège trévirois de tous ces personnages ne doit donc pas se lire seulement à l'aune de trajectoires individuelles, mais s'inscrit dans de véritables stratégies familiales de promotions à l'échelle régionale.

À tous égards, les archevêques de Trèves peuvent donc être qualifiés de princes d'Église, voire de princes tout court. Mais cette qualité et ces pouvoirs temporels, usuels chez ces prélats depuis plusieurs siècles, suscitent-ils des critiques nouvelles au XVe siècle, dans le contexte d'appels à la réforme de l'Église ? Et ces appels conduisent-ils les archevêques trévirois à développer leur activité proprement spirituelle ?

Dans l'absolu, la sensibilité aux thématiques réformatrices peut se traduire de différentes manières dans la *vita* d'un évêque du XVe siècle : par l'insistance sur ses études – un « bon évêque » se caractérise par son instruction, gage de sagesse et nécessité pour accomplir sa tâche –, par l'exercice de vertus individuelles corollaires d'un souci d'exemplarité, par la participation personnelle aux *pontificalia*, par le souci enfin de la formation et de l'encadrement des prêtres et des fidèles, dont témoignent

---

17 Lager, Johann Christian, « Aus dem Leben des Trierer Erzbischofs Otto von Ziegenhain », *Pastor bonus*, t. 2, 1890, p. 203-211, 253-265 et 348-362.

18 Holbach Rudolf, *Stiftsgeistlichkeit im Spannungsfeld von Kirche und Welt. Studien zur Geschichte des Trierer Domkapitels und Domklerus im Spätmittelalter*, Trèves, Verlag Trierer Historische Forschungen, 1982 ; Fouquet, Gerhard, « Reichskirche und Adel. Ursachen und Mechanismen des Aufstiegs der Kraichgauer Niederadelsfamilie v. Helmstatt im Speyerer Komkapitel zu Beginn des 15. Jahrhunderts », *Zeitschrift für die Geschichte des Oberrheins*, t. 129, 1981, p. 189-233 et Id., *Das Speyerer Domkapitel im späten Mittelalter (ca. 1350 bis 1540). Adlige Freundschaft, fürstliche Patronage und päpstliche Klientel*, Mayence, Gesellschaft für Mittelrheinische Kirchengeschichte, 1987 ; Miller, *Jakob von Sierck*, *op. cit.* ; Lager, Johann C., « Johann II von Baden, Erzbischof und Kurfürst von Trier », *Trierisches Archiv. Ergänzungsheft*, 4, 1905 ; sur les réseaux d'alliance de la famille de Bade, voir aussi Weinmann, Karl, « Bischof Georg von Baden und der Metzer Kapitelstreit », *Jahrbuch der Gesellschaft für lothringische Geschichte und Altertumskunde*, t. 6, 1894, p. 1-94.

19 Conrad II Bayer de Boppard (1415-1459) est l'oncle de Jacques de Sierck (qui fut son coadjuteur à Metz en 1455-1456) et Georges de Bade (1459-1484) est le frère de l'archevêque Jean.

notamment l'organisation de synodes diocésains ou de visites pastorales, ou bien encore la pratique de la prédication et le soutien apporté au développement des pratiques cultuelles.

Des vertus spirituelles remarquables sont mentionnées pour deux de nos prélats. Otto von Ziegenhain (1418-1430), « prélat très religieux » (*religiossimus presul*)[20], qui fut un grand réformateur : présent au concile de Constance comme procureur de son prédécesseur Werner von Falkenstein, il en revint persuadé de l'importance de la lutte contre les Hussites et avec la volonté de réformer son clergé, ce qu'il s'attacha à faire avec le soutien du pape Martin V, qui s'efforçait alors d'inciter les prélats à s'investir dans cette tâche, et dont il appliqua scrupuleusement le bref de 1422 invitant à réunir des conciles provinciaux dans ce but[21]. Les *Gesta* reflètent assez bien cet investissement spirituel d'Otto, qui bénéficie du portrait le plus clairement positif de la série : si les formules initiales de présentation du personnage mettent en avance ses doubles compétences, au temporel et au spirituel[22], l'essentiel des pages qui lui sont consacrées (environ cinq sur six) traitent de son action au spirituel[23], soulignant longuement ses vertus personnelles (dévotions et retraites régulières mâtinées de pratiques ascétiques, clémence, libéralités envers les pauvres) mais aussi ses engagements religieux tant hors du diocèse (un pèlerinage au Saint-Sépulcre effectué en secret, deux participations aux croisades anti-Hussites) que dans le diocèse (ses efforts pour réformer les communautés ecclésiastiques, auxquels il a consacré « l'essentiel de son temps[24] », et son action liturgique). La piété personnelle de Jean de

20 *Gesta*, p. 318.

21 Studt, Birgit, *Päpst Martin V. (1417-1431) und die Kirchenreform in Deutschland*, Cologne-Weimar-Vienne, Böhlau Verlag, 2004, en particulier aux p. 322-332 ; Baronius, Caesar, Raynaldus, Odericus, et Laderchii, Jacobus, *Annales ecclesiastici*, t. 27 – *1397-1423*, Bar-le-Duc-Paris-Fribourg, L. Guérin-Libraires de Saint-Paul, 1874, p. 542-544, n° 1 et 2. Les statuts du concile provincial réuni par Otto le 26 avril 1423 sont édités dans Blattau, Johannes Jacobus, *Statuta synodalia, Ordinationes et mandata archidiocesis Trevirensis*, Trèves, Frid. Linz, t. 1, 1844, p. 222-234.

22 « vigoureux dans les armes et dévot à Dieu, [...] il gouverna l'Église de Trèves pendant onze ans, tant dans les affaires spirituelles que temporelles, d'une manière digne de louanges avec prévoyance et magnificence » (« [...] *in armis strenuus ac Deo devotus* [...] *Trevericiam ecclesiam laudabiliter, magnifice et provide, tam in spiritualibus quam in temporalibus, undecim rexit annis* »), *Gesta*, p. 312.

23 *Ibid.*, p. 312-316.

24 « qui consacra l'essentiel de son temps à la réforme des monastères et du clergé dans la cité et le diocèse » (« *qui maxime suis diebus monasteriorum ac cleri reformationi per civitatem*

Bade (1456-1503), marquée à la fois par des jeûnes et contemplations fréquents et par une dévotion particulière à la Vierge, est également soulignée[25].

Notons cependant que certaines de ces mentions ne sont pas dénuées d'ambiguïté et s'inscrivent aussi dans la glorification du prince temporel : les quatre lignes sur les participations d'Otto aux croisades de Bohême soulignent surtout qu'il a « virilement » participé aux combats[26]. Un qualificatif qui semble en fait relever du *topos* du discours sur les princes, et que l'on retrouve dans presque toutes les *vitae*[27], y compris celle de Werner von Falkenstein, qui se caractérisait pourtant par son apathie, causée par un état dépressif prolongé, ce que les *Gesta* évoquent pudiquement par la formule « un homme d'un calme remarquable[28] ». Seul Raban von Helmstatt ne bénéficie pas de ce qualificatif, cette omission étant probablement liée au fait que sa *vita* le dépeint sous un jour très défavorable et qu'il n'est donc pas question de lui attribuer les qualités traditionnelles du prince. Quant à la description des « aumônes » qu'Otto a faites aux pauvres, elle montre un archevêque qui développe les réserves de blé et de vin dans ses châteaux « non à cause de son avarice, mais pour le secours des pauvres et aussi pour repousser plus facilement les ennemis à l'avenir », et qui vend ou donne du seigle aux pauvres sur ces réserves, certes « en n'ayant pas l'intention de récupérer quoi que ce soit d'eux » mais en faisant en sorte cependant « pour ne pas leur donner d'occasions d'oisiveté » d'exiger d'eux une caution en échange de ces dons[29]. Et le portrait de s'achever sur une page narrant les guerres menées par Otto contre ses vassaux récalcitrants et ses entreprises de reconstruction des châteaux archiépiscopaux[30]. Presque comme s'il était nécessaire de justifier que ces actions pieuses ne contrevenaient pas à une saine gestion de la principauté et au modèle du prince accompli et sage, qui constituerait en quelque sorte l'étalon ultime du jugement porté sur

et diocesim suas summopere studuit »), *ibid.*, p. 315.

25 *Ibid.*, p. 343.

26 « en Bohême, il chevaucha en combattant virilement les hérétiques Hussites » (« *ad Bohemiam contra infideles haereticos Hussitas viriliter pugnando equitavit* »), *ibid.*, p. 313.

27 *Ibid.*, p. 296 (Werner), 330 (Sierck), 341 (Bade).

28 *Ibid.*, p. 298 ; Seibrig, Wolfgang, « Werner von Falkenstein und Königstein (um 1361-1418) », in Gatz, Erwin et Brodkorb, Clemens, *Die Bischöfe des Heiligen Römischen Reiches, 1198 bis 1448 : ein biographisches Lexikon*, Berlin, Duncker und Humblot, 2001, p. 806-807.

29 *Gesta*, p. 316.

30 *Ibid.* p. 316-317.

l'archevêque… De même, une remarque sur les splendides ornements pontificaux commandés par Jean de Bade[31] est, elle aussi, ambiguë : le fait que la phrase se poursuive en soulignant qu'il a également fait construire des bombardes et des bateaux pour une circulation plus aisée des princes montre que cette mention des ornements liturgiques n'est pas tant vue comme le témoignage d'une action spirituelle extraordinaire que comme le signe de la puissance du prince-évêque, qui veille à doter son siège des instruments qui sont à la fois nécessaires à sa puissance et preuves de celle-ci.

La réforme des communautés ecclésiastiques est le principal point sur lequel semble se concentrer l'activité des archevêques dans le domaine purement religieux, comme en témoignent dans leurs *vitae* les listes des établissements que les archevêques se sont efforcés de réformer[32]. Des listes qui tiennent lieu de programme de réforme, sans que le détail de celui-ci ne soit explicité : il s'agit seulement de « ramener à l'observance régulière[33] » ou à un « meilleur statut[34] » ces communautés. Cette focalisation sur la réforme des réguliers et des chapitres n'est pas surprenante. En effet, même s'il y a, au XVe siècle, des appels à une plus grande action pastorale des évêques, les décrets des conciles généraux se concentrent plutôt, d'une part sur le comportement du clergé séculier, ciblant le comportement liturgique, moral et vestimentaire des prêtres et chanoines et, d'autre part, sur la réforme monastique. Cette dernière question avait déjà suscité de nombreuses initiatives des élites ecclésiastiques depuis le début du XIVe siècle, qui vit se déployer un réel effort de réforme dans les établissements monastiques, les initiatives pontificales rejoignant des dynamiques internes aux ordres, pour trouver finalement leur aboutissement au XVe siècle, le « siècle de l'observance » chez les réguliers[35]. L'action des archevêques trévirois en ce domaine s'inscrit donc

31 *Ibid.*, p. 343.

32 Schmidt, Hans-Joachim, « Die Trierer Erzbischöfe und die Reform von Kloster und Stift im 15. Jahrhundert », in *Reformbemühungen und Observanzbestrebungen…*, *op. cit.*, p. 469-501 ; Becker, Petrus, « Dokumente zur Klosterreform des Trierer Erzbischofs Otto von Ziegenhain (1418-1430). Übereinstimmung und Gegensatz von päpstlicher und bischöflicher Reform », *Revue Bénédictine*, t. 84, 1974, p. 126-166.

33 *Gesta*, p. 315 et 333 ; formule similaire p. 342.

34 *Ibid.*, p. 313.

35 Ballweg, Jan *Konziliare oder päpstliche Ordensreform : Benedict XII. und die Reformdiskussion im frühen 14. Jahrhundert*, Tübingen, Mohr Siebeck, 2001 ; ELM, Kaspar (éd.), *Reformbemühungen und Observanzbestrebungen im spätmittelalterlichen Ordenswesen*, Berlin, Duncker und Humbolt,

directement dans ce contexte général et sa valorisation dans le portrait des prélats témoigne de la sensibilisation des acteurs locaux à ce modèle de réforme. Or, paradoxalement, les *Gesta* ne mentionnent guère les conciles généraux qui ont largement discuté des réformes du clergé. Le concile de Constance (1414-1418), qui dura quatre ans et marqua la fin du Grand Schisme, n'est pas mentionné une seule fois, et celui de Bâle (1431-1449) ne l'est que pour son jugement dans l'affaire du schisme épiscopal de 1430. Pourtant, les archevêques Raban von Helmstatt (1430-1439) et surtout Jacques de Sierck (1439-1456) jouèrent un rôle non négligeable dans les négociations visant à trouver une solution au conflit entre le concile et le pape, les efforts du second s'inscrivant dans une politique de préservation de l'autonomie de sa principauté vis-à-vis du duc de Bourgogne notamment[36]. Une action qui est mentionnée très brièvement mais sous la forme d'efforts pour faire la paix entre l'empereur et le pape[37] ! Si le rôle de l'archevêque comme prince-électeur au sein de l'Empire est régulièrement évoqué dans les *Gesta* (présence auprès de l'empereur, etc.), son rôle comme prélat au sein de l'Église occidentale, au-delà de son simple diocèse, est finalement assez rarement évoqué. Une tendance qui va plutôt en s'accentuant, comme en témoigne l'usage de plus en plus prégnant du titre *princeps* plutôt que *presul* entre la fin du XVe siècle et la première moitié du XVIe siècle[38].

Les *Gesta* ne mentionnent jamais la formation intellectuelle des archevêques trévirois, alors qu'ils sont tous passés par l'université. Ils mentionnent par contre les principaux bénéfices détenus au moment de leur accession au trône épiscopal, probablement dans le but de souligner leur expérience[39].

1989 ; Mertens, Dieter, « Monastische Reformbewegungen des 15. Jahrhunderts : Ideen – Ziele – Resultate », in *Reform von Kirche und Reich zur Zeit der Konzilien von Konstanz (1414-1418) und Basel (1431-1449)*, éd. Ivan Hlavácek et Alexander Patschovsky, Constance, Universitätsverlag Konstanz, 1996, p. 157-181 ; Johannes Helmrath, « *Capitula.* Provinzialkapitel und Bullen des Basler Konzils für die Reform des Benedikterordens im Reich », in *Studien zum 15. Jahrhundert. Festschrift für Erich Meuthen*, éd. Johannes Helmrath, Heribert Müller et Helmut Wolff, Munich, Oldenbourg, 1994, t. 1, p. 87-121.

36 Stieber, Joachim W., *Pope Eugenius IV, the Council of Basel and the secular and ecclesiastical authorities in the Empire. The conflict over supreme authority and power in the Church*, Leyde, Brill, 1978, notamment p. 132-142 (Raban) et chap. 7 et 8 (Sierck) ; Müller, « Les pays rhénans… », art. cité.

37 *Gesta*, p. 329.

38 Müller, *Die spätmittelalterliche Bistumsgeschichtsschreibung*, *op. cit.*, p. 171.

39 Pour Werner von Falkenstein, cette présentation se trouve à la fin de la *vita* de son prédécesseur Cunon von Falkenstein, dans les paragraphes qui traitent de la résignation de

Ils ne sont pas plus prolixes sur leur activité pastorale envers les simples prêtres et le peuple des fidèles : nulle mention de synodes, de prédications, de visites pastorales. Mais aucune critique non plus à ce sujet. Sans doute car le gouvernement spirituel est assuré au quotidien par une administration diocésaine bien développée qui, sous la supervision des officiaux de Trèves et de Coblence, décline ces activités à différents niveaux, des chapitres de prêtres dans les doyennés ruraux jusqu'aux visites archidiaconales[40]. Tout au plus les *Gesta* indiquent-elles de rares actes de soutien des archevêques aux pratiques dévotionnelles : translation du chef de saint Matthias et fondation d'une messe quotidienne à la Vierge pour Otto[41], création de la fête de la Présentation de la Vierge pour Jean de Bade[42]. Des actions qui sont davantage mises en lien avec la piété personnelle du prélat qu'avec l'action pastorale. D'ailleurs, le concile provincial réuni par Otto von Ziegenhain en 1423, pourtant le seul du siècle dans la province, n'est pas du tout évoqué. Sans doute parce qu'il ne concerne pas les réguliers, mais surtout les simples clercs séculiers et la lutte contre les hérétiques : la pastorale n'est décidemment pas vue comme un marqueur important de l'action archiépiscopale au XVe siècle…

L'exercice des *pontificalia* par l'archevêque en personne n'est mentionné que pour trois d'entre eux : Jean de Bade, dont il est seulement mentionné qu'il célèbre des offices, Otto von Ziegenhain et Jacques de Sierck qui les exercent plus largement[43]. Là encore, l'absence de telles mentions pour les deux autres prélats ne s'accompagne pas de critique apparente. Une première explication pourrait en être la présence constante d'évêques auxiliaires dans le diocèse : évêques *in partibus*, dénués de sièges réels, ils sont engagés contre pension par l'archevêque pour le seconder, voire le remplacer totalement en son absence, dans l'exercice des actes pontificaux[44]. Si bien que la population, lorsqu'elle est délaissée spirituellement par son archevêque en titre, ne manque pas pour

---

celui-ci en faveur de Werner (*Gesta*, p. 289).

40 Michel, Fritz, *Zur Geschichte der geistlichen Gerichtsbarkeit und Verwaltung der Trierer Erzbischöfe im Mittelalter*, Trèves, Kommissionsverlag des Bistumsarchivs, 1953.

41 *Gesta*, p. 316.

42 *Ibid.*, p. 343.

43 *Ibid.*, p. 343, 312 et 333-334.

44 Holzer, Karl-Joseph, *De proepiscopis Trevirensibus*, Coblence, chez François-Joseph Dubois, 1844 ; Seibrich, Wolfgang, *Die Weihbischöfe des Bistums Trier*, Trèves, Paulinus, 1998 ; Barralis, Christine, « Évêques auxiliaires et vicaires épiscopaux dans la province de Trèves au XVe s. : la délégation de pouvoir entre normes et pratiques », in *Hiérarchie des*

autant d'encadrement pastoral. Cette situation n'est pas spécifique au diocèse de Trèves ou aux territoires d'Entre-Deux : il s'agit d'un modèle largement diffusé dans l'Empire.

À ceci près que, pour Werner von Falkenstein et Raban von Helmstatt, les *Gesta* se caractérisent en fait par une absence quasi-totale de mentions concernant le domaine spirituel. Citons ainsi le seul acte mentionné à ce propos pour Werner von Falkenstein, qui fut archevêque pendant trente ans (1388-1418) : en septembre 1388, c'est-à-dire neuf mois après être devenu coadjuteur de son prédécesseur, et cinq mois après avoir été élu archevêque, il « se convertit à Dieu, se fit ordonner prêtre et obtint la consécration[45] ». Le ton des *Gesta* est clairement positif et laisse entendre que c'était presque inattendu. D'où nous pouvons conclure que les attentes spirituelles envers ce prélat n'étaient pas démesurées... Quant à Raban, nulle mention relative au domaine spirituel ou liturgique si ce n'est que son chancelier est accusé d'avoir furtivement envoyé à Spire (dont Raban était également évêque et d'où il venait) les livres et « images » dont les précédents archevêques avaient doté leur siège[46]. Pourtant son activité spirituelle ne fut pas tout à fait aussi pauvre que pourraient le laisser croire les *Gesta*, qui passent par exemple sous silence sa décision de 1435 relative à l'ostentation de l'hostie dans le monastère prémontré féminin d'Altenberg[47]. Si le silence des *Gesta* concernant le manque d'implication religieuse de ces prélats pourrait sembler de prime abord charitable, puisqu'il ne s'accompagne d'aucune critique explicite à ce propos, il est en réalité fort éloquent au regard de l'ensemble de ces *vitae*. Ces deux archevêques sont en effet ceux qui font l'objet des portraits les plus unanimement critiques dans cette série du XVe siècle. Dès lors, le choix des *Gesta* de faire totalement l'impasse sur leur devoir spirituel et pastoral peut être lu comme une manière de noircir encore l'image de ces évêques. De même est-il frappant de voir la distorsion dans les *Gesta* entre la présentation de l'action réformatrice d'Otto von Ziegenhain – très valorisée – et celle de Jacques de Sierck, fortement minimisée[48] au sein d'une *vita* loin d'être unanimement louangeuse. Signe que l'action

---

pouvoirs, délégation de pouvoir et responsabilité des administrateurs dans l'Antiquité et au Moyen Âge, éd. Frédérique Lachaud et Agnès Bérenger, Metz, CRULH, 2012, p. 411-425.

45 *Gesta*, p. 297.

46 *Ibid.*, p. 325.

47 Blattau, *Statuta synodalia...*, *op. cit.*, p. 272-273.

48 Sur l'action réformatrice de Sierck, voir Miller, *Jakob von Sierck*, *op. cit.*, chap. 8.

réformatrice est vue comme un élément positif, servant à valoriser une figure épiscopale.

Quels sont alors les critères caractérisant explicitement le mauvais prélat ? Les principales critiques à leur encontre tiennent en fait à la question du gouvernement temporel et des choix s'y rapportant. Le premier point mis en avant dans les *Gesta* est celui des finances, avec une valorisation appuyée de celui qui a laissé les caisses pleines (Otto von Ziegenhain) et une critique sans ambiguïté de ceux qui les ont vidées (Werner von Falkenstein ou Raban von Helmstatt). Pour ne pas parler de Jacques de Sierck, dont la maladie qui l'a emporté est présentée comme une punition divine « car il a très mal gouverné son peuple et l'avarice dominait son cœur[49] » : si le récit n'omet certes pas de dire qu'il a fait de « bonnes choses[50] », le jugement sur ce prélat est essentiellement lié à sa gestion financière, qui a été marquée par l'imposition de multiples taxes à son clergé, vigoureusement dénoncées par les *Gesta*[51]. En bref, nous sommes dans une vision très traditionnelle, dans laquelle le bon évêque est d'abord celui qui gère sainement ses ressources, et le mauvais celui qui les dilapide : rappelons que l'accusation de dilapidation était la plus commune, « quasi-systématique[52] » dans les procès intentés aux prélats par la papauté entre le début du XIIIe siècle et le milieu du XIVe siècle.

Qu'en est-il de l'usage de la violence et des activités militaires des prélats ? Force est de constater que le discours est assez ambigu sur ce point. Si le récit du schisme épiscopal des années 1430, marqué par des affrontements entre Ulrich von Manderscheid (élu du chapitre) et Raban von Helmstatt (nommé par le pape), fait la part belle à la description des actions militaires, le jugement porté insiste surtout sur le fait qu'elles sont causes de dépenses et de dilapidation des biens de l'archevêché. Plus révélatrice encore est la description de l'épiscopat de Werner von Falkenstein (1388-1418), qui se résume à une longue suite de

49 *Gesta*, p. 328 et 335.

50 « Il accomplit cependant de nombreuses bonnes choses dans sa vie » (« *tamen etiam multa bona in vita gessit* »), *ibid.*, p. 328 (fin de la première version – plutôt défavorable – de la *vita*).

51 *Ibid.*, p. 326.

52 Théry, Julien, *« Excès » et « affaires d'enquête ». Les procès criminels de la papauté contre les prélats, XIIIe-mi XIVe siècle*, mémoire original de recherches pour l'HDR, Université Paul Valéry-Montpellier III, 2010, p. 392.

conflits armés, celui contre le comte d'Arenberg[53] ayant même « donné lieu à tant d'atrocités des deux côtés et été si long » que le comte en garde encore rancune à l'époque de rédaction des *Gesta*[54]. Or quel est le jugement final porté sur ce prélat ? « Il fut durant tout ce temps un homme d'une admirable tranquillité et pacifique en toutes choses » (*Fuit interim vir mire tranquillitatis, et per omnia pacificus*[55]) ! Notons que, là encore, le qualificatif de « pacifique » semble ressortir davantage du lieu commun que de l'appréciation individualisée. Ce terme – ou l'adverbe « pacifiquement » – est utilisé en effet pour tous les archevêques du siècle[56], alors même que chaque *vita* prend soin d'énumérer les campagnes militaires (sièges, prises de châteaux, etc.) menées par le détenteur du siège contre ses voisins ou ses vassaux récalcitrants, ainsi que les constructions ou restaurations de places fortes. C'est peu dire que ces activités militaires ne sont pas condamnées, et sont même généralement présentées de façon assez positive, en insistant sur le fait que l'archevêque a défendu le temporel et les droits de l'Église contre ceux qui voulaient les accaparer et qu'il fait preuve, tel Jean de Bade, d'une « résistance virile[57] » contre ceux qui attaquent ses sujets. Il y a là une combinaison de l'image de l'évêque protecteur des biens ecclésiastiques et de celle du prince qui n'hésite pas à défendre légitimement ses droits les armes à la main tout en mettant en avant l'idéal de paix. Un idéal bien incarné, à la fin du siècle, par l'archevêque Jean de Bade, dont le portrait déroule la liste des alliances qu'il a nouées pour souligner que, sous sa direction, la principauté fut plus en paix que sous aucun de ses prédécesseurs, car il préférait payer les envahisseurs plutôt que de laisser ses sujets subir dommages, incendies et autres événements semblables[58]. Ce qui ne l'empêcha pas de s'attacher à maintenir le potentiel militaire de la principauté[59] et de mener une vie digne d'un prince, les *Gesta* soulignant notamment qu'il fit construire un château entièrement dédié à la pratique de la chasse, en passant sous silence le fait qu'il s'agissait d'une activité en théorie interdite aux clercs[60]. Bref, nous sommes, là

53 Évrard II de la Marck, aussi seigneur de Sedan.
54 *Ibid.*, p. 298.
55 *Ibid.*
56 *Ibid.*, p. 317 et 323 (Otto), 323 (Raban), 330 (Sierck), 341 (Bade).
57 *Ibid.*, p. 341.
58 *Ibid.*, p. 340.
59 *Ibid.*, p. 343.
60 *Ibid.*, p. 344.

encore, dans une vision assez traditionnelle du prince-évêque, qui ne témoigne pas d'une grande acculturation aux thématiques réformatrices du prélat qui serait avant tout guide spirituel.

Autre reproche que l'on voit ressurgir à plusieurs reprises dans les *Gesta* : les prélats qui agissent mal le font à l'instigation des laïcs, sur qui est donc rejeté l'essentiel de la faute, dans un discours à la tonalité très grégorienne. L'archevêque Werner le dit lui-même en 1397 : si ses prédécesseurs se sont accaparés, par une mauvaise coutume, tous les biens des bénéficiers décédés, intestats ou non, c'est « poussés, et même plus, séduits, par les suggestions ennemies et mauvaises des laïcs qui, comme le montre le passé, sont tout à fait hostiles aux clercs[61] ». Et c'est sur le rôle joué par les puissants laïcs dans la désignation des deux contendants qu'insistent les *Gesta* dans le récit du déclenchement du schisme épiscopal désastreux de 1430. C'est d'ailleurs ainsi que, lors des événements qui ont suivi, Ulrich von Manderscheid, d'homme bon est devenu un tyran, « sur le conseil de ses complices » (*consilio suorum complicum*), abusant de son pouvoir en contraignant ses inférieurs à enfreindre malgré eux les mandements pontificaux, par l'expulsion des récalcitrants[62].

On rejoint ici une des thématiques qui sous-tendent tout le texte des *Gesta*, à savoir le fait que le mauvais évêque est celui qui opprime son clergé. Ainsi, dans son acte de 1398 sur la saisie des biens des clercs décédés, qui est inséré intégralement dans les *Gesta*, l'archevêque Werner impose qu'aucun de ses futurs successeurs ne soit reçu ou obéi du chapitre avant d'avoir juré de respecter ce statut et de conserver et défendre les libertés et privilèges du clergé diocésain[63]. Il légitime explicitement la désobéissance, non seulement du clergé, mais de tous les officiers du diocèse, envers le nouvel arrivant qui tenterait de faire pression sur le chapitre pour se dispenser de ce serment. Car telle est la définition du bon pasteur portée par ce document : un « défenseur de l'ordre clérical », un « conservateur de la liberté ecclésiastique[64] ». Ajoutons-y la bonne gestion du temporel, et nous sommes plus proches de l'idéal épiscopal du XIIe siècle finissant que du modèle gersonien[65].

61 *Ibid.*, p. 302.

62 *Ibid.* p. 320-321.

63 *Ibid.* p. 307-308.

64 *Ibid.* p. 303.

65 Sur le modèle épiscopal du XIIe siècle : Lemesle, Bruno, *Le gouvernement des évêques. La charge pastorale au milieu du Moyen Âge*, Rennes, PUR, 2015.

Il convient enfin de noter la différence de traitement réservé aux deux rivaux du schisme épiscopal de 1430. Raban von Helmstatt, pourtant l'archevêque légitime au regard du droit canonique[66], est présenté d'emblée de façon très péjorative, les reproches portant d'abord sur sa personne même : là où Ulrich est un « homme recommandable par sa vertu et sa probité[67] », « bon, pieux et aimé de presque tous[68] », Raban est certes « prudent mais vieux et chenu » et donc vaincu par « l'ambition des anciens et l'avarice, mal commun de la vieillesse[69] ». Il est aussi indolent *(secors)* et sans talent *(iners)*[70]. En bref, il est celui par qui la discorde et la ruine sont arrivées, « même si ce n'est peut-être pas sa faute[71] ». Alors qu'Ulrich von Manderscheid, dont l'obstination et l'arrogance ont pourtant prolongé le conflit de nombreuses années et causé de nombreux dommages à la cité et à l'Église de Trèves, ne fait l'objet, en-dehors de l'unique mention sur sa transformation en tyran, que de quelques critiques factuelles sur ses actions. Raban est aussi le seul des archevêques de Trèves qui est régulièrement désigné par son seul prénom, sans aucun titre honorifique, là où les autres détenteurs de la fonction sont désignés au minimum par la formule « *dominus* X (sire X), ou bien par les termes de *princeps* (prince), *archiepiscopus* (archevêque), *praesul* (prélat), voire *antistes* (chef de l'Église). Une absence de titulature qui souligne le mauvais jugement porté à son encontre. Pourquoi cette distorsion dans l'image des deux personnages ? Parce que Raban souffre d'un double handicap : il a été nommé par le pape, en infraction des libertés du clergé local, et est soutenu principalement par des extérieurs au diocèse, alors qu'Ulrich a l'appui d'une bonne partie des élites locales. L'importance

66 Il a été pourvu par le pape en 1430 suite à une élection disputée entre Jacques de Sierck et Ulrich von Manderscheid, et à un appel à Rome. Sa nomination a été confirmée par le concile de Bâle en 1434 suite à l'appel d'Ulrich au concile. Voir Lager, Johann Christian, « Raban von Helmstadt und Ulrich von Manderscheid – ihr Kampf um das Erzbistum Trier », *Historisches Jahrbuch*, t. 15, 1894, p. 721-770 ; Meuthen, Erich, *Das Trierer Schisma von 1430 auf dem Basler Konzil. Zur Lebengeschichte des Nikolaus von Kues*, Münster, Aschendorff, 1964 ; Watanabe, Morimichi, « The episcopal Election of 1430 in Trier », *Church History*, t. 39, 1970, p. 299-316 ; Sudmann, Stefan, *Das Basler Konzil : Synodale Praxis zwischen Routine und Revolution*, Francfort-sur-le-Main, Peter Lang, 2005, p. 60-75.

67 *Gesta*, p. 318.

68 *Ibid.*, p. 320.

69 *Ibid.*, p. 319.

70 *Ibid.*, p. 320.

71 *Ibid.* p. 325.

donnée à ce dernier critère transparaît aussi dans le récit de l'accession à l'archiépiscopat de Jean de Bade, à l'issue d'une autre élection divisée. Dans la présentation de Jean et de son concurrent, le texte insiste sur l'énumération des soutiens de Jean, qui appartiennent aux élites ecclésiastiques et politiques régionales[72]. L'évolution de l'appréciation portée sur Jacques de Sierck entre 1430 et sa mort en 1456 tient également à ses relations avec les milieux locaux : en 1430, élu archevêque par la « la part la plus grande et la plus saine » (*major et sanior pars*) du chapitre, Jacques était « un homme éclairé » (*illuminatus vir*)[73] avant de renoncer face à l'opposition de son concurrent Ulrich von Manderscheid. Une fois devenu prélat en 1439, suite à la résignation de Raban von Helmstatt en sa faveur, les *Gesta* portent sur lui un jugement ambivalent, issu de la juxtaposition de deux *vitae* discordantes dans leur appréciation du prélat : s'il est « sans aucun doute un homme de très grand esprit et industrie[74] », un prélat qui « a fait beaucoup de bien dans sa vie[75] », il fut aussi frappé par Dieu d'une maladie incurable qui l'a privé de raison et de parole dans ses derniers jours « parce qu'il avait très mal gouverné son peuple[76] ». Il fut un « ennemi de tout le clergé[77] », auquel il ne cessa d'« extorquer de l'argent », obtint des bulles « contre tout son diocèse[78] » grâce à l'appui du pape « qui lui était favorable » et dont « il obtenait tout ce qu'il voulait, moyennant finances[79] » et, péché suprême, « il ne faisait confiance à aucun des habitants [de sa principauté], confiant des charges secrètes à des étrangers venant de tous les pays[80] ». En d'autres termes, ce qui lui est reproché est de s'être appuyé sur des extérieurs pour s'opposer aux clercs locaux, qu'il n'a pas hésité à priver de leurs bénéfices lorsqu'ils étaient rétifs à son autorité[81]. Un critère de jugement qui confirme, s'il en était besoin, que les *Gesta* de la seconde moitié du

---

72 *Ibid.*, p. 336-337.

73 *Ibid.*, p. 318.

74 *Ibid.*, p. 329, introduction de la *vita* I-II.

75 *Ibid.*, p. 328, conclusion de la *vita* I.

76 *Ibid.*, p. 327-328 et 335 : formule commune aux deux *vitae*.

77 *Ibid.*, p. 326, introduction de la *vita* I.

78 Ce passage vise probablement la bulle donnant en 1450 au prélat pouvoir de réformer l'ensemble des communautés du diocèse, y compris les exempts et les Mendiants (Miller, *Jakob von Sierck*, *op. cit.*, p. 218).

79 *Gesta*, p. 327, *vita* I.

80 *Ibid.*

81 *Ibid.*, p. 331 et Miller, *Jakob von Sierck*, *op. cit.*, p. 153-165.

siècle sont rédigés principalement par des officiers de l'administration archiépiscopale locale, davantage attachés au siège et aux intérêts de l'Église locale qu'à son détenteur.

Au final, les *Gesta Treverorum* témoignent donc d'une vision contrastée de l'image des archevêques de Trèves au XVe siècle. Composée largement à l'aune de critères traditionnels, mêlant l'importance de la gestion du temporel à la valorisation de la puissance du prince, elle intègre aussi une certaine acculturation aux préoccupations des réformateurs, par le parallèle qui est établi systématiquement entre l'image positive d'un archevêque et l'insistance apportée à la description de sa piété personnelle et de sa participation personnelle aux *pontificalia*. Cette sensibilité aux thèses réformatrices n'est cependant que partielle. Il apparaît en effet que l'image positive des archevêques sur le plan spirituel tient moins à leur action pastorale envers les fidèles et au souci de leur encadrement qu'à leur piété personnelle et à la réforme des réguliers. En somme, le prélat trévirois est davantage le pasteur des hommes d'Église que du troupeau des fidèles. Et ce qui est reproché aux archevêques, ce n'est pas tant d'être des princes-évêques que d'être parfois de mauvais princes, c'est-à-dire de mauvais gestionnaires qui dilapident le patrimoine, voire des tyrans qui abusent de leur autorité en restreignant les « libertés » de leur clergé. Être un grand seigneur, présent épisodiquement dans le diocèse, n'est donc pas vu en soi comme un comportement incompatible avec la réforme de l'Église, ainsi que le montre l'exemple d'Otto von Ziegenhain. De même que manifester une grande piété personnelle ne suffit pas à faire un « bon » évêque, comme en témoigne le cas de Jacques de Sierck. L'important, pour avoir une bonne image, est que le prélat s'assure que les caisses soient pleines, les biens de l'Église protégés, les droits du clergé respectés et les communautés ecclésiastiques incitées à une meilleure observance de leurs règles.

Christine BARRALIS
Université de Lorraine – Metz ;
CRUHL

QUATRIÈME PARTIE

L'ÉPISCOPAT ENTRE RÉFORME PROTESTANTE ET CONTRE-RÉFORME CATHOLIQUE (XVIe-XVIIe SIÈCLE)

L'IMPOPULARITÉ DE L'ÉVÊQUE RÉFORMATEUR DU XVIIe SIÈCLE ÉTAIT-ELLE INÉVITABLE ?

L'impopularité des évêques de la Réforme catholique auprès des populations est un thème que l'on rencontre fréquemment dans les sources manuscrites ou imprimées, allant parfois jusqu'à décrire des affrontements violents entre évêques et diocésains. Cette impopularité épiscopale peut avoir de multiples raisons, dont beaucoup tiennent à des conditions locales originales et se situent à des niveaux d'explication très différents. Les fidèles peuvent être perturbés par une action pastorale déstabilisante, mais également par des réactions très profanes d'évêques mus davantage par le souci de protéger leurs clients ou leurs propres patrons que par des soucis pastoraux. Les deux séries de raisons peuvent également se rejoindre et construire un discours cohérent. Je me concentrerai sur des cas pris dans un large XVIIe siècle, allant de la fin du XVIe au début du XVIIIe siècle, en laissant de côté ce qui relève de l'aspect politique de la querelle janséniste en France (pensons à l'arrestation sur ordre de Louis XIV de Mgr Genêt, évêque de Vaison de 1685 à 1702 et maintenu en prison à Ré de 1688 à 1690, à l'impopularité de Louis-Antoine de Noailles à Paris de 1695 à 1729, ou au procès de Mgr Soanen en 1727) ou du contexte pré-révolutionnaire (comme lorsque le carrosse de l'évêque de Marseille est malmené par la foule en colère). De même j'insisterai sur la contestation par les laïques et les pouvoirs politiques des méthodes de gouvernement des évêques, plus que sur les conflits récurrents avec le clergé, entre évêques et chanoines par exemple. Je montrerai tout d'abord la variété des dossiers, puis des critiques dont les évêques sont l'objet et enfin comment, loin de baisser les bras, l'épiscopat sut retourner habilement cette impopularité à son profit en l'incluant dans son modèle de sainteté.

L'ÉVÊQUE IMPOPULAIRE AUPRÈS DU CLERGÉ ET DES FIDÈLES : DE MULTIPLES DOSSIERS

Les sources pour constater ces contestations des évêques ne sont pas forcément là où on croit pouvoir les trouver. Les biographies épiscopales, qui se multiplient à l'époque moderne, ne sont pas très loquaces sur cette question[1]. Les sources les plus parlantes sont souvent d'origine politique, ce qui n'est pas propre à l'espace de la Lotharingie ou de la Dorsale catholique. Elles concernent l'accusation de sympathie de certains prélats pour l'hérésie protestante, ou au contraire sont liées à la Ligue, au XVIe siècle. Plusieurs évêques furent victimes de factions pendant les guerres de religion[2]. Ce n'est pas ce que je souhaite privilégier, désireux d'insister plutôt sur des critiques nées dans le cadre de l'administration épiscopale. Petit tour d'horizon.

Les contestations d'évêques étaient d'abord liées à des conflits d'autorité. Au début du XVIe siècle, l'archevêque d'Albi fut en conflit permanent avec les consuls, comme seigneur de la ville[3]. Un siècle après, en 1633, l'archevêque de Bordeaux, Henri d'Escoubleau de Sourdis, pour défendre sa « politique baroque », affronta durement le duc d'Épernon, gouverneur de Guyenne. L'archevêque réussit à garder la confiance des Bordelais dans cette affaire[4], alors même que le duc conservait de nombreux fidèles dans les chapitres locaux, comme à la collégiale de Cadillac dont sa famille était le protecteur[5]. Dans ces deux affaires, les

1 Voir dans le volume dirigé par Bougard, François et Sot, Michel, *Liber, Gesta, Histoire. Écrire l'histoire des évêques et des prélats de l'Antiquité au XXIe siècle*, Turnhout, Brepols, 2009, les articles de Le Gall, Jean-Marie, « Catalogues et séries de vies d'évêques dans la France moderne. Lutte contre l'hérésie ou illustration de la patrie ? », p. 367-405 et de Poncet, Olivier, « L'histoire des évêques saisie par l'érudition (XVIIe-XVIIIe siècles) », p. 407-436.

2 Le Gall, Jean-Marie, « Catalogues et séries de vies d'évêques, art. cité », p. 391.

3 Michon, Cédric, « Une ville contre son seigneur. Albi dans la première moitié du XVIe siècle », *Cahiers du CRHQ*, n° 1, 2009, p. 3-34.

4 Jouhaud, Christian, « Le duc et l'archevêque : action politique, représentations et pouvoir au temps de Richelieu », *Annales É.S.C.*, septembre-octobre 1986, n° 5, p. 1017-1039. Sourdis est ici l'homme de Richelieu.

5 Loupès, Philippe, « À l'ombre des Épernon Foix-Candale, le chapitre collégial de Cadillac. 1490-1790 », *Espaces nationaux et identités régionales. Mélanges en l'honneur du professeur Christian Desplat*, éd. Adrien Blazquez, & Philippe Chareyre, Orthez, éditions de Gascogne, 2004, p. 287-301.

évêques n'étaient pas seuls et leurs gens furent très impliqués dans les affrontements sur le terrain. Dans une société de lignages et de fidélités comme celle de l'Ancien Régime, ce n'est pas étonnant. L'entourage de Claude de la Magdelaine de Ragny, évêque d'Autun (1621-1652) avait sur place une réputation exécrable. On accusait la Maison de l'évêque de vendre les biens de l'évêché, de trafiquer dans la collation des bénéfices, de monnayer les audiences auprès du prélat[6]. En Comtat Venaissin, Mgr Jean-Baptiste de Sade (1665-1707) évêque de Cavaillon, fut accusé par les habitants d'avoir vendu l'accès collectif à l'eau à la puissante famille provençale des Oppède. Un duel opposant les domestiques et les partisans de l'évêque, conduits par son frère, à ceux du baron de Vence en 1670 qui défendait un « parti populaire », scandalisa toute la petite ville et la monta durablement contre son prélat[7]. Une telle situation n'est pas exceptionnelle et semble même fréquente.

En Dauphiné, à Valence en novembre 1631, le sommelier de l'évêque Charles-Jacques de Gélas de Léberon (1623-1654), Paul Mingreville, fut accusé d'avoir attenté à la vie de noble Antoine Froment, docteur agrégé de l'université. La réputation du suspect était exécrable : il aurait violé deux filles en 1627, agressé plusieurs « écoliers » de l'université à coups de pistolet en compagnie du courrier de l'évêque. Le secrétaire de l'évêque, convoqué au présidial, eut bien du mal à le défendre. Mingreville trouva refuge dans le palais épiscopal, que l'on n'osa pas investir. Atteint d'une longue maladie particulièrement bienvenue, il y décéda rapidement, et on l'enterra sans tarder… C'est toute la famille de l'évêque qui était durablement en butte aux Valentinois. Le 7 août 1637, Claude d'Anselme déposa plainte contre elle devant le parlement de Grenoble : des domestiques de l'évêque, mais également ses deux aumôniers et son suisse, auraient enfoncé les portes de son écurie et volé deux chevaux « qu'il a pour tout moyen de gagner sa vie au louage ». Injurié, battu à coups de bâton, Anselme réclamait un châtiment exemplaire « eu égard en la condition des personnes qui l'ont fait[8] ». Malheureusement, le document ne nous en dit pas davantage sur les suites du dossier.

---

6 Schmitt, Thérèse-Jean, *L'organisation ecclésiastique et la pratique religieuse dans l'archidiaconné d'Autun de 1650 à 1750*, Autun, Marcellin, 1957, p. 8.

7 *Un chanoine de Cavaillon au Grand Siècle. Le livre de raison de Jean-Gaspard de Grasse (1664-1684)*, éd. Frédéric Meyer, Paris, CTHS, 2002, p. 36-39.

8 Arch. départ. Drôme, B 11.

Il faut replacer ces faits divers dans un contexte local détérioré. Une opposition s'élevait face à la création des présidiaux de Valence et des Montagnes, soupçonnés d'affaiblir l'autorité du parlement de Grenoble, des justices épiscopales de Die, Valence, Gap et Embrun, et de chercher à mieux contrôler les protestants[9]. L'évêque de Valence s'opposait donc autant à la justice royale qu'aux consuls. Il ne se déplaçait plus qu'accompagné de vingt-cinq ou trente hommes d'armes ou domestiques, tous « l'épée à la main ». L'official et le présidial décrétèrent d'arrestation leur personnel respectif. En 1639, l'official Hélain Serre, chanoine de la collégiale Saint-Pierre à Bourg-les-Valence, qui excitait le peuple en faveur de l'évêque contre le présidial, fut expulsé de la ville. Louis XIII dut intervenir et condamner chacun des juges du présidial à cent livres d'amende[10]. L'évêque interdit à son « juge d'appeaux » d'aller plaider au présidial comme à un enseigne de cavalerie d'y poursuivre un déserteur[11]. Il refusa de livrer au présidial un voleur de reliques, qu'il avait fait enfermer dans les prisons épiscopales. Le présidial ordonna l'arrestation du procureur fiscal, du greffier et du geôlier de la prison du diocèse. L'aumônier de l'évêque enleva sa trompette au crieur public et « en lui défendant de crier » les arrêts du présidial par les rues[12]. Il semble qu'en quelques années, Léberon se soit mis à dos tous les notables de Valence, les différents chapitres, le consulat, l'université, et même le gouverneur du Dauphiné à Grenoble, le duc de Créqui.

Il n'était même pas besoin de réforme judiciaire pour exciter des troubles contre un évêque. Des mesures moralisatrices impopulaires en Savoie en 1689 provoquèrent un conflit entre les domestiques de l'évêque de Maurienne et la population de Saint-Jean. Le greffier épiscopal était en train d'intimer une interdiction par son maître des bals publics pendant la dernière semaine de l'Avent, « ... ce temps non seulement consacré plus spécialement que les autres à la pénitence, mais que les malheurs de la Chrétienté a [sic] été affligé [la guerre de la Ligue d'Augsbourg], exigeoit qu'on passât plus saintement[13] ». Le greffier fut malmené, les

9 Favier, René, *Les villes du Dauphiné aux XVIIe et XVIIIe siècles*, Grenoble, Presses universitaires de Grenoble, 1993, p. 66-69.

10 Arch. départ. Drôme, B 4.

11 Arch. départ. Drôme, B 5.

12 Arch. départ. Drôme, B 7.

13 Arch. Stato Torino, *Lettere dei vescovi*, Moriana, mazzo 65, lettre de Saint-Jean du 18 janvier 1689.

domestiques de l'évêque attaqués l'épée et le pistolet à la main, un fut blessé d'un coup de pistolet. On retrouve, comme à Cavaillon lors du duel de 1670, le rôle central des domestiques, hommes de l'évêque mais aussi hommes du peuple, que l'on peut agresser pour exprimer un mécontentement envers un prélat que l'on n'ose pas attaquer directement. Ceux qui ont fait le coup devaient avoir quelques appuis, car loin de se faire oublier et d'attendre un pardon que l'évêque François-Hyacinthe Valpergue de Masin se disait prêt à accorder, ils portèrent plainte au sénat de Savoie à Chambéry contre les domestiques ! Malgré son « caractère de pasteur [qui] ne me permet aucun sentiment d'aigreur contre des brebis que je dois aymer au depens de mon repos et de ma vie », comme se plut à dire le prélat, l'évêque dut relever l'affront qu'on lui avait fait à travers l'attentat contre ses domestiques. Il demanda au marquis de Saint-Thomas, le principal ministre piémontais d'alors, de confier l'affaire au gouverneur du duché de Savoie. Il écrivit même au duc pour se plaindre, d'ailleurs davantage de l'indépendance du sénat que de l'injure à ses gens[14].

Dans l'autre sens, la violence des hommes de l'évêque sur des prévenus n'était pas rare. Le chantre de la cathédrale de Saint-Jean de-Maurienne, Jean-Pierre Gerbais, appela comme d'abus devant le sénat de Savoie le 17 mai 1691 pour son arrestation arbitraire par l'official et le promoteur de l'évêché[15]. On était en période d'occupation française du duché et Louis XIV demanda au sénat d'examiner l'appel. Le 20 avril, entre dix et onze heures du soir, Gerbais aurait été enlevé chez lui sur ordre de l'évêque François-Amédée Milliet de Challes par « une partie de ses vallets avec des autres gens armés ». On le traîna dans les rues « comme un scélérat au grand scandale de tous les habitants » et on l'amena au palais épiscopal. Habilement, il attesta de la régularité de vie à l'évêché en faisant remarquer la rupture insolite de clôture que représente son intrusion, car « l'on ne va pas dans ledit palais où les portes sont ordinairement fermées de bonne heure ». Il était depuis enfermé « dans une prison étroite comme un criminel, et au secret ». Le sénat aurait été volontiers enclin à exiger son élargissement, heureux de dénoncer dans le cadre du gallicanisme savoyard un abus de pouvoir épiscopal. Mais le dossier était lourd. Le chanoine semblait avoir eu « la vie déréglée »

14 *Ibid.*, lettre de Saint-Jean du 22 janvier 1689.
15 Arch. départ. Savoie, 2 B 13 325.

et provoqué « le scandale public » que l'official lui reprochait. Aussi, le sénat renonça-t-il à son élargissement et Gerbais resta en prison.

Une nouvelle affaire éclata en Maurienne en 1736. À Valloires, une « émeute populaire » fut excitée le dimanche 19 août par le curé Albane, alors en procès sur la dîme avec son évêque. Des « feux de communiers » furent allumés dans la paroisse, des « cris affreux » poussés ; on menaça de jeter les domestiques de l'évêque qui passaient par là dans les précipices. Vers 21 heures, alors que ceux-ci se reposaient « tranquillement et en toute confiance », deux cents hommes [*sic*] déguisés, masqués, armés de fusils, de pistolets, de haches les attaquèrent furieusement. Quatre cents coups de fusils furent tirés (qui les a comptés ?), leurs mulets se sauvèrent et ne furent retrouvés que le lendemain à deux heures de marche de là (on ne les avait donc pas volés). Les « gens d'affaires » et les domestiques de l'évêque rentrèrent piteusement à Saint-Jean. L'affaire fut confiée au sénat, en qui, pour cette fois, le prélat avait confiance. Devant une contestation « populaire » de son pouvoir, l'évêque se souvint qu'il était un notable. Toujours est-il que son autorité pouvait être contestée.

Ce qui fait question. Chronologiquement, ces affrontements correspondent au moment où la Réforme catholique fonctionne à plein régime, et où la sacralité épiscopale est maximale. Ces évêques que l'on conteste sont ceux qui visitent leur diocèse, créent des séminaires, réunissent des synodes, soutiennent les missions, imposent les rituels nouveaux, etc. Mais la rigueur pastorale et dogmatique imposée par des évêques réformateurs était souvent mal vécue par les diocésains. Les évêques jansénisants Jean d'Aranthon d'Alex (1661-1695) à Genève-Annecy, ou Étienne Le Camus (1671-1707) à Grenoble furent très critiqués par leurs ouailles. Ils n'hésitaient pas à se renseigner sur les rumeurs qui couraient sur leur compte auprès des chanoines, qui se faisaient peut-être une joie d'en rajouter[16]. Le président Dugas considérait en 1737 que le grand vicaire de l'archevêque de Lyon, M. Michel, était excessivement dur lorsqu'il désapprouvait les danses de ses paysans, alors même que « les filles dansent les yeux baissés[17] ».

16 Le Masson, Innocent, *La vie de messire Jean d'Aranthon d'Alex*, évêsque *et prince de Genève*, Lyon, F. Comba, 1697, p. 188 parle des « sources de la haine que quelques personnes de qualité conçurent contre lui. »

17 *Correspondance littéraire et anecdotique de M. de Saint-Fonds et le président Dugas, membres de l'Académie de Lyon. 1711-1739*, éd. William Poidebard, Lyon, Mathieu Paquet, 1900, t. 2, p. 282 : lettre du 1er novembre 1737.

On assistait avec le siècle des Lumières à une mutation de la définition d'un bon prélat. La concorde avec les diocésains et l'assistance prioritaire aux pauvres devenaient les vertus de l'évêque du XVIIIe siècle aux yeux de leurs biographes, fruit des nouvelles attentes de la société. Ainsi, alors qu'il faisait reconstruire somptueusement son évêché de Belley sur les plans de Soufflot en 1766-1780, Gabriel Cortois de Quincey (1751-1791) dut se disculper auprès de ses diocésains en faisant déposer par un domestique chaque nuit à la porte d'une famille d'indigents la nourriture du lendemain[18]. Ce n'est pas que les évêques avaient cessé de bâtir, au contraire. Mais leurs entourages en osant les critiquer ne firent qu'exprimer la mauvaise conscience de leur maître.

L'ÉVÊQUE DÉSACRALISÉ

On put parfois franchir un autre niveau de contestation, en ne s'en prenant plus aux gens de l'évêque mais à sa personne même. D'abord comme prélat politique. À la suite des troubles de la Ligue en Provence, l'évêque de Marseille Frédéric Ragueneau (1572-1603) dut fuir la dictature urbaine de Charles Casaulx en 1589-1596. Rentré dans sa cité, il se heurta à ses vassaux de Signes et il fut assassiné en décembre 1603[19]. Son successeur Jacques Turicella (1605-1618) mourut empoisonné à l'arsenic, peut-être par son valet de chambre[20]. Dans les oppositions avec le prince, entre clans rivaux, les prélats ne furent pas épargnés et la sacralité de leur fonction ne les protégeait pas toujours.

Le récit des déboires, heureusement moins dramatiques que ceux de ces évêques de Marseille, que Daniel de Cosnac, évêque de Valence (1655-1693), subit et qu'il mit lui-même en scène de façon très théâtrale, en est une preuve. Ce texte est l'occasion de voir un prélat abaissé

18 Alloingt, Louis, *Le diocèse de Belley. Histoire religieuse des pays de l'Ain*, Belley, Chaduc, 1938, p. 279.

19 Bourde, André-Julien, « Les temps modernes (XVIe-XVIIIe siècle) », in *Le diocèse de Marseille*, dir. Jean-Rémy Palanque, Paris, Beauchesne, 1967, p. 118.

20 *Ibid.*, p. 119. Idot, Bastien, *Jacques Turricella, évêque de Marseille et confesseur de Marie de Médicis 1600-1618*, Université de Tours, 2011, mémoire de maîtrise sous la direction de Michel Vergé-Franceschi.

et humilié. Cosnac nous décrit un épisode tragi-comique de sa vie entre la fin de 1669 et le début de 1673. Il se rendait à son abbaye de Saint-Jean d'Orbestier (Vendée), en petit équipage (quatre personnes), lorsque, malade, il décida de passer pour se faire soigner à Paris, où il était interdit comme ancien frondeur. Le médecin qu'il appela à son chevet le trahit. Alors que la maladie le tenaillait, il fut arrêté et interrogé sans ménagement. S'ensuit dans le récit une scène burlesque où il se débarrassa d'un billet compromettant lors d'un lavement reçu en public devant le prévôt et les archers, en le jetant dans son pot de chambre[21]. Il fut immédiatement conduit « en caleçon dans sa robe de chambre » en carrosse à la prison de For l'Évêque de Paris, accablé de fièvres, accompagné seulement d'un parent gentilhomme et de son valet de chambre. Ses bagages furent fouillés, son argent saisi. Le prévôt lui reprocha de n'être pas vêtu en évêque, mais « déguisé » (sic) avec justaucorps écarlate, perruque et épée au côté. Cosnac se défendit en disant que la perruque était à son gentilhomme, l'épée à son valet et que sa soutanelle (la courte soutane de voyage) doublée de rouge est le vêtement normal des clercs en voyage et en visite pastorale, ce qui est exact[22]. On lui reprocha de ne pas porter sa croix pectorale. Il se défendit à nouveau : « un évêque couché ne la met pas dans son lit, quand même il ne serait pas malade ; mais elle l'était sur la table, et la table était dans le milieu de la chambre », dit-il[23].

À For l'Évêque, il fit l'expérience de la promiscuité et de la puanteur des latrine, mêlée à l'odeur du tabac des archers qui le gardaient. Sur l'intervention des agents du clergé de France et de Le Tellier, on le libéra (il commença par refuser de sortir pour prouver sa bonne foi), mais le lendemain une lettre de cachet l'exila à L'Isle-Jourdain, en Gascogne. Le gentilhomme chargé de l'y accompagner s'inquiéta pour sa santé devant ses fréquents évanouissements. Il fallut partir néanmoins. On pensait coucher à Longjumeau, mais les ordres étaient formels : rien ne devait ralentir le voyage. Cosnac trouva dans l'épreuve un sursaut de force, désireux de ne pas mourir ainsi ! Le voyage fut très difficile jusqu'en Gascogne à travers le Berry et le Limousin ; un vrai chemin

21 Cosnac, Daniel de, *Mémoires (1628-1708)*, éd. Jean-Marie Devineau, Paris, Classique-Garnier, 2011, p. 678-679. J.M. Devineau parle de « burlesque autobiographique ».

22 Trichet, Louis, *Le costume du clergé. Ses origines et son évolution en France d'après les règlements de l'Église*, Paris, Cerf, 1986, p. 135.

23 Cosnac, Daniel de, *Mémoire*, *op. cit.*, p. 592 (1re version) et p. 682 (2e version).

de croix, à l'en croire. Il voyageait en litière, « sans dormir ni manger que très peu[24] ». Après vingt-deux jours de trajet, il attint enfin au but. Rien n'était prêt pour le recevoir et il dut loger au cabaret. Il fut encore malade pendant quatre mois (ou six selon la seconde version du texte). Guéri des fièvres, il tomba ensuite dans l'hydropisie. Un médecin local le sauva avec de l'émétique (un puissant vomitif). Sur place, pendant presque trois ans, il se désennuya en écrivant la première version de ses mémoires. Il se plaignit fort de ne recevoir de lettres que de huit évêques sur 113 que comptait le royaume ; cinq seulement le visitèrent (ceux d'Auch, Lombez, Couserans, Aire et Dax). Du fringant prélat, il ne restait qu'un grand corps malade. Mais on aura noté qu'il décrivait ses malheurs autant comme une atteinte à son honneur nobiliaire qu'à la dignité blessée de son épiscopat.

L'image de l'évêque réformateur ne faisait plus consensus au XVIIe siècle. À plusieurs reprises, à Cavaillon le chanoine de Grasse a confié à son livre de raison son désaccord avec son évêque, Jean-Baptiste de Sade, dont il fut pourtant le grand vicaire. Outre la volonté épiscopale d'installer des carmélites à Cavaillon qui comptait déjà trois monastères féminins, Grasse critiquait la façon dont l'évêque traitait le chapitre cathédral et la ville, comme lors de la nomination de sa seule autorité (comme coseigneur) d'un même viguier deux fois de suite en 1668 et 1669. Sade dut d'ailleurs revenir sur sa décision. Agissant plus en coseigneur de Cavaillon qu'en pasteur du diocèse, Sade avait vendu, on l'a dit, en 1670 aux puissants Meynier d'Oppède l'usage de l'eau du Luberon du moulin de Saint-Julien au détriment de la communauté d'habitants. Lors du duel évoqué plus haut, un consul de la ville et un vieux gentilhomme furent malmenés, on se battit jusque dans l'enclos des capucins et il fallut l'intervention du vice-légat pour ramener le calme. L'insulte faite au consul et le sentiment d'usurpation de l'eau de la collectivité étaient la cause d'une réelle et durable impopularité de l'évêque, que Grasse eut l'honnêteté de noter dans l'intimité de son journal : « Le peu d'affection que le peuple de Cavaillon témoigna à son evesque dans une telle rencontre [...] à cause de la maison de ville, et davantage pour la vente du moulin, veu que par ladite vente, le peuple croit d'être en captivité », écrivit-il[25]. En 1677, un autre conflit éclata sur

24 *Ibid.*, p. 684.
25 *Un chanoine de Cavaillon au Grand Siècle*, *op. cit.*, p. 39.

la nomination du viguier. La « méthode Sade » faisait des victimes. Ses choix pastoraux apparaissent comme une mise en cause de la religion baroque des provençaux, même dans ses traditions les plus pittoresques à nos yeux. Ainsi bannit-il la distribution des pains bénis au sucre à la saint Roch (16 août), et était-il bien sévère avec les festivités liées à Noël : le *pastrage* de 1665 dans la cathédrale est regardé de haut, la distribution de calissons et de nougats par les apothicaires de la ville doit cesser en 1675, les cantiques de Noël dans la cathédrale sont interdits en 1677. On retrouve ici les signes d'une pastorale rigoriste d'inspiration française qui, au nom de la décence du culte, uniformisait les pratiques, quitte à provoquer l'incompréhension de fidèles désorientés.

En Dorsale catholique, la situation géopolitique ajoute un supplément dramatique à cet état de fait général. Les petits États (Lorraine, Franche-Comté, Savoie) font souvent les frais des conflits européens. La Savoie est facilement envahie par les Français en 1703. Le duc Victor-Amédée II (1675-1730) demande alors à Mgr Bernex, évêque de Genève-Annecy (1697-1734), de protester officiellement contre « le traitement injurieux et la violence inouïe que la France vient de pratiquer sans aucun sujet avec nos troupes contre le droit des gens et la bonne foy des traités », et de destiner ses prières et ses bénédictions aux armées piémontaises[26]. Devant l'inexorable avance des Français, le duc de Savoie rappela à Bernex qu'il devait appeler ses diocésains à la résistance : « estant honteux que les ennemis se rendent maistres du païs comme ils font, car estant en si petit nombre, il est aisé de les repousser [...], ce qui n'exige qu'un peu de fermeté des peuples, à quoy vous les exciterés[27] ». L'évêque ne se faisait pas d'illusion sur la fidélité des populations, qui acceptèrent facilement de se soumettre aux Français. Après la victoire française de 1704, Bernex dut prêter serment à Louis XIV. Embarrassé, il demanda conseil à son confrère voisin, l'évêque de Belley, Pierre de Laurens, et à l'évêque de Maurienne François-Hyacinthe de Valpergue de Masin. Il décida d'envoyer à Chambéry un clerc de sa Maison prêter le serment à sa place. Mais en 1710, il fut bien obligé d'accepter de bénir les drapeaux d'un régiment français dans l'église de la Visitation d'Annecy. Il s'en justifia ensuite longuement dans une lettre à un ami expliquant qu'il avait été obligé de le faire[28].

26 Arch. départ. Haute-Savoie, 1 G 267. Lettre du 7 octobre 1703.
27 *Ibid.*, Lettre du 7 décembre 1703.
28 Acad. Salésienne Annecy, boîte 5. Lettre du 12 juillet 1710 à l'abbé Mittonet à Turin.

Sur le modèle français, plusieurs États choisirent une politique plus ou moins « gallicane » vis-à-vis de Rome (le duché de Savoie par exemple), mettant ainsi les évêques en difficulté. Turin s'obstina à refuser de recevoir officiellement les décrets du concile de Trente comme lois du duché de Savoie, malgré les interventions répétées des nonces. Le sénat de Chambéry en Savoie, qui doit enregistrer toutes les lois, défendait la position ducale. En 1571, Mgr Justiniani, évêque d'Annecy, avait décidé unilatéralement de promulguer les décrets tridentins dans son diocèse. Le sénat de Savoie l'en empêcha, notamment en ce qui concerne la discipline ecclésiastique. En 1595, le nonce Riccardi accusa le grand chancelier du sénat de Chambéry, Milliet de Faverge, de « vouloir tout réduire à la française », ce qui était forcément inacceptable à ses yeux. La Savoie se contenta d'un « programme minimum » tridentin[29] : elle recevait les clauses spirituelles du concile, mais pas les temporelles, et encore le sénat se réservait-il le droit d'étudier chaque nouvelle mesure venue de Rome. Il y avait là un espace d'interprétation pour le sénat, qui renforçait son rôle, mais aussi pour les évêques savoyards. Il est ainsi possible qu'en 1609 Mgr Anastase Germonio ait pu en Tarentaise imposer à son diocèse des décrets non seulement spirituels, mais aussi disciplinaires et juridiques. Mais en 1646 l'évêque de Maurienne Paul Milliet de Challes dut s'excuser auprès du sénat pour avoir osé appliquer les décrets disciplinaires du concile de Trente.

Enfin, les fidèles n'hésitaient pas à mettre en cause la personnalité même des évêques. Tout n'est pas nouveau : l'anticléricalisme est d'histoire ancienne. Le chroniqueur piémontais Primi Visconti raconte que l'archevêque de Reims, Charles-Maurice Le Tellier (1668-1710), le frère du ministre Louvois, avait une réputation détestable auprès du personnel de Versailles. Il aurait eu les manières d'un sanglier et une réputation de fornicateur. Un musicien disait en 1676 à un compagnon en le voyant passer : « regarde le beau porc qu'est l'archevêque de Reims[30] ». Il y avait d'autres raisons de détester les prélats. Leur train de vie, leur goût de la construction en particulier alors que la conjoncture économique était défavorable au XVIIe siècle, leur furent reprochés par les diocésains.

29 Erba, Achille, *La Chiesa sabauda tra Cinque e Seicento. Ortodossia tridentina, Gallicanesimo savoiardo e Assolutismo ducale (1580-1630)*, Rome, Herder, 1979, p. 49-69.

30 Visconti, Primi, *Mémoires sur la cour de Louis XIV. 1673-1681*, éd. Jean-François Solnon, Paris, Perrin, col. *Tempus*, 2015, p. 140-141.

Au XVIIe siècle les récits des proches des évêques sont favorables à cette *buildingmania* (J. MacManner) qui participe d'une restauration de l'Église. Jean-Gaspard de Grasse, pourtant souvent critique des choix spirituels de son évêque Jean-Baptiste de Sade à Cavaillon, était très enthousiaste devant ses travaux. Mais au XVIIIe siècle les historiens diocésains, souvent issus de l'entourage des prélats, sont beaucoup plus sévères, dénonçant une soif de bâtir qui ne les impressionne plus. À Vaison en 1678-1679 Louis-Alphonse de Suarez (1671-1685) aurait été critiqué par la population pour ses travaux à la poterne de son palais, nous dit en 1731 l'abbé Boyer[31] , alors que l'année fut un « grand hiver » en Comtat Venaissin[32]. Fornery, qui acheva son histoire du Comtat Venaissin en 1743, même si elle ne fut publiée pour la première fois qu'en 1909, nous dit de même de Mgr Gontieri à Avignon (1705-1742) que, s'il « a fait de grandes réparations à son palais [...] ce n'est pas pour sa magnificence que sa mémoire est en vénération ; c'est son zèle à faire observer la discipline ecclésiastique, et sa charité pour les pauvres, si grande qu'il lui est arrivé, plus que d'une fois, de vendre toute sa vaisselle pour les secourir[33] ». En 1761, l'abbé Charvet, qui était archidiacre du chapitre métropolitain de Vienne, n'hésitait pas à critiquer la passion de construire de Henri de Villars (1663-1693), pourtant considéré en son temps comme un très grand prélat : « au commencement de son épiscopat, n'étant point encore assez dégagé des idées communes à tous le grands du siècle qui croient se relever par le faux éclat d'une dépense inutile et par l'ostentation d'une pompe mondaine, il avait fait bâtir dans la vigne qui joignait son palais un corps de logis où il entretenait un équipage de chasse », écrit-il, à une époque pourtant de reprise de la construction par de nombreux évêques[34]. Heureusement le prélat prit conscience que tout cela avait été volé aux indigents, il vendit ses chevaux et ses chiens et en distribua l'argent aux pauvres.

31 Boyer de Sainte-Marthe de Tarascon, Louis-Anselme, *Histoire de l'Église cathédrale de Vaison, avec une chronologie de tous les évêques qui l'ont gouvernée [...]*, Avignon, M. Chave, 1731, p. 245.

32 *Un chanoine de Cavaillon... op. cit.*, p. 115.

33 Fornery, Joseph, *Histoire du Comté Venaissin et de la ville d'Avignon (1743)*, éd. 1909, rééd. Marseille, Laffitte, 1982, t. III, p. 138.

34 Charvey, Claude, *Histoire de la sainte Église de Vienne*, Lyon, C. Cizeron, 1761, p. 615.

L'ÉVÊQUE, NOUVEAU MARTYR
Un élément fondateur de sa sainteté

Pourtant une parade épiscopale était en cours d'élaboration. Les biographies épiscopales, qui se multiplient au XVIIe siècle, le disent à l'envie : la vie d'un prélat doit être comme celle du Christ une souffrance permanente.

La lourdeur de la charge épiscopale, administrative autant que pastorale, pesait sur les épaules des prélats. À Genève-Annecy, Rossillon de Bernex redoutait sans cesse de ne pas être à la hauteur de sa tâche. Le P. Boudet, son biographe, atteste qu'un « évêque français » en 1709 l'avait interrogé sur sa fonction. On sent dans ses réponses une grande solitude. Se référant à son confrère de Grenoble, le cardinal Étienne Le Camus (1671-1707), il répondit qu'avoir deux ou trois amis était déjà beaucoup, et qu'il faut se méfier des débordements d'amitié dont un évêque peut être victime dans un diocèse. Il faut donc faire attention à choisir comme collaborateurs les clercs les plus vertueux « car les plus attachés à Dieu ». Il avoue que les débuts de son épiscopat furent difficiles. Il avait recruté des serviteurs craignant Dieu, mais il a beaucoup souffert au début de leurs mauvaises humeurs, et ce n'est qu'« après que je les ai aimés [que] j'en fus aimé ». Il enviait les laboureurs, rentrant chez eux « la sueur au front » et qui sont « caressés et servis par leur famille ». Finalement, il se contenta de deux aumôniers, de deux valets de pied, d'un cuisinier et d'un garçon de cuisine : « voilà tout mon petit train et avec cela je suis très bien servi » ; citant La Motte-le-Voyer il dit encore que « les animaux qui ont le plus de jambes ne sont pas ceux qui font le mieux leurs affaires ». Mais rien, pour lui ne valait un ami fidèle : « je vous assure que cela ne sert pas peu à porter les travaux de l'épiscopat[35] ». On le sent très déprimé. À deux reprises, en 1702 et en 1709, le duc de Savoie demanda à l'évêque de Genève-Annecy un état des ecclésiastiques les plus versés en théologie et en droit canonique de son diocèse, probablement pour les attirer à Turin[36]. Bernex prit bien

35 Boudet, Claude-Antoine, *La vie de M. de Rossillon de Bernex, évêque et prince de Genève*, Paris, M. Lambert, 1751, p. 17-23.

36 Acad. Salésienne Annecy, Correspondance des évêques, Rossillon de Bernex, 6e carton, Lettre du 10 janvier 1709.

garde de ne pas inclure son grand vicaire dans la liste pour être sûr de le conserver auprès de lui :

> Je n'ai pas mis dans ce catalogue M. Falcaz, docteur en Sorbonne, vicaire général et official de Genève. C'est l'homme le plus savant et le plus vertueux que je connoisse dans les États de Savoye, mais j'ai crû que Votre Altesse ne voudroit pas le destiner à d'autre emploi, veu qu'il est le seul qui m'aide à gouverner ce pénible diocèse, ce qu'il fait avec fruit et bénédiction.

La mort de Falcaz en 1721 le désespéra. Son tempérament mélancolique le poussa même à envisager sa démission du diocèse d'Annecy. C'est Falcaz lui-même, sur son lit de mort, qui l'en dissuada par des paroles de réconfort toutes militaires selon lesquelles « un général meurt les armes à la main[37] ». Bernex fit un bel éloge de son grand vicaire dans la cathédrale. Il expliqua comment il fut 45 ans son vicaire général et 24 ans son official. Modèle de désintéressement, de générosité, il vécut comme un simple chanoine, en « amateur de pauvreté », sans doute plus spirituelle que réelle[38]. Persuadée d'avoir perdu un saint, la foule se pressa après le décès de Falcaz pour faire toucher chapelets, médailles, linges et livres de prières à sa dépouille[39].

Au-delà de cette mélancolie, beaucoup d'évêques avaient le sentiment que leur tâche était à vivre comme une forme de Passion. Henry Arnauld, évêque d'Angers, disait : « Donnez-moi une heure où je ne sois pas évêque et je me divertiray[40] ». Jacques Chastenet, le secrétaire et biographe du saint évêque de Cahors, Alain de Solminihac, comparait son maître à Charles Borromée qui fut agressé par ses curés et critiqué par les réguliers. Il disait de lui que « la vie d'un Religieux doit estre une mort continuelle et celle d'un Evesque un anéantissement perpétuel[41] ». L'officialité de Solminihac n'était pas tendre avec les fidèles, multipliant

37 L'image avait été déjà employée par le cardinal Le Camus, évêque de Grenoble (1671-1707) à son agonie, le 22 août 1707 : elle révèle l'idée du chef qui est celle de la fonction épiscopale au début du XVIIIe siècle. Bibl. mun. de Lyon, Fonds Coste, manuscrit 119 047, n° 4, p. 8.

38 Boudet, Claude-Antoine, *La vie de M. de Rossillon de Bernex*, *op. cit.*, p. 81.

39 Mercier, Chanoine, « Notice sur M. Joseph Falcaz », *Mémoires et Documents de l'Académie Salésienne*, t. IX, 1886, p. 283-338.

40 À propos d'Henry Arnauld, Mémoires de Guy Arthaud, Bibl. mun. Angers 694 (626), cité par Bonnot, Isabelle, *Hérétique ou saint ? Henry Arnauld, évêque janséniste d'Angers au XVIIe siècle*, Paris, Nouvelles éditions latines, 1984, p. 154.

41 Chastenet, Léonard, *La vie de Monseigneur Alain de Solminihac, Evesque, Baron et Comte de Caors et Abbé régulier de Chancelade*, Cahors, Bonnet, 1663, rééd. Saint-Brieuc, 1817,

les procès, n'hésitant pas à excommunier pour dettes, à distribuer des amendes, à se heurter aux vassaux de l'évêque ou aux consuls de Cahors. Un syndicat de curés se constitua contre Solminihac, peut-être parce qu'il résidait trop souvent dans son manoir de Mercuès au détriment de sa ville épiscopale. Le prélat fut soutenu par le parlement de Toulouse et Vincent de Paul joua les médiateurs. L'affaire dura au-delà de la Fronde, jusqu'en 1658[42]. Les évêques, toujours prompts à prêcher la paix et la concorde, n'hésitaient pas à utiliser la violence pour établir leur autorité. À l'époque moderne, la fin justifiait les moyens.

Le rugueux Jean-Pierre Camus (1584-1653), évêque de Belley (1608-1629), réformait son diocèse avec énergie, bousculant les habitudes, introduisant capucins et visitandines. Il s'en démit pourtant en 1629 pour devenir abbé de l'abbaye d'Aunay (diocèse de Bayeux) en 1631. Auxiliaire de l'archevêque de Rouen, il se retira ensuite en 1651 à l'hôpital des Incurables de Paris ; il fut nommé sans avoir le temps de prendre possession à l'évêché d'Arras en 1653. Écrivain prolifique, ses écrits passionnés ont causé beaucoup de réactions souvent négatives dans le cadre de la querelle dite des « évêques et des réguliers ». Il faut dire qu'il frappait fort. Rappelons seulement quelques titres de ses pamphlets contre les réguliers : *L'Antimoine bien préparé* (1632), *De l'ouvrage des moines* (1632) ; *Le Rabat-joye du Triomphe monachal* (1632 ?). En 1635, un syndicat de réguliers de tous ordres du diocèse de Paris porta plainte contre lui auprès du roi[43].

Camus fut le panégyriste de Charles Borromée (il rédigea huit homélies sur lui entre 1616 et 1622, publiées en recueil en 1623)[44] et de François de Sales. À son tour, Antoine Godeau, évêque de Grasse et de Vence et académicien français, qui chanta plus tard la gloire de l'ensemble de l'épiscopat réformé[45], prononça en 1653 l'éloge de cet évêque contesté,

p. 237. Cité par Petot, Patrick, *Alain de Solminihac (1539-1659). Prélat réformateur. De l'abbaye de Chancelade à l'évêché de Cahors*, Turnhout, Brepols, 2009, t. 2, p. 688.

42 Petot, Patrick, *op. cit.*, t. 1, p. 420-434.

43 Abbé Juilleron, Marcel, « La plainte des religieux au roi contre J.-P. Camus en janvier 1635 », *Le Bugey*, Belley, 1967, n° 54, p. 95-127. Voir le numéro spécial de *XVIIe siècle*, 2011/2 (n° 251) en partie consacré à Camus.

44 Camus, Jean-Pierre, *Homelies panegyriques de Sainct Charles Borromée, Cardinal du titre de Sainct Praxede, Archevesque de Milan*, Paris, Claude Chappelet, 1623, 224 p. Cité et analysé par Descrains, Jean, « Jean-Pierre Camus panégyriste de saint Charles Borromée », 1982, rééd. Id., *Essais sur Jean-Pierre Camus*, Paris, Klincksieck, 1992, p. 71-79.

45 Godeau, Antoine, *Eloge des Evesques qui dans tous les siècles de l'Eglise ont fleury en doctrine et en sainctеté*, Paris, F. Muguet, 1665. Voir Meyer, Frédéric, « Le modèle borroméen en France au XVIIe siècle. Antoine Godeau et la sainte rigueur épiscopale », in *Studia Borromaica.*

sinon contestable[46], que Jean Descrains a appelé « l'héroïsation de J.-P. Camus[47] ». Le schéma de sainteté proposé par Godeau résume celui des évêques de la Réforme catholique : austérité dans la vie quotidienne (usages de haires et de cilices, d'un lit de sarments ; privations et jeûnes), attention aux pauvres (distribution de son blé pendant la famine), oraison, activité permanente, agonie douloureuse. Le parallèle est constant avec Charles Borromée (1538-1584) : une lumière apparut à la naissance du premier, une autre s'éteignit à celle du second ; Camus naquit le jour de la mort de Charles (le 13 novembre 1584). Comme Charles opposé au gouverneur espagnol de Milan, Camus fut en conflit avec le politique. Sollicité par Richelieu pour un service, il déclina l'offre et lui répondit fièrement : « C'est tout ce que vous peut dire un evesque qui, pour le passé n'a maintenant obligation à personne, qui pour le présent est sans interest, et pour l'avenir sans prétention[48] ».

Sacré par François de Sales, Camus eut comme lui à diriger un diocèse de montagne (avec ses 84 paroisses et seulement 2000 écus de revenus). Tel le bon pasteur, il l'arpentait sans cesse, comparant ses jarrets à ceux des ours ; il partageait avec les bergers un morceau de pain dans leurs cabanes. C'est surtout dans la plaine que se multiplièrent les oppositions contre lui. Pourtant loin de l'atteindre, elles le fortifiaient :

> Dans les lieux de son diocese qui estoient moins sauvages, il [Camus] ne trouva pas des brebis fort douces et fort apprivoisées, qui entendissent volontiers la voix de leur pasteur et qui se laissassent conduire agreablement à la houlette. Que dis-je ? Il en rencontra de fascheuses, de superbes, de révoltées, ou plustost c'etoient des lions, des ours et des tigres, qui considererent leur Père comme leur tyran, leur medecin comme leur bourreau et leur berger comme leur ennemy. Ces animaux qui étoient devenus indomtez par une longue négligence de ceux qui les devaient tenir sous le joug, eurent bien de la peine à se soumettre à celuy qui leur présentoit leur evesque, quoique il le rendit très doux et très léger à l'exemple de son maistre. Ils s'unirent contre luy, ils hurlerent,

Saggi e documenti di storia religiosa e civile della prima età moderna, t. 25, Milano, 2011, p. 355-370.

46 Godeau, Antoine, *Oraison funèbre de Messire Jean-Pierre Camus, ancien evesque de Belley, prononcé en l'Esglise de l'Hospital des Incurables de Paris le 17ᵉ jour du moy de mai 1653, en présence des cardinaux, archevesques, et evesques qui se sont trouvez à Paris*, Paris, Antoine Vitré, 1653, 52 p.

47 Descrains, Jean, « L'héroïsation de J.-P. Camus par Antoine Godeau », 1974, rééd. Id., *Essais sur Jean-Pierre Camus*, *op. cit.*, p. 138-154.

48 Godeau, Antoine, *Oraison funèbre*, *op. cit.*, p. 33.

> ils rugirent, ils le dechirerent par de cruelles injures et de noires medisances. Ils s'enfuirent pour ne l'entendre pas ; ils luy cacherent leurs maux, comme si les vouloir guerir eust esté leur faire un outrage insupportable.

De quelles résistances s'agit-il ? Elles émanent essentiellement des réguliers, dont Camus dénonçait (comme François de Sales) les revenus bien supérieurs à ceux des curés et vicaires, et leur indépendance dans la direction spirituelle des diocésains[49]. Pourtant Camus ne douta jamais de sa mission et ne changea pas de cap. Cœur pur, nouveau Moïse, il savait où il devait conduire son peuple. Il citait saint Paul : « si je plaisais aux hommes, je ne serai pas serviteur de Jésus-Christ » (Galates, 6-1)[50]. Il n'était pas pour autant un va-t-en-guerre. Les *homélies* qu'il avait prononcées aux États Généraux de 1614-1615, et qui n'avaient pas plu à tout le monde, prônaient la douceur vis-à-vis des protestants[51]. Dans son diocèse, dit son panégyriste, c'est par la patience, la formation de ses curés, par l'introduction de capucins, par sa prédication patiente, « la chaleur de son l'amour pour ses petits enfants », la direction spirituelle des laïcs, qu'il parvint à réformer ses ouailles :

> Il les consideroit comme des malades frenetiques qui luy faisoit pitié par les mesmes emportemens qui sembloient les en rendre indignes, et il savoit que sa plus grande gloire seroit d'en estre dechiré. Enfin sa patience fut plus forte que leur fureur. Son humilité demeura maistresse de leur orgueil. Sa douceur apprivoisa leur ferocité. Sa bonté vainquit leur malice. Et ces troupeaux furieux qui disoient : Nous ne voulons point qu'il nous conduise, dirent en le benissant : *Virga tua et baculus tuus ipsa me consolata sunt* (Psaume 22). Il ne fut pas longtemps sans voir les effets de sa prédication, à laquelle il joignit la prudence de la conduite, la patience dans les travaux, le courage dans les contradictions, et le désintéressement en toutes choses. Son diocese, qui estoit un champ herissé d'épines, remply de bestes sauvages, stérile et hideux à voir, changea incontinent de face et eut la beauté de Saron et de Carmel (Sagesse, 6-35). On vid pousser des fleurs et meurir des fruits où il n'y avoit que des ronces. Les champs les plus pierreux rendirent l'usure de la semence evangelique qu'il craignoit d'y voir mourir, faute d'humeur qui l'entretinst. Les épics ondoyèrent sur le sommet des montagnes. Ils couronnèrent les rochers comme les cèdres font le Liban, et tout le voisinage devint jaloux de son abondance[52].

---

49 Trénard, Louis et Gabrielle, *Histoire du diocèse de Belley*, Paris, Beauchesne, 1978, p. 87-92.

50 Godeau, Antoine, *Oraison funèbre*, *op. cit.*, p. 29.

51 Descrains, Jean, « Jean-Pierre Camus et les États Généraux de 1614-1615 », 1967-1968, rééd. Id., *Essais sur Jean-Pierre Camus*, p. 35-53.

52 Godeau, Antoine, *Oraison funèbre*, p. 24-28.

L'habituelle comparaison militaire complète le tableau :

> Dans la milice de Jésus-Christ, où les evesques sont et soldats et capitaines, il n'y avoit rien de si beau que de voir notre vieux prélat combattant avec le glaive de la parole de Dieu contre toutes les puissances du monde, et faisant une des plus difficiles factions de cette guerre. Plus il comptoit d'années, plus il comptoit de triomphes[53].

Un bon évêque ne devait pas se laisser arrêter par les oppositions. Sa sacralité ne relève que de Dieu et de sa mission apostolique. Les deux grands types de raisons à l'impopularité des évêques de la Réforme catholique que nous avons évoquées en introduction sont en fait de nature différente. La première raison est d'ordre externe : elle concerne les méfiances, les réactions négatives émanant de tout corps concerné par une réforme, un changement rapide et mal négocié. Elle s'explique assez bien, et les critiques des fidèles ne sont pas toutes infondées. Elles ne cesseront de croître au XVIIIe siècle.

La seconde raison est d'ordre interne. Elle touche à la nature même du pouvoir épiscopal, qui ne cherchait pas alors à être populaire, et qui au contraire bâtissait dans l'adversité sa propre justification, construisant son modèle de sainteté dans la souffrance, voire avec violence. Père de son diocèse, l'évêque ne doute pas de sa mission. Était-ce une caractéristique de la Dorsale catholique ? Cela ne semble pas évident. La volonté de réforme au XVIIe siècle ne procède pas de la démocratie et d'une volonté collective, elle est un acte d'autorité. On peut néanmoins s'étonner devant le peu d'écoute de la part des prélats devant les réactions de leurs diocésains. Mais une religion de la souffrance comme le Christianisme ne pouvait pas imaginer que la violence d'un supérieur ne fût pas bénéfique. Pour reprendre la question initiale, alors, oui, dans ce contexte mental, l'impopularité des évêques réformateurs était inévitable.

Frédéric MEYER
Université Savoie Mont Blanc
(Chambéry) ; laboratoire LLSETI

53 *Ibid.*, p. 39.

SAMUEL DES MARETS, UN PASTEUR DE MAASTRICHT CONTRE LE PRINCE-ÉVÊQUE DE LIÈGE

La Chandelle mise sous le boisseau par le clergé romain (1634)

Malgré la différence de conception du ministère entre catholiques et réformés, elle-même objet de controverse au début du XVIIe siècle[1], l'existence d'un épiscopat n'est pas une ligne de rupture. Certains calvinistes en vue, comme Pierre Du Moulin notamment, en reconnaissent la légitimité éventuelle à travers le modèle anglican[2]. J'aimerais toutefois rouvrir un dossier portant sur la question de la légitimité de l'évêque, dans une controverse menée sur un point de contact entre la Dorsale catholique et le monde réformé. Maastricht se situe en effet dans le diocèse de Liège, mais aussi et surtout sous la co-souveraineté du prince-évêque et des États-Généraux des Provinces-Unies.

Dans ce cadre très particulier, et dans un contexte complexe, Samuel Des Marets, pasteur de l'Église française, installé par les États-Généraux, se trouve dans une position délicate. D'un côté, il cherche à croiser le fer avec le clergé catholique qui l'entoure et qu'il considère comme une menace, mais, d'un autre côté, il est bien obligé de respecter l'équilibre garanti par la négociation de la capitulation de la ville en août 1632, après sa prise par Frédéric-Henri d'Orange-Nassau. Dans un ouvrage rédigé en 1634, il imagine une argumentation assez originale. À partir de la question, classique, de l'autorité de la Bible et de sa lecture, Des Marets tente de montrer que l'évêque de Liège n'est pas légitime

1 Hübsch, Bruno, *Le ministère des prêtres et des pasteurs. Histoire d'une controverse entre catholiques et réformés français au début du XVIIe siècle*, Lyon, Chrétiens et Sociétés, 2010.

2 Kingdon, Robert M, « The Episcopal Function in Protestant Churches in the XVIth and XVIIth Centuries », *L'institution et les pouvoirs dans les Églises de l'Antiquité à nos jours*, éd. Bernard Vogler, Bruxelles, Nauwelaerts, 1987, p. 207-220.

pour imposer des règlements religieux à Maastricht, tout en donnant l'illusion de respecter le prince. Autour de cet ouvrage, *La Chandelle mise sous le boisseau par le clergé romain*[3], contextualisé par certaines lettres échangées par le pasteur, notamment avec son célèbre confrère André Rivet, alors installé à La Haye[4], ainsi que par des documents officiels et ecclésiastiques[5], j'essaierai de voir comment, en bordure de la Dorsale, la controverse peut prendre un aspect original sur la question de l'épiscopat.

LE THÉÂTRE DE LA CONTROVERSE

LA SCÈNE

Traditionnellement, la ville de Maastricht est placée, comme condominium, sous la co-souveraineté du prince-évêque de Liège et des ducs de Brabant. Ces derniers sont les rois d'Espagne depuis le XVIe siècle. Au cours de la guerre de Trente Ans, le stathouder Frédéric-Henri parvient, après un siège de quelques semaines (9 juin – 22 août 1632), à prendre la place, stratégique pour le contrôle de la Meuse. Il reste très mesuré dans la négociation de la capitulation, qui préserve les droits du prince-évêque de Liège, neutre et membre de l'Empire, comme co-souverain. Les États-Généraux, eux, reprennent la succession des ducs de Brabant. La nouveauté majeure est l'établissement d'un régime de coexistence confessionnelle et la création d'Églises réformées (une française et une néerlandaise), au contact d'un clergé catholique local nombreux[6]. La répartition des offices et magistratures semble égalitaire, le prince-évêque nommant des catholiques et les États-Généraux des

3 Des Marets, Samuel, *La Chandelle mise sous le boisseau par le clergé romain*, Maastricht, Boucher, 1635 [1634].

4 Nauta, Doede, *Samuel Maresius*, Amsterdam, Paris, 1935, p. 434-465.

5 [Bourlier, Émile (éd. dir.)], *Livre synodal contenant les articles résolus dans les synodes des Églises wallonnes des Pays-Bas*, La Haye, Nijhoff, 1896, t. 1 ; Posthumus Meyjes, Guillaume H. M., Bots, Hans, et Roelevink, Johanna (éd.), *Livre des actes des Églises wallonnes aux Pays-Bas (1601-1697)*, La Haye, IVNG, 2005.

6 Ubachs, Petrus J. H., *Twee heren, twee confessies. De verhouding van Staat en Kerk te Maastricht, 1632-1673*, Assen, Van Gorcum, 1975.

réformés, mais ceux-ci sont mécaniquement favorisés, puisque ceux-là sont ultra-majoritaires (12 500 des 16 000 habitants)[7].

L'introduction dans la ville de pasteurs permet une diffusion du calvinisme, au prix de certaines tensions avec les autorités synodales wallonnes, car ce sont les États-Généraux qui sont à la manœuvre et qui financent ces arrivées, parfois sans prendre la peine de consulter les structures ecclésiastiques. La constitution d'une « classe » d'Outre-Meuse, sous l'autorité du synode wallon, permet toutefois un processus de normalisation au cours de l'année 1633[8]. La proximité du pays de Liège donne à l'Église francophone un rôle stratégique, d'autant plus que la France cherche à maintenir la neutralité liégeoise et l'alliance néerlandaise face à la menace espagnole. Les controversistes des deux camps, qui s'opposent dans diverses chaînes de publication, doivent donc s'adapter à ce contexte si particulier.

LES ACTEURS

Côté protestant, la lutte est menée par Samuel Des Marets (1599-1679), pasteur de l'Église française[9]. Il n'est certes pas seul, car on trouve également à Maastricht un pasteur néerlandophone, Philippus Ludovicus, ainsi que des ministres dans les alentours, notamment dans le Limbourg récemment conquis. Des Marets est picard, formé dans les académies de Saumur, Genève et Leyde. Il a été pasteur en France, dans des zones de coexistence (Laon et Falaise, 1620-1624), puis ministre et professeur dans la prestigieuse Église et académie de Sedan (1624-1632), dans une principauté souveraine encore indépendante. Son engagement de controversiste et ses qualités de prédicateur lui valent d'être choisi comme aumônier en 1631 et 1632, pour accompagner aux Provinces-Unies le duc de Bouillon et prince de Sedan Frédéric-Maurice dans ses campagnes aux côtés de son oncle, le stathouder Frédéric-Henri d'Orange, puis la mère du duc, Élisabeth de Nassau, la fille de Guillaume le Taciturne.

---

7 *Ibid.*, p. 450.

8 Léonard, Julien, « Les États-Généraux ou le synode ? Conflits d'autorités autour de l'établissement des pasteurs francophones à Maastricht et dans le Limbourg (1632-1636) », *Annales de l'Est*, numéro spécial, 2018, p. 119-143.

9 Léonard, Julien, « Un pasteur français au service des Provinces-Unies. Le ministère de Samuel Des Marets à Maastricht (1632-1636) », *Revue d'histoire moderne & contemporaine*, t. 65-2, 2018, p. 97-130.

Un des soucis de Des Marets est l'attitude ambiguë de Frédéric-Maurice, gouverneur de Maastricht et son protecteur. En effet, il se marie en février 1634 avec la fervente catholique Éléonore de Bergh, suscitant plusieurs mois avant les craintes du pasteur qui évoque pudiquement avec Rivet « le sujet que savés[10] ». S'il semble croire que la nouvelle duchesse va se faire instruire dans la « vraie religion », cet espoir s'éloigne et la question du baptême des enfants à venir l'agite aussi[11]. En réalité, le duc s'est déjà converti secrètement au catholicisme à Liège, chez les jésuites, le 27 octobre 1633, en présence du doyen du chapitre Saint-Servais de Maastricht[12]. Mais ce n'est que le 5 janvier 1636 qu'il communie publiquement à la messe, à Maastricht. Dans l'intervalle, Des Marets ignore sans doute tout de cette défection et n'en écrit rien à Rivet. Mais il est inquiet, et c'est peut-être dans le but de raffermir son protecteur dans son ancienne foi qu'il lui adresse l'épître dédicatoire de sa *Chandelle mise sous le boisseau.*

Des Marets pâtit de ses mauvaises relations avec ses collègues les plus proches. À partir de juin 1634, il parle à Rivet de Ludovicus comme d'un « ennemi formé[13] », et Jacques de La Grève, normalement installé à Dalhem, mais replié sur Maastricht à cause de la guerre, est décrit en des termes peu élogieux dès mars 1634, comme « [s]on espine à [s]es costés[14] ». Cette inimitié reste cachée : c'est La Grève qui signe l'approbation de *La Chandelle mise sous le boisseau*, à la demande de la classe.

Le travail de Des Marets est selon lui entravé par le clergé catholique, et notamment les jésuites. Il accuse les autorités locales d'être trop complaisantes et n'a pas de mots assez durs contre ces adversaires, dangereux dans un tel contexte géopolitique. Il écrit ainsi à Rivet qu'« Une entreprise [un siège] seroit plus aisée veu le grand nombre d'Ecclesiastiques qu'il y a en ceste ville et d'Espagnolisés[15]. » Il regrette que les conditions de la capitulation de la ville laissent autant de libertés aux catholiques, par exemple lorsque des représentants des Provinces-Unies en mission à Maastricht vont visiter le clergé catholique : « la

10 Nauta, Doede, *Samuel Maresius*, *op. cit.*, p. 442, lettre de Des Marets à Rivet, 3 mai 1633.

11 *Ibid.*, p. 448-449, 14 octobre 1634.

12 Arch. nat., Paris, 273AP 184, dossier 1.

13 Nauta, Doede, *Samuel Maresius*, *op. cit.*, p. 446, lettre de Des Marets à Rivet, 14 juin 1634.

14 *Ibid.*, p. 445, 1er mars 1634.

15 *Ibid.*, p. 443, 3 août 1633.

religion Romaine qui devoit y estre traittée comme une Esclave, est carressée de ceux qui deussent le plus la mespriser[16]. »

Divers acteurs émergent coté catholique, à Liège et à Maastricht. Le prince et évêque de Liège est alors Ferdinand de Bavière, depuis 1612. Il est assez peu présent, car titulaire de nombreux autres bénéfices, dont l'électorat de Cologne qui le préoccupe beaucoup au cours de la guerre de Trente Ans, pour soutenir son frère Maximilien Ier. Ferdinand est cependant engagé dans la Réforme catholique et la Contre-Réforme. Son image a été ternie parce qu'il n'a jamais été ordonné prêtre, pour des raisons dynastiques, ce qui lui fait perdre le droit de couronner les empereurs en tant qu'archevêque de Cologne, mais aussi par les désordres internes qui règnent dans la principauté, à cause de conflits sur le système électoral de la ville de Liège. Son absence est compensée par des relais liégeois, notamment ses vicaires généraux successifs, parmi lesquels Jean de Chokier[17]. Issu d'une famille de jurisconsultes très en vue, il a étudié à Louvain, Orléans et Rome, il est chanoine de la cathédrale depuis 1620, vicaire général depuis 1622, un des conseillers les plus écoutés de Ferdinand, pour lequel il publie des mandements. Il bénéficie de l'aide apportée, dans son entourage, par divers religieux, comme par exemple le jésuite de Maastricht Godfried Wandelman[18].

L'OUVERTURE

Le siège de Maastricht en 1632 est célébré dans une perspective providentialiste par de nombreux sermons, comme ceux d'André Rivet à l'Église française de La Haye[19]. Une fois la coexistence établie, la dimension religieuse ne disparaît pas, et la ville fait figure de front pionnier, tête de pont dans le pays de Liège, malgré la prudence des autorités. Sans doute Des Marets est-il sensible, depuis son passage à Sedan, au cas dramatique des protestants persécutés

16 *Ibid.*, p. 440, 8 avril 1633.

17 Capitaine, Ulysse, « Chokier (Jean de) ou de Chokier de Serlet », *Biographie nationale publiée par l'Académie royale des sciences, des lettres et des beaux-arts de Belgique*, t. 4, Bruxelles, Thiry, 1873, col. 85-91.

18 Gennip, Joep van, « Godefridus Wandelman (1591-1654) : een gesel voor predikanten », *Tijdschrift voor Nederlandse Kerkgeschiedenis*, t. 12-2, 2009, p. 59-70.

19 Rivet, André, *Exhortations à repentance et recognoissance : Faites au subjet du siege, & de la reddition de Maestricht*, Leyde, Elzevirs, 1632.

dans cette zone[20]. Aussi annonce-t-il fièrement à Rivet dès la fin de l'année 1632 qu'ils affluent à Maastricht et dans le Limbourg pour bénéficier de la liberté de culte[21]. Mais il est inquiet du redoublement des persécutions par des mandements épiscopaux[22]. C'est par ce biais que débute lentement le fil de controverse qui aboutit à *La Chandelle mise sous le boisseau*.

Parmi la centaine d'ouvrages parus contre le protestantisme à Liège entre 1569 et 1734, le moment de la prise de Maastricht et ses suites constituent un pic éditorial[23]. Il s'agit en partie d'une adaptation de la controverse française contemporaine, dont on copie la forme, calquée sur le théâtre et le duel, avec un recours intense à la polémique, voire à l'insulte. Comme en France, les catholiques s'intéressent à la célèbre méthode de Gontery et Véron[24], pour faire admettre aux réformés qu'on ne peut se passer de la Tradition. Dans ces conditions, la question de l'accès des fidèles à la Bible est fréquemment abordée, par exemple dans un ouvrage publié en 1633 à Liège par un bourgeois de Verviers contre le pasteur de Limbourg Godefroy Hotton[25]. Le même Hotton affronte le récollet Matthias Hauzeur, dans une dispute en avril 1633, dont les actes suscitent une première chaîne de controverse. Des Marets y est arrimé, même s'il est difficile de démêler l'écheveau des publications. Dans cette séquence qui couvre les années 1633 et 1634, les acteurs recourent à plusieurs reprises à la calomnie et à la contrefaçon[26]. Selon

---

20 Denis, Philippe, « Les réfugiés du pays de Liège », *Protestantisme aux frontières. La Réforme dans le duché de Limbourg et dans la principauté de Liège* (XVIe-XIXe siècles), éd. Philippe Denis, Aubel, Gason, 1985, p. 93-94.

21 Nauta, Doede, *Samuel Maresius*, *op. cit.*, p. 437, lettre de Des Marets à Rivet, 29 décembre 1632.

22 *Ibid.*, p. 439, 21 mars 1633.

23 Donneau, Olivier, « La controverse antiprotestante », *Florilège du livre en principauté de Liège du* IXe *au* XVIIIe siècle, éd. Alain Marchandisse et Paul Bruyère, Liège, Société des Bibliophiles Liégeois, 2009, p 268.

24 Boisson, Didier, « François Véron et les réformés : analyse d'un discours de l'exclusion », *Énoncer/dénoncer l'autre. Discours et représentations du différend confessionnel à l'époque moderne*, éd. Chrystel Bernat et Hubert Bost, Turnhout, Brepols, 2012, p. 343-355.

25 Laplanche, François, « La controverse entre catholiques et réformés au XVIIe siècle. À propos d'un débat théologique à Verviers en 1633 », *Protestantisme aux frontières…*, *op. cit.*, p. 175-181.

26 Léonard, Julien, « Le faux au service de la controverse. Le pasteur Samuel Des Marets face aux jésuites de Maastricht (1632-1636) », *Jésuites et protestantisme (XVIe-XXIe siècles)*, dir. Yves Krumenacker et Philippe Martin, Lyon, (Chrétiens et Sociétés – Documents et Mémoires, vol. 37), 2019, p. 115-135.

Des Marets, c'est un faux récit de l'entrée du prince d'Orange en 1632 qui initie cette pratique[27]. En réponse, en 1633 et 1634, il fait tourner les presses dans le même esprit.

Au printemps 1633, le pasteur publie coup sur coup deux libelles anonymes en lien avec des mandements épiscopaux[28]. Le premier attaque l'acte du 19 avril, signé par Chokier et interdisant le calvinisme dans des termes très durs. Des Marets dénonce les « Mouchards de l'inquisition » et rappelle qu'aucune loi fondamentale ne fait perdre le droit de bourgeoisie en cas de religion contraire[29]. Le second opuscule est une fausse lettre du bourgmestre de Liège Guillaume de Beeckman, mort en 1631, comme s'il était d'outre-tombe, favorable aux réformés. Des Marets en profite pour souligner l'instrumentalisation de l'accusation d'hérésie par les ecclésiastiques, dénonçant à la racine l'ambiguïté d'un prince qui est en même temps évêque. La fausse lettre est condamnée le 9 mai 1633, mais le pasteur de Maastricht n'en reste pas là. Au milieu de nombreuses autres publications, il continue à proposer des ouvrages falsifiés, comme un *Abregé de la voye de salut* (1633), sous les apparences de remarques de jésuites de Maastricht sur un catéchisme approuvé par Chokier[30], ou encore *L'imposture monacale* (1634). Cette stratégie heurte les autorités épiscopales liégeoises. Chokier publie un mandement le 24 mai 1634 qui interdit la lecture des opuscules anonymes, mais aussi, et c'est là une brèche dans laquelle le pasteur va s'engouffrer, la lecture de la Bible en français sans autorisation :

> Et comme il n'est que trop notoir que les pretendus Reformés ont corrompu & falsifié les Sainctes Bibles en plusieurs endroicts, de sorte que la lecture d'icelles, principalement de Geneve, est grandement pernicieuse, Nous ordonnons, & commandons bien à certes, que personnes doresnavant n'ait à lire ou retenir aucunes Bibles en langue vulgaire : que si aucuns ayent obtenu, ou obtiendront de nous, ou de nostre Vicair General permission de les lire,

27 Nauta, Doede, *Samuel Maresius*, *op. cit.*, p. 437, lettre de Des Marets à Rivet, 29 décembre 1632.

28 Capitaine, Ulysse (éd.), « Pièces relatives au mandement publié à Liège le 19 avril 1633 contre les protestants », *Bulletin de l'Institut archéologique liégeois*, t. 2, 1854, p. 266-285.

29 *Ibid.*, p. 273.

30 *Abregé de la voie de Salut, ou declaration familiere de la verité Chrestienne, Par forme de Catechisme, pour confirmer les Catholiques & instruire les douteux ou errants. Avec Les observations des RR. Pères Jesuites de la ville de Maestrich sur iceluy*, Liège [Maastricht], Tournay [Boucher], 1633.

> Iceux en dedans huict jours les mettront ès mains de leurs Curez, à fin icelles Bibles estre examinées[31].

Décidément intenable, Des Marets falsifie le mandement lui-même[32] ! Il l'assume dans sa correspondance avec Rivet, quand il évoque les ennuis qui lui sont faits[33]. Son faux mandement est brûlé par le bourreau de Liège le 3 juillet 1634, deux jours avant une réitération de l'authentique. Cela ne suffit pas à faire taire le pasteur de Maastricht, qui se lance dans la rédaction d'un traité latin[34]. Chokier prend la plume lui-même et réfute l'ouvrage[35]. Finalement, Des Marets entreprend la rédaction, en français cette fois, de *La Chandelle mise sous le boisseau*, imprimée en décembre 1634, mais datée pour des raisons commerciales de 1635[36]. Au moment de sa publication, Des Marets semble également inquiet d'une rumeur de cession par les États-Généraux de Maastricht à la France[37].

LES ASPECTS D'UNE ATTAQUE CLASSIQUE
L'interdiction de lire la Bible en langue vulgaire

UNE OPPOSITION AU CŒUR DES IDENTITÉS CONFESSIONNELLES

Le sujet de la lecture de la Bible en français met en jeu une des différences fondamentales entre catholiques et réformés, perceptible dès les premières rencontres du XVIe siècle : le juge de ce qui établit la foi, la Bible et la Tradition pour les premiers, la Bible seule pour les seconds. Des Marets

31 Des Marets, Samuel, *La Chandelle mise sous le boisseau*, *op. cit.*, p. 9.

32 *Ibid.*, p. 33-36.

33 Nauta, Doede, *Samuel Maresius*, *op. cit.*, p. 447, lettre de Des Marets à Rivet, 21 juin 1634.

34 Des Marets, Samuel, *Monachomania, sive Vindiciae pro veritate Religionis*, Maastricht, Boucher, 1634.

35 Chokier, Jean de, *Parænesis ad hæreticos, et alios Ecclesiæ hostes, et mastiges*, Cologne, Kinckius, 1634.

36 Nauta, Doede, *Samuel Maresius*, *op. cit.*, p. 450, lettre de Des Marets à Rivet, 13 décembre 1634.

37 BU Leyde, BPL 297, fol. 25-27, *Conditions necessaires à la subsistence et liberté des Eglises Reformées à Maestricht et au pays de Limbourg en cas de vente ou engagement desdits lieux à S. M. Trèschretiene* (sans date, accompagne la lettre du 13 décembre 1634 citée dans la note précédente).

respecte les formes de la controverse française en se présentant comme l'agressé, notamment dans l'épître dédicatoire au duc de Bouillon où il prétend avoir été entraîné dans cette polémique « contre [s]on inclination[38] », ce dont on peut douter. Il se justifie en se présentant également comme la victime des attaques et des calomnies catholiques dans une « Preface à Messieurs de Liege[39] ». En lien avec la polémique sur la lecture de la Bible émerge un autre sujet central, celui de l'autorité de l'Église. Selon Des Marets, l'infaillibilité de l'Église et l'autorité du pape ne sont que des prétextes pour éloigner les fidèles du texte, falsifié par les catholiques. Il martèle que la mise à l'Index de la Bible en langue vulgaire, et notamment en français, est une preuve en soi que les « papistes » sont conscients de leurs propres erreurs et qu'ils ont peur que le peuple les découvre :

> On a peur que le peuple par la lecture de nos Livres ne recognoisse les justes raisons que nous avons de nous estre separez de l'Eglise Romaine, & de ne point vouloir communiquer avec les Idolatres, ou que par celle des Sainctes Escritures, il ne descouvre les abus dans lesquels on essaye de l'entretenir[40].

Ce serait une explication majeure au fait que les catholiques maintiennent la Vulgate, pour mieux se prémunir d'une lecture populaire, au contraire des préceptes de saint Jérôme, qui écrivait à un moment où le latin était une langue vernaculaire, et au contraire surtout du précepte lui-même biblique de lire les Écritures[41]. Ce conseil de lire la Bible ne signifie cependant pas qu'un encadrement pastoral soit inutile. Comme tous ses contemporains, Des Marets a une très haute idée de son ministère et considère que cette lecture n'est fructueuse que si elle s'accompagne d'une explication, lors de la prédication : le pasteur doit commenter et interpréter la Bible, et ne pas se contenter d'en être le lecteur comme les laïcs[42].

Le pasteur de Maastricht revient sur la généalogie de l'interdiction catholique, qui ne remonte selon lui qu'aux années 1520, pour faire taire Érasme, puis les protestants[43]. Mais cela n'a pas empêché les Bibles en français de paraître, celles de Genève évidemment côté réformé, mais

38 Des Marets, Samuel, *La Chandelle mise sous le boisseau*, *op. cit.*, épître dédicatoire, n. p.
39 *Ibid.*, préface, n. p.
40 *Ibid.*, p. 118.
41 *Ibid.*, p. 192-225.
42 Hübsch, Bruno, *op. cit.*, p. 171-172.
43 Des Marets, Samuel, *La Chandelle mise sous le boisseau*, *op. cit.*, p. 172-175.

aussi côté catholique, comme celle de Louvain[44]. Même le concile de Trente n'avait pas imaginé un examen des exemplaires par les curés, prévu par le mandement liégeois : « ces Peres avoient trop bon nez pour donner à de simples Curez, la pluspart fort ignorans, une si grande authorité[45]. » Mais cet examen n'a sans doute pour but que de faire la liste des exemplaires existants et les confisquer, afin que, selon le titre de l'ouvrage, « la chandelle soit mise sous le boisseau » (Mt. 5, 15).

Enfin, Des Marets aborde la question de la falsification du texte, que Chokier met du côté de la Bible de Genève. Il en défend longuement la pureté, en ironisant d'ailleurs sur le fait qu'elle n'a jamais été réellement consultée ou comparée aux originaux par les membres du clergé, trop ignorants pour savoir le grec et l'hébreu[46]. Il attaque ensuite en retour les textes catholiques farcis d'erreurs[47], malgré l'existence, avant le concile de Trente, de bonnes versions.

UNE INTERDICTION INDIGNE D'UN PASTEUR

Si Des Marets feint d'être choqué par le mandement, c'est qu'il est si contraire aux préceptes bibliques qu'il en devient indigne d'un pasteur et d'un évêque. En développant cette idée, Des Marets laisse évidemment de côté la différence (pourtant essentielle) de conception du ministère pastoral lui-même entre catholiques et protestants et fait mine de penser qu'on a mêlé l'évêque Ferdinand à cette histoire sans son consentement. Il incrimine donc les dirigeants du clergé présents à Liège, Chokier en tête, et exhorte « les Reformez à ne le plus considerer comme un Prince puissant, mais comme un suppost du Siege Romain, un ennemi de la verité[48] », à cause de « ce Mandement si estrange & si indigne de la dignité & de la charge d'un Evesque[49] ».

Il en vient ainsi à légitimer le faux mandement. S'il n'en assume pas publiquement la paternité[50], il fait de ce « Contreplacard » un modèle du discours qui aurait dû être réellement tenu par l'évêque, s'il avait été un bon pasteur :

44 Chédozeau, Bernard, *La Bible et la liturgie en français*, Paris, Cerf, 1990.
45 Des Marets, Samuel, *La Chandelle mise sous le boisseau*, *op. cit.*, p. 176.
46 *Ibid.*, p. 258-259.
47 *Ibid.*, p. 266-278.
48 *Ibid.*, p. 37.
49 *Ibid.*, p. 40.
50 *Ibid.*, p. 33.

> Au fond c'est chose très-assurée que le Prince a plus esté offensé par ses Ministres, qui ont publié le premier Mandement soubs son nom, s'en servans pour authoriser une prohibition vitieuse, tyrannique & contraire à la parole de Dieu & à la charge Episcopale, que par celuy d'entre les Reformez, qui dans le Contreplacard le fait parler comme un bon & sainct Evesque [...]. Il est evident par la simple lecture de la piece accusée, que l'intention de l'Autheur n'a pas esté de l'attribuer serieusement à l'Evesque, mais Ironiquement, & pour monstrer au publicq, comment il auroit deub parler s'il avoit bien voulu faire sa charge[51].

Des Marets va plus loin, en avançant que même les livres hérétiques ne devraient pas être interdits par un bon évêque[52]. Pour sa part, il refuse d'en appeler à la censure des livres catholiques, sous-entendant qu'ils sont trop faibles pour emporter l'assentiment. Pourtant, son zèle, qui transpire dans toute sa correspondance et ses revendications aux États-Généraux, le pousse à se contredire dans cet ouvrage, lorsqu'il demande que le pamphlet de Chokier soit condamné[53]. Mais cette posture est nécessaire, tout comme la dénonciation implicite de la dimension politique du mandement.

UN ACTE POLITIQUE OU RELIGIEUX ?

Des Marets regrette le mélange du politique et du religieux dans l'interdiction de la lecture de la Bible en langue vulgaire. Il dénonce ainsi la nature théocratique de la principauté, en reprenant des arguments que les réformés ont l'habitude de mettre en avant pour délégitimer les États pontificaux. Dans ce qu'il appelle le « Paradis des Prestres[54] », le pouvoir politique est aux mains d'une classe sacerdotale dont il martèle à l'envi l'inutilité, la faiblesse de la formation et les intérêts contraires à ceux de la population qu'elle domine. Le clergé a en effet des pouvoirs extraordinaires, notamment au niveau des États : le seul chapitre Saint-Lambert de Liège, qui élit l'évêque, constitue « l'État primaire[55] ». Selon Des Marets, Chokier fait passer l'intérêt du pouvoir épiscopal et ecclésiastique avant celui de l'État, qui serait la neutralité. On est en réalité

51 *Ibid.*, p. 40 et p. 54.
52 *Ibid.*, p. 122.
53 *Ibid.*, p. 26.
54 *Ibid.*, p. 13.
55 Demoulin, Bruno, et Kupper, Jean-Louis (éd.), *Histoire de la principauté de Liège : de l'an mille à la Révolution*, Toulouse, Privat, 2002, p. 110-117.

loin d'une organisation politique telle qu'on peut la trouver à Rome, mais le pasteur attaque les prêtres hypocrites, rusés et hispanophiles : c'est pour lui un « artifice de Prestres[56] » que de revendiquer la neutralité, véritable *leitmotiv* des XVIe et XVIIe siècles[57]. Car, aux yeux de Des Marets, les autorités épiscopales sont inféodées aux intérêts espagnols. Ce serait très clair dans la décision d'interdire la Bible en vulgaire, calquée sur ce que les Espagnols font dans leurs possessions[58]. Dans sa « préface à ceux de Liège », Des Marets se moque ostensiblement de Chokier, qui aurait avoué en 1625 « devoir marier sa plume avec l'espée d'Espagne » et qui aurait exhorté le roi de France à se départir de son alliance avec « des Heretiques Rebelles[59] ». Mais Richelieu au pouvoir en France travaille à entretenir un parti français dans la ville et la principauté, ou du moins à les maintenir dans leur traditionnelle neutralité. Faisant écho au débat qui agite à la même époque la France, sur les rapports entre exercice du pouvoir, intérêts de l'État et intérêts confessionnels[60], Des Marets reprend la position du premier ministre français. Chokier est donc perçu comme un mauvais catholique, servant les intérêts du roi d'Espagne, ce qui entraîne la violence :

> C'est son genie plus Espagnol que Catholique Romain, qui lui fait tenir ou approuver ce langage : car ceux d'entre vous qui peseront les choses au trebuchet de la raison, recognoistront bien que le voisinage des Hollandois vous a esté autrement doux, & je l'ose dire, autrement profitable que celui des ennemis[61].

Dénonçant une théocratie qui ne sert qu'à imposer par l'autorité politique une décision religieuse sur laquelle elle n'est pas compétente, Des Marets cherche à montrer que les catholiques ont tenté de compenser la faiblesse de la justice de leurs prétentions par le recours à « l'authorité de personnes eminentes en dignité, afin de pouvoir par cest artifice, ou triompher de nostre silence, ou criminaliser nos paroles[62] ». Pourtant, et paradoxalement en apparence, il ne semble pas accuser trop fermement

56 Des Marets, Samuel, *La Chandelle mise sous le boisseau*, *op. cit.*, p. 5.

57 Demoulin, Bruno, « La Principauté de Liège. Champ clos des rivalités franco-espagnoles (1595-1648) », *Revue du Nord*, t. 90-4, 2008, p. 717-727.

58 Des Marets, Samuel, *La Chandelle mise sous le boisseau*, *op. cit.*, p. 179.

59 *Ibid.*, préface, n. p.

60 Bergin, Joseph, *The Politics of Religion in Early Modern France*, New Haven, Yale University Press, 2014, p. 86-132.

61 Des Marets, Samuel, *La Chandelle mise sous le boisseau*, *op. cit.*, préface, n. p.

62 *Ibid.*, p. 1.

l'évêque lui-même, par ailleurs pensionné de la France, bien qu'accusé d'être proche des Espagnols[63]. C'est qu'il lui réserve une attaque plus originale, mais tout aussi incisive.

LES CONTOURS D'UNE ATTAQUE ORIGINALE
Attaquer l'évêque en respectant le prince

ADMETTRE UN ÉVÊQUE COMME PRINCE TERRITORIAL ?

Des Marets fait mine de ne pas trop égratigner l'évêque, absent, et insiste sur le respect dû au prince, co-souverain de Maastricht. Il ne fait qu'appliquer les consignes des États-Généraux qui veulent assurer la stabilité de la ville par le maintien du condominium. Il cherche aussi, certainement, à amadouer ses lecteurs liégeois, en faisant preuve de déférence pour ce prince qui est pourtant, comme électeur de Cologne et frère de l'électeur de Bavière, un ennemi des calvinistes. Des Marets précise dès le début de l'ouvrage qu'il ne veut en aucun cas « offenser les personnes relevées dans le monde d'un degré si eminent[64] ». C'est « un Prince de grande maison, doüé d'une singuliere prudence, & d'un jugement fort net, & qui sembloit plustost destiné aux couronnes qu'aux mitres[65] ». On sent bien, entre les lignes, l'attaque qui va venir dans cette dernière phrase. Car s'il respecte ainsi le prince, c'est pour attaquer moins frontalement Ferdinand que Chokier. Comme on l'a vu, il réfute la légitimité d'un prince temporel à légiférer sur les choses spirituelles. Cela peut paraître contradictoire, puisque Des Marets loue par ailleurs certaines décisions de rois de France qu'il juge sages et pieuses. Mais c'est le seul moyen de s'opposer à la décision, car ce ne serait donc pas le rôle du prince de Liège

> de manier l'encensoir, ni de proposer des ordonnances és choses de la foy, beaucoup moins de fulminer des menaces d'excommunication, & de denoncer des peines spirituelles, comme il se void en ce Mandement[66].

---

63 Demoulin, Bruno, et Kupper, Jean-Louis, *op. cit.*, p. 160.
64 Des Marets, Samuel, *La Chandelle mise sous le boisseau*, *op. cit.*, p. 2.
65 *Ibid.*, p. 62.
66 *Ibid.*, p. 63-64.

Puisqu'il est impossible, selon les réformés, d'être à la fois souverain et pasteur, et même de se mêler à la politique quand on doit guider un troupeau[67], Des Marets peut marteler que si Ferdinand est un prince, il n'est pas un vrai évêque et ne peut légiférer en matière spirituelle. Dès la préface, il fait très clairement la part des deux rôles :

> Je ne parle de S. A. en ce traitté que condignement à sa Grandeur & au respect que je lui dois : Il est vrai que j'impugne son Episcopat pretendu avec quelque liberté, mais sans toucher à sa qualité de Prince. Vous-mesmes sçavez bien qu'il n'est point Evesque, & que depuis vingt ans & plus qu'il est esleu pour ceste dignité, né qu'il est à choses plus grandes, il a refusé de s'y faire consacrer. Exemple qui vous monstre qu'en vostre Estat la Principauté & l'Episcopat sont choses separables, & que comme maintenant vous avez un Prince qui n'est point Evesque, qu'aussi à l'advenir le Chapitre pourroit choisir un Evesque qui ne seroit pas Prince, en sorte que deux differentes personnes exerçassent chacune ces fonctions à part[68].

REFUSER L'AUTORITÉ D'UN ÉVÊQUE NON CONSACRÉ DANS LE DIOCÈSE

Même lorsque Des Marets attaque Ferdinand de Bavière sur la question de la légitimité de son épiscopat, il le fait de façon feutrée, pour convaincre des catholiques et qu'ils puissent reprendre la contestation. Il rappelle au détour d'un paragraphe quelles sont les fonctions théoriques de l'évêque :

> prendre garde sur le *trouppeau* & à le *paistre*. La predication de l'Evangile & l'administration des Sacrements, sont les parties essentielles de l'Episcopat au deffaut desquelles il n'en reste, à ceux qui en sont destitués, que l'ombre & le masque[69].

On a là ce qui constitue le cœur de l'identité pastorale chez les réformés, même s'ils y ajoutent souvent, après Calvin, une troisième fonction, l'exercice de la discipline. Les protestants considèrent que les « évêques » sont en réalité les pasteurs, tout en rejetant le débat sur les questions de terminologie, secondaires et disciplinaires, au contraire des catholiques, pour qui l'épiscopat et la prêtrise sacerdotale sont des éléments de foi. Mais il s'agit surtout de souligner que selon les règles catholiques

67 *Ibid.*, p. 66-67.
68 *Ibid.*, préface, n. p.
69 *Ibid.*, p. 72-73.

elles-mêmes, Ferdinand fait partie de ceux « qui estiment l'œuvre du Ministere indigne de leur grandeur, & qui affectent l'Episcopat, non pour le prix & dignité de l'œuvre, mais pour la quantité & l'amplitude du revenu[70] ».

La preuve en est simple : il n'est pas prêtre ! Même si l'imposition des mains a chez les réformés une signification très différente de celle du sacrement de l'ordre chez les catholiques, Des Marets considère que cette absence de consécration rend Ferdinand « incapable de toutes les functions Episcopales[71] » :

> voicy un Archevesque sans le manteau, & un Evesque sans unction, sans mitre, sans gands, sans crosse, sans juridiction & sans ordres, en un mot un Evesque Laïc, qui n'a d'Episcopal que le premier & le plus esloigné degré de l'Episcopat, c'est assavoir, la nomination & peut-estre l'aggreation du Pape, & à qui par faute de la consecration & du manteau, ne peuvent pas mesmes selon l'usage Romain, convenir les tiltre d'Archevesque & d'Evesque[72].

Rappelant la façon dont les catholiques interprètent l'exhortation de saint Paul dans la première épître à Timothée, Des Marets en déduit que Ferdinand devrait être excommunié *de facto* pour son cumul de bénéfices et pour l'impossibilité de résider dans le diocèse. En prenant cette posture, le pasteur lutte contre l'épiscopat tel que le comprennent les « papistes ». Il rappelle également à toutes fins utiles que même si le prince avait le droit de légiférer en matière spirituelle (ce qui n'est donc pas le cas), le mandement ne pourrait de toute façon pas s'appliquer dans tout le diocèse. Ferdinand n'y compte en effet pas que des sujets, puisque le diocèse ne se confond pas, loin s'en faut, avec la principauté :

> Comme Evesque, il n'a peu appeller ses Diocesains *ses sujets* [...]. Comme Prince il n'a peu qualifier *ses sujets* tous ceux qui sont du Diocese de Liege ; ce seroit une entreprise trop manifeste sur l'authorité de Messieurs les Estats, de qui les sujets au Duché de Limbourg peuvent estre censez Diocesains de l'Evesque, mais non pas sujets du Prince de Liege[73].

70 *Ibid.*, p. 73.
71 *Ibid.*, p. 74.
72 *Ibid.*, p. 85.
73 *Ibid.*, p. 88-89.

UNE STRATÉGIE PRAGMATIQUE DE REPLI

Dans sa dénonciation de l'évêque Ferdinand, Des Marets fait preuve d'un grand pragmatisme. Il insiste sur sa modération de ton et le calme dans lequel il prétend vouloir mener la controverse. Il s'adresse ainsi solennellement à ses lecteurs, potentiellement liégeois et catholiques :

> Ceux qui me cognoissent en particulier ou qui frequentent nos assemblées publiques, me sçavent assez esloigné de violence. J'ay esté tiré contre mon humeur en ces contentions ; & toute ma ferveur n'est que glace, en comparaison de la fureur de mes adversaires ; mes predications n'ont rien de violent, n'y traittant que bien rarement des controverses, & ce avec toute sorte de douceur[74].

Tout cela concorde très mal avec ce que l'on sait de la violence de ses rapports avec les catholiques de Maastricht, et de sa pratique de la falsification. Il réclame par ailleurs la liberté de culte pour les réformés au nom de celle que reconnaissent les États-Généraux aux catholiques à Maastricht, mais aussi et surtout dans les zones où ils se disent seuls souverains, comme le Limbourg ou d'autres pays « de la Généralité ». Il donne même l'impression de justifier une situation de coexistence confessionnelle proche de celle du régime de l'édit de Nantes français, fondée sur l'acceptation de la présence de l'autre :

> Mais quoy ? le Papisme s'estime persecuté quand on luy oste la liberté de persecuter la Religion Reformee, & ceux qui le professent pensent avoir autant perdu de leur liberté, que les Protestans en recouvrent de la leur[75].

Là aussi, la correspondance avec Rivet ou son action dans les réunions de synode ou de classe montrent bien que ce n'est pas la situation dont il rêve. Quelques mois après la parution de *La Chandelle mise sous le boisseau*, Des Marets écrit au nom de son Église au synode wallon pour regretter, en parlant des catholiques, « la grande liberté qu'on a laissée à ceux qui en prennent tousjours plus qu'on ne leur en donne[76] ». Certes,

---

74 *Ibid.*, p. 156.

75 *Ibid.*, p. 32.

76 Posthumus Meyjes, Guillaume H. M., Bots, Hans, et Roelevink, Johanna (éd.), *Livre des actes des Églises wallonnes aux Pays-Bas*, *op. cit.*, p. 340, lettre de l'Église réformée française de Maastricht au synode wallon de La Haye, 29 août 1635.

il défend la séparation du politique et du religieux, conformément à ses idées ecclésiastiques, mais il souhaite se placer sous la protection de princes réformés (le prince d'Orange, le duc de Bouillon) ou des États-Généraux des Provinces-Unies.

Finalement, et c'est là le plus important, cette stratégie lui permet de défendre en négatif ses ouvrages qui sont interdits par le mandement[77], mais aussi de proposer un modèle pastoral, immédiatement perceptible par les lecteurs comme plus conforme au texte des Évangiles que celui des catholiques : « nous autres Ministres nous demeurons tousjours semblables à nous mesmes, & n'avons rien dans nostre simplicité qui approche de bien loin la soupplesse de ces gens[78] ». Il défend ainsi l'idée, classique chez les réformés, d'un cléricalisme doctoral et non sacerdotal[79], les pasteurs étant des experts, des savants, ce qui ne signifie évidemment pas, contrairement à ce que les catholiques prétendent, qu'ils en élaborent pour autant chacun une religion personnelle[80].

CONCLUSION

Au terme de cette lecture de *La Chandelle mise sous le boisseau*, à la fois contextualisée et dans le sens d'une attaque anti-épiscopale, certaines questions demeurent en suspens. Il est très difficile de dire si l'argumentation est spécifique à la Dorsale catholique. Sans le contexte, celui du condominium, de la principauté de Liège aux mains de l'évêque, de la guerre de Trente Ans, des luttes entre Néerlandais, Français et Espagnols, cet ouvrage n'aurait pas pris cette forme. Malgré les références françaises de Des Marets, et malgré ses réflexes culturels le menant vers les codes de la controverse sous le régime de l'édit de Nantes, le pasteur joue admirablement de certaines spécificités, en particulier de la présence

77 Des Marets, Samuel, *La Chandelle mise sous le boisseau*, *op. cit.*, p. 140-167.

78 *Ibid.*, p. 147.

79 Wanegffelen, Thierry, « Le protestantisme en France aux XVIe-XVIIe siècles. Sacerdoce universel et théologie de la vocation », *Histoires des hommes de Dieu dans l'Islam et le christianisme*, éd. Dominique Iogna-Prat et Gilles Veinstein, Paris, Fayard, 2003, p. 111-144.

80 Des Marets, Samuel, *La Chandelle mise sous le boisseau*, *op. cit.*, p. 241.

de principautés épiscopales, typiques de l'Empire et notamment des abords de la Dorsale. Les identités politiques sont complexes dans cet espace, avec un État neutre, mais ecclésiastique (le pays de Liège), un État calviniste, mais autorisant la pleine liberté de conscience (les Provinces-Unies), une zone alliant zèle catholique militant et identité espagnole (les Pays-Bas), un État dont le régime de tolérance civile a été négocié (la France) et, au centre de tout cela, le condominium de Maastricht, disputé et contesté. Cette ville aux allures de front pionnier pour les clergés des deux camps obéit nécessairement à des codes particuliers, qui sont peut-être révélateurs d'une partie de l'originalité de la Dorsale. C'est là que l'on peut voir un ministre réformé admettre le principe de la souveraineté de l'évêque de Liège comme prince, tout en s'en servant pour le délégitimer comme pasteur, montrant ainsi implicitement la validité du modèle pastoral réformé qu'il incarne.

Comme toujours dans ce genre de controverse, *La Chandelle mise sous le boisseau* n'est que l'élément d'une chaîne, et celle-ci se prolonge. L'ouvrage de Des Marets suscite deux principales réponses, une en latin par Chokier[81], et une autre en français par Wandelman, qui reprend la question de l'autorité épiscopale, pour la présenter comme conforme avec l'exercice de la souveraineté[82]. Des Marets consacre une partie de son année 1635 à publier des réponses[83]. Pourtant, cette controverse n'est plus au premier plan de ses préoccupations, du moins dans sa correspondance avec André Rivet[84]. Il est surtout très anxieux à propos du problème du baptême de la première fille du duc de Bouillon et de sa femme catholique, question qui accompagne ses premiers doutes sur le gouverneur de Maastricht lui-même. Ce n'est sans doute pas un hasard si c'est au moment même où le duc va ouvertement à la messe

81 Chokier, Jean de, *Apologeticus, adversus Samuelis Maresii oppidi Traiectensis ministri librum*, Liège, Streel, 1635.

82 Tranquille, Thédodose [Wandelman, Godfried], *La chandelle esteinte et puante, de Samuel des Marets, ministre de la pretendue Eglise Reformée, à Maestrecht*, Liège, Ouwerx, 1635 (attribution selon Gennip, Joep van, *Controversen in Context. Een comparatief onderzoek naar de Nederlandstalige controversepublicaties van de jezuïeten in de zeventiende-eeuwse Republiek*, Hilversum, Verloren, 2014, p. 248-257).

83 Des Marets, Samuel, *Réponse facile & peremptoire à l'argument prétendu invincible, touchant la lecture des Saintes Lettres en langue vulgaire*, 1635 ; *Salus Reformatorum asserta, sive Romanensium de Reformatis eorumque damnatione aeterna Judicium temerarium, ad Charitatis & Veritatis limam exactum & castigatum*, 1635 ; *Brevis ad Theodorum Tranquillum paraenesis*, 1635.

84 Nauta, Doede, *Samuel Maresius*, *op. cit.*, p. 451-466.

que Des Marets quitte Maastricht au début de l'année 1636, pour une autre place forte de la conquête protestante et symbole des sièges des princes d'Orange, Bois-le-Duc.

Julien LÉONARD
Université de Lorraine –
Nancy ; CRULH

LES ÉNIGMES D'UN ÉVÊQUE CONTESTÉ

L'épiscopat controversé de Pietro Secondo Radicati (1701-1728), entre diocèse de Casale, curie romaine et cour de Savoie[1]

Dans le cadre de l'histoire des États de Savoie-Piémont[2], le thème de l'histoire religieuse est devenu central ces dernières années[3]. Les recherches consacrées à la « foi des montagnes[4] », à la « géographie céleste[5] », aux rapports entre la cour de Savoie et la curie romaine[6] ont mis en évidence la complexité de la vie religieuse et de l'organisation ecclésiastique d'un état « amphibie » qui, pendant l'âge moderne, continua tout au fond à être caractérisé par « deux lois » et « deux fois[7] ». C'est à la lumière de cette réalité, rendue de plus en plus complexe par une géographie religieuse discordante d'avec la

1 Abréviations : ASTo = Archivio di Stato di Torino, sezione Corte ; ME = Materie Ecclesiastiche.

2 Bianchi, Paola, Merlotti, Andrea, *Storia degli Stati sabaudi*, Brescia, Morceliana, 2017 ; Ferretti, Giuliano (dir.), *Les états de Savoie du duché à l'unité d'Italie (1416-1861)*, Paris, Classiques Garnier, 2019.

3 Cozzo, Paolo, « La storia religiosa del Piemonte di età moderna nella produzione storiografica fra XX e XXI secolo : appunti per una riflessione preliminare », in *Gli spazi sabaudi. Percorsi e prospettive della storiografia*, éd. Blythe Alice Raviola, Claudio Rosso, Franca Varallo, Roma, Carocci, 2018, p. 187-205.

4 Meyer, Frédéric, *La foi des montagnes. Culture et religion dans la Savoie d'Ancien Régime*, Annecy, Académie salésienne, 2014.

5 Cozzo, Paolo, *La geografia celeste dei duchi di Savoia. Politica, devozioni e sacralità in uno stato di età moderna (secoli. XVI-XVII)*, Bologna, Il Mulino, 2006.

6 Chauvard, Jean-François, Merlotti, Andrea, Visceglia, Maria Antonietta (éd.), *Casa Savoia e Curia Romana dal Cinquecento all'Ottocento*, Rome, École française de Rome, 2015 ; Piergentili, Pier Paolo, « *Christi nomine invocato* ». *La Cancelleria della Nunziatura di Savoia e il suo archivio (secc. XVI-XVIII)*, Città del Vaticano, Archivio Segreto Vaticano, 2014.

7 Cozzo, Paolo – Meyer, Frédéric, « Deux fois, deux lois, une nation ? Géographie ecclésiastique et vie religieuse dans les États de Savoie-Piémont. XVIe-XVIIIe siècles », in *Les états de Savoie du duché à l'unité d'Italie (1416-1861)*, dir. Giuliano Ferreti, Paris, Classiques Garnier, 2019, p. 385-438.

géographie politique[8], qu'il faut lire la présence de plus d'un membre du clergé contesté, comme le fut Monseigneur Pietro Secondo Radicati (évêque de Casale Monferrato entre 1701 et 1728[9]), par rapport à Victor-Amédée II et à la cour de Turin. Toutefois son cas n'est pas isolé dans l'histoire du royaume de Piémont-Savoie. Pour rester dans le milieu épiscopal, à la fin du XVIe siècle on trouve par exemple l'obscure séquence de trahisons et d'infidélité dont le protagoniste fut l'évêque de Verceil, Marcantonio Vizia. Soupçonné d'entretenir des rapports secrets avec le duc de Mantoue, Vizia fut arrêté à Turin en 1595 pour trahison. Le pape Clément VIII réussit cependant à imposer que le procès soit tenu par un délégué apostolique, auquel le duc, Charles-Emmanuel Ier, ne manqua pas de préciser que l'évêque, outre la trahison, était coupable d'une conduite immorale, ainsi que de dangereuses relations avec des hérétiques[10].

La gravité des accusations amena Clément VIII à rappeler Monseigneur Vizia à Rome, où son procès fut conclu après quatre ans, par la révocation du bénéfice et par le bannissement des États de Savoie ; toutefois, une pension fut assignée au prélat. On sait que, après quelques années, Vizia fut réintégré, jusqu'à être nommé aumônier de Charles-Emmanuel[11]. L'intervention pontificale (qui soulignait les limites de l'exercice de la juridiction de la cour de Savoie sur les sujets ecclésiastiques) fut donc essentielle pour adoucir la rigueur avec laquelle un procès fondé sur le délit de lèse-majesté aurait pu se conclure à

8 Meyer, Frédéric, « Montagnes et frontières : les diocèses de Savoie à l'époque moderne, ou la lente appropriation politique d'un espace religieux », in *La Maison de Savoie et les Alpes ; emprise, innovation, identification (XV-XIX siècle)*, dir. Stéphane Gal & Laurent Perrillat, Chambéry, Université Savoie Mont Blanc, 2015, p. 121-138.

9 Sur sa figure voir Cozzo, Paolo, *Pietro Secondo Radicati*, à paraître.

10 « *Con troppa lascivia ha tentate persone rinchiuse nei monasteri e per supposti falsi comissari apostolici fatte esaminar monache et impor loro scomuniche et senza rispetto usati cibi proibiti la Quadragesima e dato mal essempio con horrende bestemmie oltra le passate familiari conversationi con heretici ministri. Et i balli fatti nell'istesso palazzo episcopale et l'handare in habito privato a Casale di Monferrato e condur donne infami nei chiostri de fratri et altre cose indegne d'huomo cristiano non che prelato. Ne si sia lontano di scoprire alcune simonie sì per il vescovato come per altro, onde dobbiamo credere che Nostra Santità lo conoscerà non solo indegno di reggere quella chiesa e di star nel paese nostro, ma meritevole di più acerbo esame e severo castigo* » (ASTo, ME, cat. 1, Negoziazioni con Roma, mz. 40-41 : Moreno, Ottavio, *Istoria delle relazioni della Real Corte di Savoia colla corte di Roma sino all'anno 1742*, p. 111).

11 Piergentili, « *Christi nomine invocato* », *op. cit.*, p. 135-136 ; sur les pensions ecclésiastiques : Rosa, Mario, *La Curia romana nell'età moderna*, Roma, Viella, 2013, p. 57-99.

Turin[12]. Pendant le XVIIe siècle, le climat était destiné à changer, et aussi l'affirmation de l'autorité ducale sur tous les sujets – y compris les religieux – devint plus évidente, s'accompagnant de beaucoup de tensions avec le Siège apostolique. La confirmation vient de quelques événements, dont les protagonistes furent certaines figures ecclésiastiques devenues dérangeantes pour la cour turinoise. La plus célèbre est celle du père jésuite savoyard Monod, personnalité essentielle de la cour de Charles-Emmanuel et de Victor-Amédée Ier, où il avait été introduit grâce à son amitié avec François de Sales.

À l'activité de confesseur (le jésuite fut guide spirituel de la princesse Christine de Bourbon), Monod, grand érudit et expert de l'histoire dynastique, ajouta celle d'historiographe officiel, en devenant ainsi une ressource importante dans l'effort consenti par la Maison de Savoie pour hausser son prestige à un niveau international, en particulier à travers la promotion au titre royal. Le *Traité du titre royal dû à la souveraine Maison de la Savoie*, écrit par Monod en 1633, théorisait en effet d'un point de vue historique les revendications savoisiennes sur le lointain royaume de Chypre.

Aussi à la lumière du succès obtenu par le traité, Monod, en qualité de diplomate (une activité normalement pratiquée par les hommes d'Église, également dans les États de Savoie[13]), fut chargé de missions délicates en France, où il entra en contact avec Richelieu. Ceux-ci, qui soupçonnait Monod d'être de connivence avec Nicolas Caussin (le confesseur jésuite de Louis XIII auteur d'une conspiration contre le cardinal) développa envers Monod une haine viscérale, dont les conséquences éclatèrent après la mort de Victor-Amédée Ier.

Pendant la régence de Christine de Bourbon, fortement conditionnée par la politique française, Monod (qui avait été un confesseur apprécié de la duchesse) devint un homme dérangeant, en étant considéré par Richelieu comme le pire ennemi de la France. Les fortes pressions exercées

12 À ce propos, le chanoine turinois Ottavio Moreno (1777-1852), auteur d'une histoire des relations entre la cour de Savoie et le Saint Siège écrivait « *Reca quindi meraviglia che questo principe non abbia dimostrata maggiore fermezza nell'affare del vescovo di Vercelli, perché trattandosi di delitto puramente civile, anzi di delitto di lesa maestà non doveva certamente giammai permettere, né che si mandasse da Roma un commissario per formare il processo, né che l'inquisito fosse quindi chiamato a Roma per esservi giudicato* » (Moreno, *Istoria*, p. 112).

13 Pennini, Andrea, *Con la massima diligentia possibile : diplomazia e politica estera sabauda nel primo Seicento*, Roma, Carocci, 2015.

par le cardinal et Louis XIII pour son éloignement furent finalement couronnées de succès : Monod fut arrêté et emprisonné dans la forteresse de Miolans où, malgré les protestations répétées venant de Rome, il resta jusqu'à sa mort, survenue en 1644[14].

Beaucoup plus problématique, surtout pour les rapports avec le Siège apostolique, fut un autre membre du clergé dont les actions troublèrent la régence de Christine. Il s'agit du père Giovanni de Santo Stefano (au siècle Giovanni Gandolfo), moine feuillant de l'abbaye de Vico (près de Mondovì), impliqué en 1648 dans une conspiration ourdie contre la régente et son fils, Charles-Emmanuel II, par le sénateur Bernardo Sillano et le valet du duc Victor-Amédée Ier, Giovanni Antonio Gioia. Arrêtés, les trois conspirateurs connurent des destinées différentes : Sillano se suicida en prison, Gioia fut torturé et supplicié, Gandolfo, qui avait tenté de se tuer, dut affronter le procès. En raison de cela, des « dégoûts » considérables s'étaient fait jour envers la curie romaine, qui prétendait exercer sur le moine la juridiction ecclésiastique contre la volonté de la cour turinoise d'appliquer au religieux, accusé du délit de lèse-majesté, la justice de l'État. Face aux demandes du nonce apostolique, qui prétendait retenir le procès pour lui ou pour un évêque de l'État de l'Église, Christine eut une forte réaction. En novembre 1648 le moine fut jugé par le Sénat, condamné à la peine capitale et supplicié[15].

Un autre ecclésiastique, lui aussi impliqué dans des troubles et conjurations, connut un sort meilleur, peut-être parce qu'il était issu d'une des familles les plus influentes de la noblesse subalpine. Le père jésuite Agostino Provana en 1682 dut quitter le Piémont parce qu'il avait été considéré comme complice d'un complot ourdi par le marquis de Pianezza et le comte de Druento contre la régente Marie-Jeanne-Baptiste. Dans les papiers du religieux on avait en effet trouvé une lettre qui prouvait sa participation au complot. Cependant, en 1684,

---

14 Merlotti, Andrea, « Monod, Pierre », dans *Dizionario Biografico degli Italiani*, 75, Roma, Istituto dell'Enciclopedia Italiana, 2011, p. 199-120 ; Ieva, Frédéric « Le Piémont entre la régence et la guerre civile : deux conseillers de la cour de Christine : Pierre Monod et Philippe d'Agliè », *De Paris à Turin. Christine de France duchesse de Savoie*, dir. Giuliano Ferretti, Paris, L'Harmattan, 2014, p. 111-126.

15 Rosso, Claudio, « Uomini e poteri nella Torino barocca (1630-1675) », in *Storia di Torino*, IV, *La città fra crisi e ripresa (1630-1730)*, dir Giuseppe Ricuperati, Torino, Einaudi, 2002, p. 5-195, en part. p. 28 ; Barcia, Franco, *Gli avventurieri e le reggenze*, *ibid.* p. 631-652, en part. p. 638-640.

l'avènement au trône de Victor-Amédée II permit au père Provana de retourner à Turin, où il devint recteur du collège des jésuites[16].

Ces cas, bien que profondément différents, indiquent comment l'histoire des rapports entre la maison de Savoie et l'Église a été aussi marquée par l'activité de certains ecclésiastiques qui, pour beaucoup de raisons, étaient dérangeants et contestés. Leur gestion et leur destinée furent souvent liés aux variations des équilibres des relations diplomatiques entre les cours de Turin et de Rome. Aussi le cas de Pietro Secondo Radicati, s'insère dans cette longue tradition mais présente des particularités spécifiques. D'abord parce que Radicati n'était pas né en Savoie, et donc ne se considéra jamais (même en le devenant) comme un sujet de la maison de Savoie ; puis, parce que sa chaire épiscopale (érigée en 1474 pour « *fare Casale ciptà* », c'est-à-dire pour conférer prestige et solidité au marquisat paléologue du Montferrat[17]) était celle d'un diocèse étranger à la tradition savoisienne, du point de vue politique comme ecclésiastique (à ce propos, ce n'est pas par hasard que jusqu'à 1817 le diocèse de Casale ait été suffragant de l'archevêché de Milan, en passant ensuite sous la juridiction de l'église métropolitaine de Verceil).

Contrairement à d'autres sujets issus de nouvelles acquisitions qui, devenus sujets savoisiens, tâchèrent également d'harmoniser leurs carrières ecclésiastiques avec ce nouveau statut[18], Radicati, qui était rejeton d'une famille (celle des seigneurs de Cocconato et Cella) qui, pendant le XVIIe siècle, à travers privilèges et concessions impériales, avait acquis un contrôle politique de ses fiefs[19], se montra toujours réfractaire à la condition dans laquelle il se retrouva à partir de 1708. On peut mieux affirmer que la hargne entre Radicati et la cour turinoise était née avant que Casale, ancienne possession des Gonzague, soit passée sous la

16 Signorelli, Bruno, « Una chiesa per maggior servitio di Dio, aiuto delle anime et ornamento di questa città », in *I Santi Martiri : una chiesa nella storia di Torino*, Torino, Compagnia di San Paolo, 2000, p. 185-230, en part. p. 197.

17 Settia, Aldo A., « "Fare Casale ciptà" : prestigio principesco e ambizioni familiari nella nascita di una diocesi tardo medievale », in *Vescovi e diocesi in Italia dal XIV alla metà del XVI secolo* (atti del VII convegno di Storia della Chiesa in Italia, Brescia, 21-25 settembre 1987), 2, Roma, Herder, 1990, p. 676-715.

18 Pour la Sicile et la Sardaigne voir, par exemple, Cozzo, Paolo, « "No puedo creer que el papa y el rey pretendan cosa injustas". La doble lealtad de los obispos saboyanos (Sicilia y Cerdeña, a principio del siglo XVIII) », in *Librosdelacorte.es*, a. 6 (2014), p. 52-64.

19 Raviola, Blythe A., *Il Monferrato gonzaghesco. Istituzioni ed élites di un micro-stato (1536-1708)*, Firenze, Olschki, 2003, p. 284.

domination de la maison de Savoie. Nous savons, en effet, que dans la phase initiale de la guerre de succession espagnole – au lendemain du renversement des alliances par Victor-Amédée II et quand les troupes de Louis XIV se préparaient à faire le siège de Turin – l'évêque de Casale écrivit une lettre circulaire à tout le clergé de son diocèse en l'invitant à prêter soutien aux Français[20].

Ce fait ne doit pas étonner en pensant que dans sa jeunesse Radicati avait été page à la cour de France[21] et sa nomination à l'évêché de Casale avait eu lieu sur « recommandation du roi très chrétien », tandis que l'invitation à solliciter le support des français était arrivée directement par la Congrégation de l'Immunité ecclésiastique aux titulaires des diocèses de Casale, Modène et Reggio à un moment où le Siège apostolique ne cachait pas son appui à la coalition franco-espagnole. Cependant, le zèle et le ton employé par l'évêque Radicati avaient impressionnés la même curie romaine pour le « vacarme » qu'ils avaient produit[22].

Les prémices de ce rapport conflictuel avec la maison de Savoie se seraient concrétisées au lendemain du passage du Montferrat sous la domination savoisienne, vécu dramatiquement par l'évêque Radicati qui fut, en compagnie d'autres représentants des élites de Casale, l'un des témoins de la transition[23]. De ce passage, Radicati revendiqua toujours un rôle actif : encore en 1726, en écrivant à Victor-Amédée II

---

20 « *Avendo Sua Santità comandato che debbano in supplemento de' laici di questa diocesi impotenti a supplire con le sole loro forze a tutto il peso di questa guerra somministrare qualche aiuto gli ecclesiastici, ed essendoci domandato da' signori francesi cento paia di buoi per l'imminente assedio di Torino con tutta la maggior premura e la promessa di restituirli dopo otto giorni, commettiamo a lei d'unire indilatamente il clero secolare e regolare sottoposto alla di lei vicaria, beneficiati o non beneficiati, chierici e sacerdoti, ed indi obligar tutti a consegnar con giuramento i loro averi e specialmente la quantità de' beni che si trovano avere, ed indi si faccia in lei o in qualche altra persona ecclesiastica la proccura per venire alla congregazione generale che si farà nel giorno 11 corrente al dopo pranzo nel palazzo episcopale qual proccura serva per ogni altra simile occorrenza… Ella non manchi d'eseguir con somma sollecitudine quanto se le impone, acciocché non si ritardi detta congregazione e per conseguenza il servizio di Sua Maestà per ovviare le violenze e maggiori danni che potessero venire al clero in quest'urgentissima occorrenza* » (c'est le texte de la lettre envoyé par Mgr Radicati au vicaire épiscopal de Casale, 6 septembre 1705, dans Moreno, *op. cit.*, p. 941-942).

21 Lupano, Alberto, « La realtà ecclesiale casalese dal XVI al XVIII secolo », *La Compagnia di Gesù a Casale e nel Monferrato dai Gonzaga ai Savoia. Nuovi studi e ricerche*, Torino, SPABA, 2008, p. 13-36, en part. p. 31.

22 Moreno, Ottavio, *op. cit.*, p. 940-941.

23 Raviola, Blythe Alice, *op. cit.*, p. 424 ; voir aussi Raviola, Blythe A., « Radicati, i Gonzaga e la transizione del Monferrato dalla dinastia mantovana ai Savoia », in *Pietro Secondo Radicati, op. cit.*, à paraître.

qu'il allait obtenir son éloignement de Casale, l'évêque lui rappelait son expérience « dans la conjoncture grave du paisible rendement de cette ville à vos armes glorieuses[24] ».

Malgré les manifestations officielles de réjouissance et de loyauté envers le nouveau souverain, dont témoigne l'avis en l'honneur de Victor-Amédée qu'il avait fait afficher sur toutes les églises du diocèse, l'évêque demeura suspicieux envers la maison de Savoie, qui, durant quelques années après la conquête du Montferrat en démantela toutes les structures administratives (y compris le Sénat, aboli en 1730)[25]. Comme les fonctionnaires du nouveau souverain l'avaient remarqué à Turin, Monseigneur Radicati avait, à l'occasion d'une homélie, averti les « Monferrini » de se méfier des nouveaux souverains[26]. Le ton polémique ne se limitait pas à la sphère publique : aussi la correspondance privée du prélat (les lettres avec ses frères, les jésuites Giovanni Umberto et Lelio Ignazio, et avec son petit-fils, l'abbé Luigi Umberto) ne manquait pas de lancer des traits au nouveau monarque[27], qui témoignent de la progressive augmentation des tensions entre la cour turinoise et la curie épiscopale de Casale. Il s'agit de contrastes que l'historiographie a généralement lus comme reflet de la dialectique entre le juridictionalisme du gouvernement savoisien (décidé à annuler des formes et espaces d'exercice d'une autorité désormais considérée comme étant incompatible avec l'absolutisme d'État) et la volonté opiniâtre de l'évêque de soutenir jusqu'à la fin « les droits de son Église, du Sainte Siège, de l'immunité

24 ASTo, ME, Vescovadi e arcivescovadi, Casale, II categoria, mz. 3, n. 4, *Copia di due lettere del vescovo di Casale Radicati al Marchese del Borgo, nelle quali chiede di esser trasferto dalla Chiesa di Casale a quella di Vercelli, e non dissentire che l'abbazie di Lucedio, Grazzano, Vezzolano, tuttoché della sua diocesi, siino ridotte allo stato di* nullius diœcesis *purché sii detta sua diocesi indennizzata con altrettanti (sic) altre parocchie* (lettre du 17 séptembre 1726).

25 Lupano, Alberto, « La giustizia sabauda a Casale Monferrato dal Senato alla Corte d'appello : mutamenti istituzionali e giurisprudenziali » in *Les Sénats des états de Savoie. Circulations des pratiques judiciaires, des magistrats, des normes (*XVI-XIX*e siècles)*, dir. Françoise Briegel et Sylvain Milbach, Roma, Carocci, 2016, p. 125-137.

26 ASTo, ME, Vescovadi e arcivescovadi, Casale, II categoria, mz. 3, *Ristretto generale estratto da tutte le scritture partecipatemi di comando di Sua Maestà riguardanti le stravaganze e gli eccessi di mons. Radicati vescovo di Casale*, f° 15.

27 « *Il nostro re poi si gode d'un'altra siccità ne' suoi sudditi. Dal Piemonte non capita mai denaro ; anzi, da qui va a Torino, sicché quel poco che corre è tutto forastiere* » ; dans une autre lettre, en commentant la nouvelle d'une chute du cheval dont le roi avait été victime, Radicati écrivait « *fosse almeno la caduta di Saulo* ! » (ASTo, Corte, Materie ecclesiastiche, Vescovadi e arcivescovadi, Casale, II categoria, mz. 3, lettres sans date).

ecclésiastique et aussi de sa dignité épiscopale[28] ». Dans cette perspective, la longue et tourmentée action de Radicati a été présentée comme une courageuse défense des libertés ecclésiastiques, parfois « exagérée dans les modalités », mais compréhensible devant les « attentes », les « préjugés » qui presque quotidiennement étaient exprimés par l'autorité civile[29].

La solide préparation juridique que l'évêque avait acquise pendant son séjour à Rome (où, en 1700, il avait reçu le titre de docteur), la participation à la culture jésuitique (qui était amplement représentée dans sa famille), et les bonnes relations avec Fabrizio Paulucci (le secrétaire d'État de Clément XI), faisaient de Radicati un représentant idéal de ce parti curial si mal vu par le gouvernement subalpin à une époque – celle du pape Albani – où la fracture entre Turin et Rome s'était montrée la plus grande.

De ce point de vue, donc, ce n'est pas un hasard si Radicati fut considéré par Victor-Amédée II comme un personnage dérangeant, et que cette condition se révélât presque quotidiennement, tant étaient nombreuses les occasions de conflits juridictionnels entre autorités épiscopale et civile. Nombreux en sont les cas comme celui de 1715, quand l'évêque exigea de confirmer, à travers des édits spéciaux, sa juridiction exclusive sur le clergé à propos de mesures gouvernementales assumées en matière de prophylaxie et d'hygiène publique.

En cette occasion, face à un ordre de « remise de toutes les bêtes bovines pour précaution et remède à la méchante épizootie », Radicati ordonna à son clergé « de faire la remise des bêtes mais dans les mains d'un ecclésiastique » en voulant ainsi démontrer que le clergé obéissait seulement à ses ordres, et non pas à ceux d'une autorité différente ; de la même façon, quand le gouvernement assuma une mesure pour l'entretien et les nettoyage des rues, l'évêque publia un décret analogue pour mettre en évidence le fait que les ecclésiastiques étaient soumis exclusivement à son pouvoir[30]. Ces événements et beaucoup d'autres qui

28 ASTo, ME, Vescovadi e arcivescovadi, Casale, II categoria, mz. 3, n. 4, *Copia di lettera del vescovo Radicati, qual domanda a Sua Santità un qualche sovvenimento fingendo esser ridotta a stato deplorabile la famiglia del Conte suo fratello per simulate ingiustizie e persecuzioni*, 5 août 1724.

29 Lupano, Alberto, « La realtà ecclesiale casalese », *op. cit.*, p. 34.

30 ASTo, Corte, Materie ecclesiastiche, Vescovadi e arcivescovadi, Casale, cat. II, mz. 2, n. 3, *Ordine del Magistrato, e Conservatori Generali della Sanità del Ducato di Monferrato per la consegna di tutte le bestie bovine per precauzione e rimedio al maligno influsso che correva nelle medesime, unitamente ad una memoria sovra le pretese del Vescovo di Casale di far nuovi*

agitèrent continuellement les relations avec le gouvernement faisaient juger Radicati comme un prélat auquel on ne pouvait pas laisser aucun espace libre, surtout dans les matières d'immunités, car il savait obtenir le soutien de Rome[31].

On pourrait certainement interpréter l'épiscopat de Radicati comme un vaillant rempart des libertés ecclésiastiques, et donc une forme de « résistance au pouvoir politique[32] » ; une telle lecture ne semble cependant pas suffisante pour comprendre les divergences profondes qui se produisirent entre l'évêque et la cour. En effet, Radicati fut contesté par Victor-Amédée II non seulement comme défenseur indompté des droits de l'Église devant un champion des droits juridictionnels, mais surtout parce qu'il ne représentait pas un exemple épiscopal en ligne avec les modèles fixés par la « politique de la religion[33] » des souverains savoisiens.

Le problème ne concerne que partiellement la sphère de la juridiction, des droits, des libertés, du cérémonial, des priorités. Quoique en admettant la grande importance que tous ces domaines recouvraient dans la société d'ancien régime, il ne faut jamais perdre de vue la dimension religieuse dont l'évêque, aux yeux du gouvernement savoisien, n'apparaissait pas comme un interprète fiable. Il s'agit d'un point délicat et controversé, à la lumière d'une tradition historiographique qui, au sujet de Radicati, avait créé l'image d'un prélat zélé, attentif au soin pastoral de son diocèse, animateur de la vie spirituelle, promoteur d'institutions pieuses et de bâtiments de culte : une image que la documentation recueillie par le gouvernement turinois semble discréditer totalement, jusqu'à présenter Radicati comme une figure totalement en dehors du périmètre de la légalité et de la moralité.

Les dossiers gardés dans les archives d'État de Turin font comprendre que sur Radicati la cour voulut recueillir des nouvelles détaillées dès les premières années de son ministère épiscopal. De cette époque remontent

---

ordini sovra quello pubblicato d'ordine del Magistrato della Sanità per la detta consegna, rispetto agl'ecclesiastici (docc. del 26 giugno, 2 e 3 agosto 1715).

31 *Ibid.* (document du 11 septembre 1715).

32 Lupano, Alberto, « La realtà ecclesiale casalese », *op. cit.*, p. 34 ; plus récemment Id., « Tra Gonzaga e Savoia : il vescovo Pietro Secondo Radicati pastore, giurista e politico », in *Pietro Secondo Radicati*, à paraître.

33 Silvestrini, Maria Teresa, *La politica della religione, il governo ecclesiastico nello Stato sabaudo del* XVIII *secolo*, Firenze, Olschki, 1997.

non seulement ses conflits avec des représentants du clergé et du patriciat citadin, mais aussi les premiers indices d'une vigilance pas du tout rigoureuse sur les conditions du diocèse. Comme beaucoup d'autres en cette période-là, Casale était un diocèse fourmillant de clercs (il suffit penser qu'à Grazzano, un petit village de 150 « feux », le clergé séculier comptait 28 membres[34]), où, comme on le notait à Turin, malgré le Concile de Trente, on trouvait encore beaucoup d'ecclésiastiques dont la vie ne manifestait aucune distinction entre la condition cléricale et laïque[35].

La fluidité de rôles et d'identité (une situation commune au clergé séculier dans le premier âge moderne[36]) semblait être naturelle chez un prélat pour qui la mitre était venue récompenser non pas une carrière parcourue *in sacris*, mais dans le métier des armes. Il ne faut pas oublier, en effet, que quand il fut désigné à la chaire de Casale, Pietro Secondo Radicati était un capitaine des dragons et un conseiller du duc de Mantoue. Une telle condition avait créé quelques embarras dans le curie romaine qui, par respect pour les canons tridentins, subordonna la consécration à l'examen du candidat qui dut affronter à Rome, auprès les jésuites, ce « cours intensif » nécessaire « pour permettre à un capitaine de l'armée de se faire pasteur d'âmes[37] ».

Une telle transformation dut avoir du mal à se concrétiser. En tout cas, Radicati, dans sa manière d'entendre et d'interpréter le ministère épiscopal, continua à faire preuve d'attitudes et d'une mentalité qui ne semblaient pas inspirées du statut d'homme d'Église : cette impression

---

34 Cette donnée émerge d'une des accusations adressées à l'évêque Radicati à la suite de l'enquête reçue par le gouvernement savoisien : « *l'abuso poi con il quale ordina ogni sorte di preti, anche a titolo di patrimonio contro il Concilio di Trento ha riempite le terre della diocesi d'un numero straordinario di ecclesiastici per lo più ignoranti e dissipati, a segno che nel luogo di Grassano se ne trovano viventi 28 circa quando la communità è composta di 150 fuochi solamente, e così a proporzione nell'altre* » (ASTo, Corte, Materie ecclesiastiche, Vescovadi e arcivescovadi, Casale, cat. II, mz. 3, *Aggionta di capi d'eccessi di mons. Radicati Vescovo di Casale*, fo 2).

35 C'était le cas, par exemple, de Bartolomeo Peruzzi de Vignale, « il quale si vede raramente vestito di abito clericale », tandis qu'il exerçait « il mestiere da molinaro » ASTo, Corte, Materie ecclesiastiche, Vescovadi e arcivescovadi, Casale, cat. II, mz. 1, n. 9, *Attestazioni siccome Bartolomeo Peruzzi di Vignale, il quale era stato vestito dell'abito chiericale, si vede raramente vestito di detto abito, ma da secolare e che esercita il mestiere da molinaro*, 1713.

36 Cozzo, Paolo, *Andate in pace. Parroci e parrocchie in Italia dal Concilio di Trento a papa Francesco*, Roma, Carocci, 2014, p. 17-44.

37 Lupano, Alberto, *op. cit.*, p. 32.

émerge en lisant les dossiers rédigés à la veille de son déplacement à Osimo en 1728[38]. L'image de Radicati qui ressort de ces dossiers était celle d'un pasteur étranger aux modèles du Concile de Trente, sa figure était plutôt celle d'un évêque pré-tridentin : un prélat éloigné de la dimension spirituelle à son office, mais très attentif à en exploiter l'autorité et surtout les bénéfices.

Décrit comme un homme « avide et trouble[39] », Radicati manifestait son incapacité à se dégager du passé : l'image de cette discontinuité manquée est fournie par l'usage des armes, persistant et diffus – malgré les canons tridentins et les dispositions synodales – que ce soit de la part de l'évêque ou de son clergé. Ainsi Radicati, dont le gouvernement sarde dut plusieurs fois censurer l'« abusive » concession du port d'armes à beaucoup d'ecclésiastiques (qui, en en achetant pour pouvoir aller à la chasse, flânaient dans l'évêché comme dans une « boutique ouverte[40] »), était décrit à la tête d'un peloton de clercs et de prêtres armés, déterminés à affirmer les privilèges épiscopaux en tout domaine : même abattre un mur d'un particulier, ou démolir les portes d'une abbaye réticente à recevoir la visite pastorale de l'évêque dont les moines ne reconnaissaient pas la juridiction[41].

Du point de vue canonique il y avait un nombre considérable d'accusations graves contre Radicati, comme la simonie (c'est-à-dire « l'abus avec qui il ordonne chaque sort de prêtres à titre de patrimoine contre le Concile de Trente ») très pratiquée en ayant « rempli les terres du diocèse d'un nombre extraordinaire d'ecclésiastiques ignorants et débauchés », ou les extorsions aux dommages du clergé et des laïques du diocèse, considéré comme un fief, à utiliser dans son intérêt, plutôt que comme une communauté à gouverner[42].

38 ASTo, ME, Vescovadi e arcivescovadi, Casale, cat. II, mz. 3, *Ristretto generale estratto da tutte le scritture partecipatemi di comando di Sua Maestà riguardanti le stravaganze e gli eccessi di mons. Radicati vescovo di Casale.*

39 *Ibid.*, f° 18.

40 *Ibid.*, f° 11.

41 C'est le cas de l'abbaye de Grassano, où l'évêque alla « *con grosso numero di 50 e più persone fra chierici e preti armati, e dopo di aver visitata la chiesa, trovando le porte della chiesa chiuse e ben serrate fece abbatterle con ferri ed istrumenti ch'egli medesimo teneva nascosti nella sua sedia, e gettate a terra le porte fu asportato da detti chierici e preti quantità di formento e quel più che ad essi piacque* » (*Ibid.*, f° 15-16).

42 ASTo, ME, Vescovadi e arcivescovadi, Casale, cat. II, mz. 3, *Aggionta di capi d'eccessi di mons. Radicati vescovo di Casale*, f° 2.

Le prélat, qui n'hésitait pas à « vexer les ecclésiastiques avec des peines pécuniaires », d'habitude convoquait à Casale des curés ou d'autres prêtres en les supposant coupables de quelques fautes ; après il les retenait par force dans le palais épiscopal jusqu'à ce qu'ils proposent « de racheter leur liberté avec payement d'une somme envisageable[43] ».

Par contre, il laissait faire les prêtres enclins au libertinage qui achetaient sa protection et sa faveur avec « des cadeaux remarquables », en se montrant « partial » et en ignorant les dénonciations faites envers eux[44].

L'image d'un évêque avide d'argent émerge presque à chaque ligne de cette relation, où étaient décrits vols à main armée dans la concession des bénéfices vacants[45], abus dans la pratique des visites pastorales[46], mauvaise foi dans les relations avec le clergé et les fidèles[47].

En beaucoup de cas les abus épiscopaux enfreignaient évidemment les normes tridentines. L'exemple le plus éclatant, à ce propos, était celui d'une fille de douze ans qui, en ayant une dot importante, avait été reléguée dans un couvent par sa mère afin de la soustraire aux attentions d'un homme qui avait décidé de l'épouser pour s'emparer de son patrimoine. Cet homme, qui était une connaissance de l'évêque, s'était adressé à Radicati en lui promettant de l'argent pour obtenir son appui pour parvenir à son objectif, malgré les refus répétés de la jeune fille.

Pour convaincre la fille, le prélat avait donc commencé à visiter fréquemment le couvent, à traiter avec la mère, en allant jusqu'à tenter d'extorquer un « consentement faible » de la jeune fille par le biais des flatteries d'une religieuse complice, en contraste évident avec les normes

---

43 ASTo, ME, Vescovadi e arcivescovadi, Casale, cat. II, mz. 3, *Ristretto generale estratto da tutte le scritture*, f° 7-8.

44 *Ibid.*, f° 8.

45 Au point que « *non vi è quasi più chi voglia concorrere per essere cosa nota a tutti che sono provvisti prima del concorso, et eziandio prima che vachino, sapendosi già pubblicamente chi deve ottenerli* », ASTo, Corte, Materie ecclesiastiche, Vescovadi e arcivescovadi, Casale, cat. II, mz. 3, *Aggionta di capi d'eccessi*, f° 2.

46 Dans lesquelles « *ha condotto seco un seguito irregolare di 19 persone formato tutto di soggetti suoi confidenti, non per andar a spargere il seme della pietà e della religione, ma per raccogliere una larga messe d'oro e d'argento che tutti procuravano sotto pretesto di ricorsi e di mancamenti, e col timore del castigo* » (ASTo, ME, Vescovadi e arcivescovadi, Casale, cat. II, mz. 3, *Ristretto generale*, f° 15).

47 « Pour soutenir sa dignité » il aurait soustrait les aumônes recueillies pendant les messes sollicitées par lui-même aux curés et aux fidèles (*Ibid.* f° 18).

rigoureuses élaborées par le concile de Trente en matière matrimoniale[48]. Radicati, de connivence avec le prétendant, se retrouvait souvent dans le couvent en tâchant de leur procurer une rencontre, et en étant prêt à donner rapidement la bénédiction et à les unir en mariage[49].

En d'autres situations, les abus de l'évêque auraient pu avoir des conséquences graves sur les équilibres sociaux délicats des communautés. Ce fut le cas, en 1713, avec l'affaire concernant Maria Celeste Callori, une jeune juive du village de Moncalvo qui, après sa conversion au catholicisme, était devenue ursuline. Accusée d'avoir avorté après une relation avec le curé d'un village voisin, elle fut conduite à Casale et emprisonnée par le vicaire de l'évêque, l'abbé Vigoni, représentant d'une « maison de l'évêque[50] » qui partageait la tendance à l'abus de monseigneur Radicati.

Examinée par les accoucheuses, elle fut cependant jugée vierge et fut donc reconduite au couvent de Moncalvo, où elle fut, de toute façon, soumise injustement à punitions et pénitences.

La clameur de cet événement arriva jusqu'à Turin, où la cour manifesta une forte préoccupation pour l'impact que ce traitement injuste réservé à une convertie aurait pu avoir sur les sujets juifs[51]. Aussi le curé soupçonné de la relation avec la jeune fille fut traité injustement par la curie épiscopale : emprisonné avec l'accusation de fornication, après de nombreux jours passés au pain et à l'eau, avec les mains et les pieds liés, le prêtre dut payer une somme considérable pour éviter le procès[52].

Le clergé (régulier et surtout séculier) apparaît comme la victime privilégiée des abus de l'évêque, dont l'attitude pouvait passer de vexatoire à complaisante en fonction de l'argent que ses victimes étaient disposées à débourser. Pourtant, ce sont paradoxalement les curés du diocèse (c'est-à-dire ceux qui semblaient être le plus exposés aux vexations du prélat) qui adressèrent un appel au souverain en 1714 pour défendre

---

48 Lombardi, Daniela, *Storia del matrimonio dal Medioevo ad oggi*, Bologna, Il Mulino, 2008, p. 97-108.

49 ASTo, ME, Vescovadi e arcivescovadi, Casale, cat. II, mz. 3, *Ristretto generale*, f° 11-12.

50 Meyer, Frédéric, *La maison de l'évêque : familles et curies épiscopales entre Alpes et Rhône (Savoie-Bugey-Lyonnais-Duphiné-Comtat Venaissin) de la fin du* XVIe *à la fin du* XVIIe *siècle*, Paris : Honoré Champion, 2008.

51 ASTo, ME, Vescovadi e arcivescovadi, Casale, cat. II, mz. 1, n. 25, *Lettere e memorie fatte in dipendenza delle doglianze sporte al Marchese d'Ormea nel suo arrivo a Roma dal Cardinale Paolucci a riguardo della pretesa relegazione del Vicario Generale di Casale Vigoni d'ordine della Corte di Torino, con diverse scritture giustificanti tal fatto.*

52 ASTo, ME, Vescovadi e arcivescovadi, Casale, cat. II, mz. 3, *Ristretto generale*, f° 9.

leur évêque. En effet 112 prêtres avaient rappelé à Victor-Amédée les qualités pastorales, le zèle, la pitié, l'engagement de leur ordinaire[53]. Les signataires de l'appel concluaient en rappelant que les accusations contre Radicati étaient le fruit de l'imagination ou de la vengeance de ceux qui, en s'opposant à la « justice de l'évêque[54] », se laissaient « tromper par les suggestions du démon, qui voudrait voir tombé ce grand ministre de l'Église[55] ».

Radicati, qui dans les dossiers recueillis par le gouvernement était décrit comme le représentant désinhibé de ce « clergé criminel » qui, pendant l'âge moderne, se répandait dans la société italienne et ailleurs[56], apparaît dans le mémorial rédigé par les prêtres de son diocèse comme un évêque tellement exemplaire, au point d'avoir suscité, justement en raison de sa rigueur, envies et malignité. Quelle valeur faut-il donc donner à cet acte généreux de défense de l'évêque ? Les autorités savoisiennes n'eurent pas de doutes en l'interprétant comme une nouvelle manifestation de l'arrogance de Radicati, qui n'aurait pas eu difficulté à utiliser des méthodes coercitives pour extorquer aux curés ces déclarations dans le but de le décrire comme un martyr.

Il ne faut pas épouser, à priori, une thèse plutôt qu'une autre : en effet on ne peut pas continuer à traiter la figure de Radicati en termes d'apologie (comme l'avait fait l'historiographie locale) ou, au contraire,

---

53 « *Vostra Altezza Reale si degni di restare persuasa che quanto elli ha potuto e saputo non ha lasciato alcun mezzo sia per distruggere il vitio sia per promovere la virtù, e questo è la causa che l'inferno se gl'è scattenato contro, e si sforza a far credere a molti che il suo zelo sia indiscretezza, che tutto quello che fa e dice habbia le sue seconde intenzioni, che tutt'operi per ambitione e vaghezza di soprastare più del dovere, ciò che non è credibile in un prelato di vita sì esemplare e di tanta pietà ben nota a tutti e confessata da suoi medesimi avversari* » (ASTo, ME, Vescovadi e arcivescovadi, Casale, cat. II, mz. 1, n. 26, *Scritture riguardanti l'incidente occorso tra il Vescovo di Casale ed il Conte di Nemours in occasione della Processione del Corpus Domini per cui fu dal d(ett)o Vescovo fulminata contro detto Conte la scommunica. Colla provvisione del Senato di Casale per cui dichiarasi detta Scommunica nulla, ingiusta e precipitosa*).

54 Cavarzere, Marco, *La giustizia del vescoco : i tribunali ecclesiastici della Liguria orientale (secc. XVI-XVIII)*, Pisa, Pisa University press, 2012.

55 ASTo, ME, Vescovadi e arcivescovadi, Casale, cat. II, mz. 1, n. 26, *Scritture riguardanti l'incidente occorso tra il Vescovo di Casale ed il Conte di Nemours.*

56 Mancino, Michele – Romeo, Giovanni, *Clero criminale : l'onore della Chiesa e i delitti degli ecclesiastici nell'Italia della controriforma*, Roma-Bari, Laterza, 2013 ; pour le Piémont-Savoie Meyer, Frédéric, « Religiosi fuorilegge : i regolari di fronte alla giustizia in Savoia nel secolo XVIII », *Quaderni Storici*, 2005, p. 519-553 ; pour la France Salue, Kevin, *Le curé au prétoire : la délinquance ecclésiastique face à l'officialité au XVII siècle*, Bayonne, Institut Universitaire Varenne, 2014.

émettre une tardive sentence de condamnation. Il nous semble plus intéressant d'employer l'abondante documentation dont nous disposons pour présenter l'image double que cet évêque contesté donna de lui-même. La duplicité ambiguë de sa figure ne peut qu'accentuer la sensation d'inconfort et de contestation qui, depuis le début, caractérisa les rapports réciproques entre Radicati et Victor-Amédée II. L'évêque de Casale, comme ceux d'autres diocèses de *« nuovo acquisto »* (par exemple les évêques siciliens, qui entre 1713 et 1718 vécurent les fortes tensions avec Rome pour la *vexata quaestio* de la Légation apostolique de Sicile[57]) ne réussit jamais à comprendre le sens et les dynamiques de la « politique de la religion » de son souverain.

Une confirmation de ce fait vient des propositions que le prélat, désormais convaincu de la nécessité de quitter son diocèse, présenta au souverain pour se ménager une « sortie » la plus indolore possible. Au mois de septembre 1726, en écrivant à Victor-Amédée II, Radicati admettait qu'il était « presque impossible que je puisse continuer à gouverner cette église sans la continuation de graves dérangements soufferts jusqu'aujourd'hui ». L'évêque avait mis en évidence deux causes : la première était « l'oppression » qu'il éprouvait « pour motif de conscience », devant défendre « la liberté dans laquelle cette église m'avait été remise et que j'avais juré de conserver » ; la deuxième était la « passion nationale » véhiculée contre lui par « différents gens du corps noble[58] ». D'où la proposition d'échanger le diocèse de Casale pour celui de Verceil (« où je suis très aimé » notait avec orgueil Radicati), ou de gérer une nouvelle circonscription ecclésiastique (une abbaye *nullius dioecesis*)[59] à former *ex novo* par l'union des terres sujettes des abbayes de

57 D'Avenia, Fabrizio, « *E' tempo di rimedii per le conscienze, per il Stato e per la regalie* ». Giacomo Longo, giudice della Regia Monarchia di Sicilia negli anni della dominazione sabauda, in *Couronne Royale. Colloque international autour du 300e anniversaire de l'accession de la Maison de Savoie au trône royal de Sicile*, Annecy, 12 et 13 avril 2013. Textes réunis par L. Perrillat et coédités per l'Académie salésienne et le Laboratoire LLS, Annecy-Chambéry 2013, p. 105-128 ; Palermo, Daniele, *Due diocesi durante la controversi liparitana : conflitto tra poteri e immagini di fedeltà*, *ibid.*, p. 185-205.

58 ASTo, ME, Vescovadi e arcivescovadi, Casale, cat. II, mz. 4, n. 4. *Copia di due lettere del Vescovo di Casale Radicati al Marchese del Borgo, nelle quali chiede di esser trasferto dalla Chiesa di Casale a quella di Vercelli, e non dissentire, che l'Abbazie di Lucedio, Grazzano, Vezzolano tuttoché della sua diocesi siino ridotte allo stato di* nullius Diœcesis *purché sij detta sua Diocesi indennizzata con altrettanti (sic) altre Parocchie* (17 septembre 1726).

59 ASTo, ME, Vescovadi e arcivescovadi, Casale, cat. II, mz. 1, n. 26, *Scritture riguardanti l'incidente occorso tra il Vescovo di Casale ed il Conte di Nemours.*

Grazzano, Lucedio et Vezzolano avec certaines terres à dégager de la juridiction du diocèse de Casale. Même cette proposition (qui ne trouva pas d'écho à la cour de Turin, car elle allait à l'encontre de la politique savoisienne, qui tendait justement à éliminer les juridictions abbatiales en faveur des épiscopales[60]) est emblématique des différences, presque inconciliables, entre les positions culturelles que le roi et l'évêque avaient dans leur manière d'envisager le gouvernement ecclésiastique. Il s'agit d'une incompatibilité que les négociations pour le concordat, conduites à Rome par le puissant ministre sarde, le marquis Ferrero d'Ormea[61], auraient avancée, en soulignant ultérieurement l'ennui de la cour turinoise à l'égard du prélat et de son vaste réseau de clientèles, étendu non seulement dans le Montferrat, mais aussi à Rome. La présence dans l'*Urbs* du neveu de Radicati, l'« abbé de Robella » Umberto Luigi, défini par l'évêque comme un agent fiable[62], avait beaucoup irrité la diplomatie savoisienne, qui l'avait accusé de montrer peu de respect envers le souverain et d'interférer dans les négociations[63].

---

60 Silvestrini, Maria Teresa, *La politica della religione*, *op. cit.*, p. 203-309 ; un cas emblématique de reduction d'une juridiction abbatiale dans un nouveau évêché est celui de Pignerol, dont le diocèse fut érigé en 1749 après une longue négociation entre les cours de Turin et de Rome (Cozzo, Paolo, « "Un affare ridotto a buon termine". L'erezione della diocesi di Pinerolo 1747-1749 » in *Il Settecento religioso nel Pinerolese*, dir A. Bernardi, M.M. Pacchiola, G.G. Merlo, P. Pazè, Pinerolo, Museo Diocesano, 2001, p. 341-412).

61 Ricuperati, Giuseppe, « La scrittura di un ministro : a proposito della Relazione sulle negoziazioni con la corte di Roma di Carlo Vincenzo Ferrero, marchese d'Ormea », in *Nobiltà e Stato in Piemonte. I Ferrero d'Ormea*. Atti del convegno (Torino-Mondovì, 3-5 ottobre 2001), dir. Andrea Merlotti, Torino, Zamorani, 2003, p. 207-229.

62 Radicati avoue au marquis d'Ormea : « *io partecipo distintamente al detto mio nipote tutto quello che mi occorre affinché quelle cose che riguardano i ministri della Santa Sede le conferisca con loro, e quelle che riflettono alla nostra corte le comunichi a VE : questo è il sistema del mio operare* » (ASTo, ME, Vescovadi e arcivescovadi, Casale, cat. II, mz. 4, n. 2, *Lettera originale del Vescovo di Casale Radicati al Signor Marchese d'Ormea in proposito di quanto si è passato tra detto Ministro, e l'abbate Radicati suo frattello a Roma, con copia della risposta fatta dal detto Signor Marchese al detto Vescovo*, 7 juillet 1726).

63 *Ibid.*, n. 3, *Copia della lettera scritta a Sua Maestà dal Vescovo di Casale Radicati circa la sua andata a Roma, colla risposta di detta Maestà Sua. Unitamente alla copia d'un memoriale sporto dal detto Vescovo sovra le doglianze contro del medemo fatte, delle quali intende giustificarsi*, 10 settembre 1726. Radicati se plaignit de la considération limitée dans laquelle la diplomatie savoisienne ténait son neveu, « *sempre più annullito da detto ministro, benché fra tutti i nazionali che sono colà potesse… riportare qualche distinzione* ». Entre Umberto Luigi Radicati et le marquis d'Ormea se produisirent des disputes grossières, qui dérangèrent l'image et la fortune de l'abbé au point que Victor-Amédée n'approuva pas la promotion de Radicati à la dignité d'archiprêtre de la cathédrale de Casale, faite par le pape Benoît XIII en 1728 (Signorelli, Bruno, « L'opera della Compagnia di Gesù per lo "sbandimento" della

Le même évêque Radicati, en revendiquant le droit à traiter personnellement avec la cour de Rome de son possible déplacement à Verceil, avait plusieurs fois rappelé au marquis d'Ormea sa disponibilité à servir d'intermédiaire avec la curie romaine pour les difficiles négociations que le ministre était en train de conduire[64].

On sait qu'à Rome, depuis le temps de sa promotion épiscopale, Radicati et son clan familial jouissaient d'amitiés et de protections alimentées pendant le long pontificat de Clément XI et, en particulier, avec le secrétaire d'État, le cardinal Paolucci[65]. Ce n'est pas par hasard que quand, au mois d'août 1724, Radicati envoya une supplication affligée à Rome (où, entretemps, le nouveau pontife, Benoît XIII, s'était installé) pour demander une aide économique, qui lui fut immédiatement accordée par la Daterie apostolique[66].

On peut alors bien comprendre que quand, en 1726, le cardinal Paulucci mourut, le frère de l'évêque commenta la nouvelle en écrivant que, avec une telle perte, la famille Radicati allait « se déshabiller de ses protecteurs[67] ».

Toutefois, il n'est pas certain que la translation de Radicati à Osimo (Marches) soit à considérer comme une faveur réservée au prélat contesté.

---

mendicità a Casale Monferrato », in *La Compagnia di Gesù a Casale e nel Monferrato dai Gonzaga ai Savoia : nuovi studi e ricerhe*, Torino, Società piemontese di archeologia e belle arti, 2008, p. 97-124, en part. p. 104, note 47).

64 Dans une lettre, Radicati avait ainsi fait un clin d'oeil au ministre : « *chissà poi che rompendosi – come si suol dire – il ghiaccio, un negocio fatto non ne facilitasse qualch'altro da farsi, compiacendosi spesso Sua Divina Maestà di prevalersi de' più deboli istrumenti per cose grandi* » (ASTo, ME, Vescovadi e arcivescovadi, Casale, cat. II, mz. 4, n. 4. *Copia di due lettere del Vescovo di Casale Radicati al Marchese del Borgo, 17 settembre 1726)* ; si veda anche n. 7, *Lettere e Viglietti di Monsignor Radicati a S. M., al Marchese d'Ormea ed al Marchese del Borgo, nelle quali finge volersi adoprare a vantaggio del termine delle pendenze fra la Corte di Roma e di Torino. Risposta de sudetti che vanno a seconda delle funzioni tra il 1727 ed il 1726).*

65 Armando, Gianfranco, « Corrispondenza di mons. Radicati con la Segreteria di Stato », in *Pietro Secondo Radicati*, à paraître.

66 ASTo, ME, Vescovadi e arcivescovadi, Casale, cat. II, mz. 3, n. 4 *Copia di lettera del Vescovo Radicati, qual domanda a Sua Santità un qualche sovvenimento fingendo esser ridotta a stato deplorabile la famiglia del conte suo fratello per simulate ingiustizie e persecuzioni, 5 agosto 1724. Copia di mandato di scuti 500.*

67 ASTo, Corte, Materie ecclesiastiche, Vescovadi e arcivescovadi, Casale, cat. II, mz. 3, n. 2. *Copie d'articoli di varie lettere del Canonico Radicati all'abbate Umberto suo nipote, del P. Umberto e del P. Lellio ambi Radicati, colle quali si vanno reciprocamente notificando quanto occorra di novità in questa corte rispetto agli affari pubblici, che loro sia noto* (Lettre du père Umberto di Cocconato, Ferrare, 1726).

Certainement, sa sortie hors des États sardes (souhaitée depuis longtemps à Turin, où circulaient des avis juridiques « s'il est permis à un souverain de chasser civilement de ses États un évêque ou archevêque… par lequel était usurpée sa juridiction, perturbée la république, révélés aux princes étrangers les secrets d'État, entamée la tranquillité publique, fomentées les discordes avec les autres princes[68] »), ne pouvait pas attrister Radicati qui, déjà au lendemain de son passage de Casale (dépendant de la Maison de Savoie), avait tenté, inutilement, d'échanger son diocèse avec celui de Mantoue[69]. Il faut cependant dire que l'abandon de la chaire de Casale (un acte que l'évêque avait décrit comme un sacrifice « très amer », comme « une façon de mort[70] ») signifiait couper le lien profond et durable entre un territoire (celui de Casale) et une famille (celle des Radicati), qui, en s'étant consolidé pendant des siècles, représentait un point fondamental des stratégies épiscopales de l'évêque controversé.

Pour Radicati défendre les libertés ecclésiastiques, les privilèges de son Église et les droits du Siège apostolique devant le juridictionalisme savoisien signifiait, pour certains, de tenter de confirmer l'exercice d'un pouvoir familial sur le territoire, parallèle et alternatif à celui de l'État. Il s'agissait d'un pouvoir (désormais possible seulement dans ces zones de frontière entre le Piémont, le Montferrat et la Ligurie, caractérisées par la présence de juridictions « anormales », comme les fiefs impériaux[71])

---

68 ASTo, ME, Vescovadi e arcivescovadi, Casale, cat. II, mz. 4, n. 6. *Parere di Fabrizio Landino sopra il quesito, se sia lecito ad un Sovrano scacciare civilmente da suoi stati un Vescovo, o Arcivescovo, e così de' Prelati, o Ecclesiastici inferiori, da cui venga usurpata la sua giurisdizione, perturbata in qualche maniera la Repubblica, rivellati a principi forestieri i secreti dello Stato, o con massime, e tratti sediziosi intaccata la pubblica tranquillità, o fomentate discordie con altri Principi. In somma che sij giustamente sospetto al principe. Concludente per l'affirmativa, appoggiandolo alla ragione naturale e delle genti, alla legge divina, a sacri canoni, e sanzioni pontificie, diritto feudale, ed all'osservanza universale di popoli più cospicui della Cristianità* 14 ottobre 1726.

69 L'évêque de Mantoue Enrico Vialardi (un prélat né à Casale) avait clairement fait entendre qu'« échanger l'Église de Mantoue avec celle de Casale aurait été comme changer Rachel pour Lea », ASTo, ME, Vescovadi e arcivescovadi, Casale, cat. II, mz. 2, n. 2 *Memoria del Marchese di Castagnole Governatore di Casale, sopra la partenza del Vescovo Radicati dalla Diocesi a Vercelli, Novara, Milano, Piacenza, e Parma senza licenza di S.M. sotto pretesto di portarsi a Novi per visitar un suo frattello colà relegato*, 29 aprile 1715.

70 ASTo, ME, Vescovadi e arcivescovadi, Casale, cat. II, mz. 4, n. 4. *Copia di due lettere del Vescovo di Casale Radicati al Marchese del Borgo*, 17 settembre 1726.

71 Cremonini, Cinzia – Musso, Riccardo (dir), *I feudi imperiali in Italia tra* XV *e* XVIII *secolo : atti del Convegno di studi, Albenga-Finale Ligure-Loano, 27-29 maggio 2004*, Roma, Bulzoni ; Bordighera-Albenga, Istituto internazionale di studi liguri, 2010.

qui, bien que toléré au temps des Gonzague (quoique de moins en moins), était désormais inacceptable après le rattachement à la Savoie.

La même chose avait eu lieu dans un autre diocèse, Acqui, qui, à la même époque, avait connu le passage de la domination des Gonzague à celle des Savoie. Dans ce cas aussi le nouveau régime chercha, avec beaucoup de difficultés, à démanteler le juridictionalisme « *gonzaghesco*[72] », c'est à dire l'épais réseau de clientèles familiales dont les évêques, expression des élites locales, étaient le cœur. Dans le diocèse d'Acqui cette transition (ecclésiastique et politique) du territoire fut effectuée, deux décennies après la conquête savoisienne, par un évêque très proche à de la cour, Giovanni Battista Roero de Pralormo, futur archevêque de Turin et cardinal[73]. Le gouvernement sentait désormais le besoin d'un prélat propre à accomplir une transition analogue à Casale, diocèse où la présence de monseigneur Radicati – c'est à dire un homme issu du territoire – l'ancrait dans un passé désormais incompatible avec la vision turinoise des rapports entre l'État et l'Église.

Radicati en était bien conscient. C'est dans cette optique qu'on peut comprendre la suggestion, qu'il présenta à Victor-Amédée à la veille de son déplacement dans les Marches, de nommer au siège de l'église de Casale un sujet du roi « mais pas natif du Monferrat[74] ».

Qu'à travers l'autorité épiscopale, on pût gouverner un territoire, était l'idée de Radicati qui, en quittant son diocèse après un quart de siècle, désirait au moins que ce pouvoir ne passât pas à d'autres pouvoirs locaux concurrents de sa famille et de son entourage. C'était le cas, par exemple, des Natta (envers qui Radicati avait mûri une hargne croissante, amplement réciproque) qui après quelques décennies auraient vu un représentant de cette famille – Enrichetto Virginio Natta – occuper le prestigieux siège épiscopal d'Alba, et obtenir le chapeau de cardinal[75].

---

72 Raviola, Blythe Alice, « "Con smembrazione e riserva del patronato". Appunti per un'analisi del giurisdizionalismo in ambito gonzaghesco », in *Il giurisdizionalismo negli Stati minori*, dir. Daniele Edigati & Elio Tavilla, Ariccia (Roma), Aracne, 2018, p. 21-46.

73 Cozzo, Paolo, « Regolare la transizione politica in una diocesi di "nuovo acquisto" : Giovanni Battista Roero vescovo di Acqui (1727-1744) », in *Regolare la politica. Norme, liturgie e rappresentazioni del potere fra tardoantico ed età contemporanea*, dir. Paolo Cozzo – Franco Motta, Roma, Viella, 2016, p. 249-271.

74 ASTo, ME, Vescovadi e arcivescovadi, Casale, cat. II, mz. 4, n. 4, *Copia di due lettere del Vescovo di Casale Radicati al Marchese del Borgo*, 17 settembre 1726.

75 Cozzo, Paolo, « Natta Raffaele Francesco (*en religion* Enrichetto Virginio) », in *Dizionario biografico degli Italiani*, 78, Roma, Istituto dell'Enciclopedia Italiana, 2013, p. 16-18.

La concomitance de la translation de Radicati à Osimo avec la conclusion des négociations pour le concordat n'est pas un hasard. S'il est fort probable que la question de l'éloignement de l'évêque contesté fut négociée entre les deux cours, il est vrai aussi que ce résultat fut concrétisé de façon qu'il ne fut ni humiliant pour Radicati ni problématique pour le Siège Apostolique. La nomination à l'évêché d'Osimo (auquel en 1725 le pape avait uni *aeque principaliter* celui di Cingoli) semble un exemple classique d'application de la logique du *promoveatur ut amoveatur*.

Radicati en était bien conscient. En prenant congé de Casale, il soulignait que sa nouvelle Église, qui d'habitude était gouvernée par des cardinaux et avait l'une « des plus riches menses épiscopales de l'État ecclésiastique », jouissait aussi d'un « air parfait », Toutefois, il ne réussit pas à retenir son chagrin devant la « séparation » d'avec son ancien diocèse[76], qu'il quittait avec le regret de n'avoir pas pu faire tout ce qu'il aurait voulu « pour le lustre de cette cathédrale[77] ». L'exil de Radicati hors de Casale fut quand même très bref, vu qu'il mourût à Osimo au mois de décembre 1729[78].

Finissait ainsi, loin de sa « petite patrie » perdue, l'existence (encore énigmatique sous beaucoup d'angles) d'un personnage dérangeant, dont la vie représente un témoignage significatif de cette époque : celle où dans le Piémont l'autorité de la Maison de Savoie était en train de « normaliser » son territoire (politique, mais aussi ecclésiastique), comme dans le reste de l'Europe, et qui vit la présence, l'action et – comme dans ce cas précis – le drame, de beaucoup d'évêques contestés.

Paolo COZZO
Université de Turin

76 ASTo, ME, Vescovadi e arcivescovadi, Casale, cat. II, mz. 4. n. 26. *Copia della lettera scritta dal Vescovo d'Ossimo Radicati, già Vescovo di Casale, al capitolo della Cattedrale di detta città di Casale, di notificanza di detta sua traslazione*, 17 aprile 1727.

77 Tiré d'une lettre de Radicati à Victor-Amédée II (17 avril 1728), publié par Bruno Signorelli, *L'opera della Compagnia di Gesù*, *op. cit.*, p. 105.

78 Morroni, Massimo, « La presenza di Radicati a Osimo », in *Pietro Secondo Radicati*, *op. cit.*, à paraître.

L'ÉVÊQUE CONTESTÉ

Conclusions

Pas de doute : le thème de ce volume est d'une grande actualité, du moins d'un point de vue allemand ! En effet, en Allemagne, un nombre remarquable d'évêques ont récemment fait l'objet de critiques et ont même été confrontés à des demandes de démission. En 2012-2013, par exemple, Franz-Peter Tebartz-van Elst a fait la une des journaux : en janvier 2012, l'évêque de Limbourg s'est rendu en première classe à Bangalore, en Inde, pour y visiter des projets sociaux. Le contraste entre les immenses frais de vol de l'évêque et la charité chrétienne apportée aux pauvres en Inde a suscité la critique (tout comme le fait que l'ecclésiastique ne se soit pas repenti de son erreur comme il aurait fallu). Ensuite, à l'automne 2013, il a été rendu public que les coûts de rénovation et d'agrandissement de l'évêché de Limbourg avaient explosés. La rénovation luxueuse de la maison de l'évêque a une fois de plus attiré l'attention des critiques ; l'intérêt des médias a été énorme. Au mois de mars suivant, le pape François a accepté la démission de l'évêque limbourgeois.

Depuis lors, les critiques à l'encontre des évêques allemands se sont encore intensifiées de manière spectaculaire. Aujourd'hui, cependant, l'accent n'est plus mis sur la pompe de certains prélats, mais sur une question bien plus grave : comment l'épiscopat a-t-il géré le fait que des mineurs ont été victimes d'abus sexuels de la part d'ecclésiastiques ? L'un des évêques les plus contestés à cet égard est actuellement l'archevêque de Cologne, le cardinal Rainer Maria Woelki : sa façon d'aborder ce chapitre sombre de l'histoire de l'église de Cologne est vivement critiquée. En fait, les relations de Woelki avec les fidèles de son archidiocèse sont très tendues. À Pulheim, pour ne citer qu'un exemple, les jeunes ne voulaient même plus être confirmés par Woelki. De manière significative, le nombre de personnes quittant l'église catholique à Cologne a atteint un niveau record. Au printemps 2021, le pape François a ordonné une visite apostolique dans l'archidiocèse rhénan : Dans le cadre de cette mission papale, l'évêque Lars Anders Arborelius de Stockholm et son frère évêque de Rotterdam, Hans van den Hende, ont examiné la situation sur le terrain pendant toute une semaine.

Face à une telle critique massive des évêques, il est intéressant de se pencher sur l'histoire et d'observer comment les évêques ont historiquement été critiqués et contestés. Car non seulement les plaintes contre la prodigalité de l'évêque de Limbourg, non seulement la visite à Cologne ordonnée par le pape, mais aussi de nombreuses autres facettes de la critique actuelle des évêques ne peuvent finalement être expliquées qu'à partir de la longue histoire de l'Église. En fait, l'Église catholique en Allemagne est toujours une institution de droit propre ; bien qu'il n'existe plus depuis longtemps de *privilegium fori* pour le clergé catholique, l'Église dans ce pays jouit toujours d'une souveraineté en matière d'organisation, de personnel et de bureau. En effet, un point central du débat public actuel est lié à cette autonomie étendue : ce qui est contesté, c'est la manière dont l'épiscopat traite les clercs qui sont coupables d'abus sexuels sur des mineurs en vertu du droit pénal allemand. Au lieu de démettre les auteurs de ces actes de leur fonction cléricale et de les faire condamner par l'État pour leurs crimes, certains évêques ont couvert ces clercs jusqu'au XXIe siècle.

Le présent ouvrage s'appuie sur des études de cas pour retracer la manière dont les évêques, de la fin du XIe siècle au début du XVIIIe siècle, ont été critiqués et contestés. Sur le plan spatial, l'ouvrage se concentre sur les provinces ecclésiastiques de Reims, Trèves et Cologne (sans toutefois renoncer à un regard vers le sud jusqu'au diocèse de Casale en Italie du Nord). L'accent est donc mis sur une région européenne dans laquelle les évêques avaient acquis une position de leader politique dans leurs *civitates* depuis l'Antiquité tardive. L'étroite imbrication de l'église, de la politique et du monde, qui caractérise encore les conflits autour de l'évêque Tebartz-van Elst et du cardinal Woelki, était fondamentale pour l'espace étudié ici entre la Réforme grégorienne et le XVIIIe siècle.

Comme le montrent les contributions rassemblées dans ce volume, c'est précisément cette interconnexion entre la position ecclésiale et la position dans le monde qui a donné lieu à des critiques répétées à l'encontre des évêques – et qui a souvent aussi structuré le contenu de ces critiques. Ainsi, au début du XIIe siècle, Guibert de Nogent accusait rétrospectivement l'archevêque Manassès de Reims d'avoir été trop intéressé par l'or et les richesses, la guerre et d'autres choses terrestres. Selon Guibert, Manassès se serait même plaint : Comme ce serait bien d'être archevêque, si seulement on ne devait pas chanter la messe ! Or, au XVIIe siècle, Ferdinand de Bavière pratiquait ce que Manassès aurait prétendument envisagé comme un idéal : Ferdinand officiait (entre autres) comme évêque de Liège et archevêque de Cologne, mais sans être consacré ; en conséquence, il n'avait pas à dire la messe. Par contre, cela le rendait vulnérable aux attaques du point de vue protestant…

Dans les « Gesta » des évêques de Toul, les thèmes centraux de la Réforme grégorienne apparaissent dès la fin du XIe siècle : les mauvais évêques (comme Pibon ou plus tard Matthieu) sont accusés d'avoir dilapidé les biens de l'église et d'être coupables de simonie et de nicolaïsme. Dans la littérature vernaculaire du bas Moyen Âge présentée ici par Esther Dehoux, même la crosse – l'un des insignes les plus importants de l'évêque – pouvait être réinterprétée comme un instrument de simonie : L'escroc ne sert alors plus l'évêque pour récupérer les troupeaux perdus, mais pour s'approprier les richesses. Au début du XIVe siècle, on reproche à Renaud de Bar, l'évêque de Metz, d'opprimer par la force les fidèles de son diocèse, de négliger l'administration et la pastorale, de dilapider les biens de l'église et de s'enrichir personnellement. Lors de la dispute pour le diocèse d'Utrecht au XVe siècle, l'un des rivaux de l'évêque, Rudolf von Diepholz, a même été accusé d'avoir commis des *crimina* : Il aurait mis le feu au monastère de Marienweerd, décapité un clerc et empoisonné son premier adversaire pour l'épiscopat, Sweder van Culemborg ; et à cette accusation d'*homicidium* s'ajouta alors celle d'hérésie. Au début du XVIIIe siècle, Pietro Secondo Radicati, après son accession à l'épiscopat de Casale Monferrato, ne se comportait guère différemment de ses débuts en tant qu'aristocrate et militaire, et se rendait ainsi vulnérable aux attaques.

Il est intéressant de noter que l'inverse peut également être observé de temps en temps : Au XVe siècle, à Trèves, ce sont précisément les archevêques qui ne se montrent pas à la hauteur de leur rôle de princes qui s'attirent les critiques du clergé de leur cathédrale. Dans les « Gesta » des archevêques de Trèves, on fait des reproches aux ecclésiastiques qui ont mal géré leur archevêché, dilapidé les biens de l'église et, à la manière des tyrans, restreint les libertés du clergé. En revanche, leur engagement dans la pastorale et leurs qualités spirituelles semblent être d'une importance secondaire.

En bref, c'est précisément parce que les évêques étaient à la fois pasteurs spirituels et seigneurs séculiers qu'ils sont restés, au cours des siècles, vulnérables aux attaques. Les critiques pouvaient être dirigées contre les prélats trop attachés au séculier ; mais elles pouvaient aussi être dirigées contre ceux qui ne remplissaient pas suffisamment leurs fonctions séculières. Quiconque voulait critiquer un évêque pouvait toujours trouver une bonne raison. À la fin, il suffisait de souligner les exigences contradictoires de l'office épiscopale : Aucun être humain ne pouvait réussir à être, en même temps, un bon pasteur et un bon prince, un prêtre et un *pater familias exemplaire*, toujours et partout.

Ce que les contributions à ce volume montrent aussi, c'est que lorsque les critiques à l'encontre des évêques deviennent visibles dans nos sources, c'est bien un symptôme d'autres processus historiques – à savoir soit une phase de changement accéléré dans l'Église et la société, soit des conflits politiques sur place. Ce n'est donc pas une coïncidence si le volume commence par la césure dans l'histoire de l'Église que les manuels appellent la « Réforme grégorienne ». Dans les décennies autour de 1100, non seulement le rôle de la papauté dans l'Église changeait profondément, mais aussi les attentes placées dans un évêque et ses actions, ainsi que la structure de la sphère publique. Aussi peut-on considérer l'archevêque Manassès de Reims, présenté dans ce volume par John Ott, comme une victime de ces profondes transformations, et cela vaut aussi bien pour son collègue, l'évêque Gaucher de Cambrai, dont le destin est décrit par Nicolas Ruffini-Ronzani, ou les évêques de Toul, dont l'histoire est racontée par Anne Wagner. Les papes de la réforme Grégorienne ont profité d'un nouvel idéal épiscopal, d'une nouvelle sphère publique et de la critique épiscopale que ce nouvel idéal pouvait ainsi susciter localement pour s'immiscer de plus en plus dans la vie intérieure des diocèses au-delà de leur propre province ecclésiastique romaine.

Les transformations des XVe et XVIe siècles (que les historiens appellent « la réforme de l'Église de la fin du Moyen Âge » et « la Réforme » tout court) sont à peine moins spectaculaires. Au cours de ces périodes, les exigences et les attentes à l'égard de la fonction épiscopale changeaient radicalement, tandis que les relations de pouvoir à l'intérieur et à l'extérieur de l'Église se modifiaient : Une fois de plus, de nouveaux idéaux et de nouvelles structures de pouvoir entraînèrent la critique d'évêques qui, eux, étaient conservateurs et agissaient de la même manière que leurs vénérés prédécesseurs. Julien Léonard a retracé en détail comment, au début du XVIIe siècle, la situation complexe entre réformés et catholiques dans le diocèse de Liège encadrait les attaques du pasteur protestant de Maastricht, Samuel Des Marets, contre l'évêque catholique Ferdinand de Bavière. Les évêques de Trèves du XVe siècle, en revanche, bénéficiaient du fait que leurs biographes issus du clergé de la cathédrale étaient à peine moins conservateurs qu'eux-mêmes. Comme le montre Christine Barralis dans sa contribution, les auteurs des « Gesta Treverorum » appréciaient que les archevêques soient personnellement pieux, pratiquent eux-mêmes la liturgie et réforment les communautés religieuses. Mais plus que la pastorale des fidèles, c'est le travail administratif épiscopal qui leur importait : tant que les archevêques de Trèves augmentaient les biens de l'église et préservaient les sources de revenus et les droits du clergé, ils pouvaient être sûrs d'une représentation positive dans les « Gesta ».

Pour le XVIIe siècle, Frédéric Meyer observe dans sa contribution un lien particulier entre la critique populaire des évêques d'une part et la réforme d'autre part. Les évêques réformateurs du XVIIe siècle ne cherchaient même pas à obtenir l'approbation du peuple de leur église. Car dans leur idéal épiscopal, les réformes étaient un acte d'autorité nécessaire qui, certes, améliorait le peuple, mais qui exposait inévitablement l'évêque à la critique – voire à des actes de violence. Dans cette logique, quiconque n'était pas controversé et ne souffrait pas en tant qu'évêque ne pouvait pas être un véritable réformateur. En ce sens, conclut Frédéric Meyer, « l'impopularité des évêques était inévitable ».

Or, les critiques et les invectives à l'encontre des évêques ne peuvent pas toujours être imputées aussi directement à des processus de transformation accélérée. Comme nous l'avons déjà indiqué, les conflits constituaient une autre situation typique dans laquelle les critiques à l'encontre des évêques pouvaient être formulées et transmises jusqu'à aujourd'hui. Les études de cas examinées ici par Nicolas Ruffini-Ronzani, Michel Margue, Émilie Rosenblieh et Paolo Cozzo montrent très bien à quel point ces conflits épiscopaux locaux étaient imbriqués dans des structures et des positions qui s'étendaient bien au-delà du diocèse individuel. Ainsi, à Arras et Cambrai, vers 1100, la dispute sur la nomination de l'évêque révèle non seulement la nouvelle intensité de l'emprise papale, mais aussi la compétition politique entre les comtes de Flandre et l'empereur, ainsi que les conflits entre l'empereur et les papes dans le cadre de la querelle des Investitures. Michel Margue a montré à quel point le conflit autour de l'évêché de Metz au début du XIVe siècle et la critique de l'évêque Renaud de Bar qui en a résulté étaient imbriqués dans le jeu politique joué au niveau européen par Henri VII, Philippe le Bel et le pape Clément V. Émilie Rosenblieh montre à son tour que la dispute sur l'évêché d'Utrecht dans les années 1430 était fortement structurée par la grande lutte entre le pape et le concile de Bâle pour la suprématie dans l'Église. Enfin, Paolo Cozzo replace les critiques de l'évêque Petro Secondo Radicati au début du XVIIIe siècle dans le contexte plus large de la politique de la cour de Savoie à cette époque.

L'ensemble des études de cas montre donc que la critique des évêques au cours des conflits était fortement liée à leur position particulière : les évêques étaient non seulement intégrés dans la hiérarchie ecclésiastique, de sorte que le métropolite de la province ecclésiastique et le pape pouvaient très facilement être entraînés dans une dispute épiscopale. De plus, ils faisaient partie du corps de l'épiscopat, qui prenait les décisions collectivement dans les conciles ; et enfin, ils restaient aussi bien des membres de familles nobles qui poursuivaient leurs propres intérêts politiques et économiques. Les conflits relatifs aux évêchés ou entre évêques impliquaient donc presque toujours plusieurs niveaux : le niveau local de la cité, le niveau régional du diocèse, de l'évêché et de la province ecclésiastique, mais aussi, du moins potentiellement, le niveau universel de l'Église chrétienne sous la direction du pape.

Mises à l'écrit et transmises dans le contexte des conflits complexes qui s'étendaient bien au-delà du diocèse individuel, les images négatives des évêques individuels étaient donc avant tout des arguments politiques, destinées à délégitimer un adversaire ou un concurrent local, mais souvent aussi à donner à une partie en conflit un avantage dans un affrontement régional ou même suprarégional. Il n'est généralement plus possible, de « revenir en arrière » de ces images et de vérifier si les accusations portées contre la personne d'un évêque étaient pertinentes.

La critique résultant des conflits ne nous apprend donc finalement pas grand-chose sur les qualités ou les erreurs personnelles d'un évêque. En revanche, nous en apprenons d'autant plus sur les formes de résolution des conflits au Moyen Âge et au début de l'époque moderne.

Dans ce contexte, la question des médias dans lesquels la critique de l'évêque était exprimée semble particulièrement intéressante. Bien que cet aspect soit mentionné ici et là dans les contributions à ce volume, il n'a pas été au centre de l'analyse. Et pourtant, il importe de savoir si la critique d'un évêque avait été exprimée dans une lettre au pape, ou à titre posthume dans un texte historiographique, dans un pamphlet adressé à un public plus large, dans une œuvre littéraire-fictionnelle, ou bien dans des textes juridiques créés pour les négociations d'un concile.

Dans ce répertoire, les biographies d'évêques constituent un genre de texte particulièrement important (et en même temps conservateur), qui était utilisé pendant toute la période étudiée ici : les « Gesta » des évêques de Toul, Cambrai et Trèves ont été examinés dans ce volume, ainsi que les biographies d'évêques des XVIIe et XVIIIe siècles. Certes, les textes historiographiques de ce genre ont généralement été écrits après la mort de l'évêque en question. Mais en même temps, ils formulaient des idéaux à l'aune desquels les prélats contemporains devaient être mesurés ; à cet égard, les « Gesta » étaient un genre de texte approprié pour une critique au moins indirecte des évêques vivants.

John Ott a souligné l'importance de la question de la sphère publique pour le thème du volume : Il faudra en effet faire la distinction entre les critiques à l'égard des évêques qui se concrétisent dans des écrits « internes » à la hiérarchie ecclésiastique – et celles qui visaient délibérément à atteindre un public plus large. Cette dernière critique, adressé au grand public, portait atteinte à la réputation et à l'honneur de l'évêque. En fait, vers 1100, les contemporains n'étaient déjà que trop conscients de l'importance de la *fama* : John Ott a montré qu'il pouvait être difficile pour les évêques de maintenir une bonne réputation parmi leurs contemporains.

Voilà une manière de penser (« Denkfigur ») à la fois ancienne et importante, et qui exerçait une influence considérable sur le traitement ecclésiastique des fautes, des conflits internes et des critiques des supérieurs, au moins depuis le début du Moyen Âge : La critique des ecclésiastiques était considérée comme une menace pour la bonne réputation de l'Église dans son ensemble. Si des ecclésiastiques individuels – qu'il s'agisse de prêtres ou d'évêques – étaient critiqués publiquement (c'est-à-dire devant les fidèles de leur église), cela risquait que les laïcs ne reconnaissent plus l'honneur de l'Église (*honor ecclesiae*) au détriment de leur âme.

Compte tenu de l'importance de cette manière de penser jusqu'à nos jours, il serait intéressant, de retracer de manière encore plus détaillée le lien entre les médias, la sphère publique et la critique à l'encontre des évêques. Entre le XIe et le XVIIIe siècle, les médias disponibles ont aussi profondément changé que les structures de la sphère publique. À l'époque moderne, l'imprimerie sur papier a permis de reproduire des textes beaucoup plus rapidement et à un coût beaucoup plus faible qu'à l'époque de la réforme Grégorienne, par exemple. Le public capable de lire et de discuter les invectives contre des évêques a changé aussi radicalement entre la querelle des Investitures et le siècle des Lumières qu'entre le XVIIIe siècle et l'ère internet de Facebook, Twitter et Instagram. Parallèlement, de nouvelles couches sociales sont devenues politiquement pertinentes. Il serait donc intéressant d'examiner de plus près comment, au cours des siècles, l'évolution des médias et des structures de la sphère publique a influencé les formes et les conséquences de la critique des évêques.

Peut-être que cela nous permettra aussi de voir encore plus clairement les aspects historiquement nouveaux des cas actuels cités au début de cette conclusion : Dans les cas contemporains, la masse des fidèles joue un rôle beaucoup plus important que dans les exemples historiques rassemblés dans ce volume. Cela est probablement dû, d'une part, aux nouvelles structures de la sphère publiques et aux nouveaux moyens de communication comme Twitter ou Facebook. D'autre part, les critiques des évêques disposent aujourd'hui d'un moyen que leurs prédécesseurs du XIe au XVIIIe siècle ne pouvaient utiliser : aujourd'hui, quiconque est trop mécontent de son évêque peut quitter l'Église. Il sera intéressant d'observer comment les évêques, compte tenu de cette possibilité historiquement récente, réagiront aux critiques croissantes des fidèles de leurs diocèses.

Steffen PATZOLD
Universität Tübingen

INDEX DES NOMS DE PERSONNES

INDEX DES NOMS D'ŒUVRES

INDEX DES NOMS DE LIEUX[1]

1 Pour les lieux situés en France, sont indiqués les départements (dép.), pour ceux situés en Belgique et aux Pays-Bas, les provinces (prov.), pour ceux situés en Allemagne, les Länder (Land) et enfin, pour ceux situés en Italie, les régions (rég.) actuelles.

RÉSUMÉS

Anne WAGNER, Hérold PETTIAU et Frédéric MEYER, « Introduction »

L'étude d'une telle problématique sur une période aussi longue, du Xᵉ au XVIIᵉ siècle adoptée par le projet Lodocat nécessite d'être balisée même sommairement. Les contributions, réunies en quatre parties thématiques et chronologiques, s'interrogent sur la représentation de l'autorité épiscopale au niveau local et la compétition entre différents modèles d'action épiscopale.

John S. OTT, « Erasing Bad Memories. Fashioning the Reputation of Manasses I, Archbishop of Reims (*c.* 1069-1080) »

La mauvaise réputation de Manassès Iᵉʳ, archevêque de Reims (*c.* 1069-1080), déposé par Grégoire VII, est connue. Sa mémoire posthume, orchestrée par Guibert de Nogent et Hugues de Flavigny, est à l'origine de l'image du mauvais évêque à laquelle les historiens ont généralement souscrit. Plusieurs publics sont possibles et sensibles au scandale, ce qui ne doit impliquer que cette mauvaise réputation existait du vivant de l'archevêque, qui avait des partisans et chercha à se défendre.

Nicolas RUFFINI-RONZANI, « Les *Gesta Galcheri episcopi Cameracensis*. Écrire l'histoire des évêques de Cambrai en temps de crise grégorienne (début XIIᵉ siècle) »

Dans le diocèse de Cambrai-Arras, le moment grégorien constitue un temps de crise, les débats autour de l'autonomie du diocèse d'Arras débouchant sur une guerre civile. L'écriture du passé devient alors un enjeu majeur. La présente contribution est consacrée aux *Gesta Galcheri*, une œuvre polémique composée dans le premier quart du XIIᵉ siècle dans les milieux impériaux cambrésiens. On analyse les stratégies littéraires à l'œuvre dans ce récit et la manière dont il réécrit les évènements.

Anne WAGNER, « L'évêque de Toul face aux critiques (IXe-XIIIe siècles) »

Le cas toulois est analysé à travers des textes d'origine épiscopale ou monastique pour définir ce qui fait la mauvaise réputation d'un prélat auprès des moines et tenter de distinguer un changement entre le XIe siècle, quand les reproches concernaient les interventions intempestives des évêques et le XIIe siècle par le développement d'un idéal du prélat partagé par des moines hostiles à l'interventionnisme épiscopal et aux engagements séculiers voire pro impériaux des évêques d'empire.

Esther DEHOUX, « "Cils bastons que tu tiens en ta main senestre senefie II choses : vengance et misericorde". La crosse, attribut du pasteur et support de la critique (XIIe-milieu XVIe siècle) »

Chansons de geste, romans, chroniques, dits, farces, fabliaux, récits allégoriques, passions ou encore vies de saints évoquent discrètement l'attribut de l'évêque par excellence qu'est la crosse. Cependant les mentions de la crosse permettent d'y voir l'attribut du pasteur, puis l'objet que l'on analyse et commente pour définir le ministère du prélat, enfin celui auquel on fait référence pour critiquer l'institution et dénoncer le mauvais exercice de la fonction épiscopale.

Michel MARGUE, « La formation de l'image de l'évêque indigne entre dominations locale et globale. Renaud de Bar, évêque de Metz (1302-1316), Clément V, Henri VII, Metz et les comtes de Bar »

Vers 1300, Renaud de Bar, évêque de Metz, apparaît dans les sources messines comme seigneur avide de pouvoir et évêque indigne. La formation de son image négative est bien documentée à travers les plaintes soumises à la papauté. Elles proviennent du clergé séculier et régulier qui ont réuni en plusieurs étapes un dossier de « diffamation » pour convaincre Clément V d'ouvrir une enquête. La réaction modérée du pape s'explique par le contexte « international », entre papauté, France et Empire.

Émilie ROSENBLIEH, « La figure de l'évêque indigne dans le procès épiscopal d'Utrecht (1423-1448) »

La construction judiciaire de l'indignité épiscopale est abordée par le biais du conflit suscité à Utrecht de 1423 à la fin des années 1440 par la tension entre deux modes de désignation de l'évêque : l'élection par les chanoines et la provision par le pape. Elle s'exprima fortement dans cette zone de contact politique marquée par les divisions de l'Église latine lors du Grand Schisme d'Occident puis de la contestation conciliaire de la monarchie pontificale qui promut l'élection des évêques.

Christine BARRALIS, « Le modèle du prince-évêque est-il soluble dans la réforme de l'Église au XVe siècle ? L'exemple des archevêques de Trèves »

Quelle image des archevêques de Trèves du XVe siècle est-elle construite dans les *Gesta Treverorum*, compilation officielle des *vitae* des prélats ? Il est surtout reproché aux archevêques d'être parfois de mauvais princes, c'est-à-dire de mauvais gestionnaires, voire des tyrans restreignant les « libertés » de leur clergé. L'implication spirituelle et pastorale n'est qu'un critère secondaire de jugement, qui peut valoriser les prélats ou être passé sous silence pour conforter une image négative.

Frédéric MEYER, « L'impopularité de l'évêque réformateur du XVIIe siècle était-elle inévitable ? »

L'impopularité des évêques de la Réforme catholique auprès des populations est un phénomène qui peut mener à des affrontements violents aux raisons multiples : de conflits d'autorité liés au pouvoir temporel des évêques à la déstabilisation de fidèles par une action pastorale novatrice. En résultent des désacralisations d'évêques pour lesquels la souffrance et l'adversité devenaient une marque de leur mission divine. L'impopularité devint partie intégrante d'un nouveau modèle de sainteté.

Julien LÉONARD, « Samuel Des Marets, un pasteur de Maastricht contre le prince-évêque de Liège. *La Chandelle mise sous le boisseau par le clergé romain* (1634) »

La guerre de Trente Ans (1618-1648) et ses répercussions dans les Pays-Bas espagnols et les Provinces-Unies, font de la ville de Maastricht, en marge de la

Dorsale catholique, un observatoire privilégié de phénomènes dont le rôle de l'évêque dans la controverse entre catholiques et réformés néerlandophones et francophones. On analysera les écrits polémiques du pasteur Samuel Des Marets (1599-1673) dont *La Chandelle mise sous le boisseau par le clergé romain* (1634).

Paolo COZZO, « Les énigmes d'un évêque contesté. L'épiscopat controversé de Pietro Secondo Radicati (1701-1728), entre diocèse de Casale, curie romaine et cour de Savoie »

Ancien militaire, doté d'une clientèle et d'une implantation familiale importante dans son diocèse, Pietro Secondo Radicati, évêque de Casale Monferrato entre 1701 et 1728 apparaît comme représentant d'un type épiscopal pré-tridentin. Son action a été interprétée en termes de résistance d'un parti curial à la « politique de la religion » savoisienne. L'application de cette dernière, facilitée par la signature d'un concordat avec le Pape, le poussera à quitter le diocèse, intégré à la Savoie.

Steffen PATZOLD, « L'évêque contesté. Conclusions »

La problématique abordée par ce volume revêt une actualité particulière du point de vue allemand : récemment, plusieurs prélats ont été l'objet de critiques, que ce soit en raison d'un train de vie jugé excessif ou de fautes graves dans le contexte des abus sexuels perpétués par des prêtres au sein de l'Église. Les critiques se font jour à des moments de changements dans l'Église et la société, voire de conflits, à tous niveaux, du plus local du diocèse à celui, universel, de l'Église.

TABLE DES MATIÈRES

DEUXIÈME PARTIE

L'ESSOR DE LA PRINCIPAUTÉ TERRITORIALE ECCLÉSIASTIQUE FACE AUX POUVOIRS RÉGIONAUX (XIe-XIIIe SIÈCLE)

TROISIÈME PARTIE

L'ÉPISCOPAT ENTRE MODÈLE IMPÉRIAL ET MODÈLE PASTORAL (XIVe-XVe SIÈCLE)

QUATRIÈME PARTIE

L'ÉPISCOPAT ENTRE RÉFORME PROTESTANTE ET CONTRE-RÉFORME CATHOLIQUE (XVIe-XVIIe SIÈCLE)

IMPRIM'VERT®

Achevé d'imprimer par Corlet,
Condé-en-Normandie (Calvados),
en Décembre 2022
N° d'impression : 179032 - dépôt légal : Décembre 2022
Imprimé en France